西方公民道德教育模式研究

赵义良　著

人民出版社

目　录

导　论

一、相关概念辨析

自 20 世纪 90 年代以来，公民道德教育的概念逐渐引起国内学术界的关注。2001 年中共中央下发《公民道德建设实施纲要》，中国共产党十七届六中全会明确提出"推进公民道德建设工程"的要求，在国内持续掀起了公民道德教育的研究热潮；2019 年 10 月中共中央印发了《新时代公民道德建设实施纲要》，再次把公民道德教育研究推向高潮。在这一过程中，相关的研究不断深化，逐渐从讨论以新加坡为代表的当代西方公民道德教育模式的具体实践上升到分析公民道德教育本身的理论内涵。但是，纵观当前的所有研究成果，迄今尚缺少对自古希腊以来的西方公民道德教育模式的纵贯性和系统性研究，也缺少以此为切入点和参照系对我国当前思想政治教育的启示研究，而这正是本书的主旨所在。在展开这个课题的论证之前，我们先对本文涉及的"公民教育""道德教育""公民道德教育""思想政治教育"等几个相近概念进行辨析。

（一）公民教育、道德教育与公民道德教育的内涵界定与辨析

顾名思义，"公民"是公民教育的核心。公民的概念起源于古

希腊，在古希腊城邦的有限民主制背景下，拥有投票权的自由民被称为公民，与此相对应的是作为政治共同体的国家（城邦），这一概念范畴及其分析框架为近现代的民主国家所沿用。因此，公民所指称的是西方政体下的一种政治身份，是古希腊政治和古希腊精神在社会生活领域的一种具体呈现。从这个意义上来说，公民本身构成了公民教育的对象、目标和内容。首先，公民教育的对象被限定为一个政治共同体内部拥有公民身份和公民权利的所有成员，在时空上具有明确的限制性。其次，这些成员最初拥有的只是一种通过外在因素（例如出生地、婚姻等）而被给定的公民身份，未必是政治共同体所需要的理想公民。公民教育的目标就是要通过各种途径使实然层面的公民转变为应然层面的公民，即不仅获得公民身份所附带的政治权利，而且必须按照政治共同体的要求进行塑造和培养，即教育的根本目的是培养共同体所需要的公民。再次，这一目标限定了公民教育的内容必须紧紧围绕着"如何成为一个（好）公民"而展开，其中，主要包含三个方面的教育：公民知识教育，如了解民主政治的内在机制和运行模式，学习政治学、社会学、国家（城邦）治理方面的基本原理；公民能力教育，如进行理性分析、逻辑推理、批判性思维、口头辩论等方面的训练，提高参政议政的能力；公民品质教育，如遵守与国家、社会和其他公民之间的权利义务关系，培养爱国、平等、公正、诚信、守法等有利于公共合作和社会发展的良好品质。因此，公民教育总体上致力于理想公民的养成，其最终目的在于通过对公民的教育和训导来促进政治共同体的持存和进一步发展。

　　相比之下，道德教育①的历史更为悠久。从广义的角度来说，道德教育是一种广泛存在的社会意识形态教育，主要内容是指人们在共同生活和交往过程中形成的各种行为规范和社会准则，因而自人类社会产生之后便一直存在。不过，随着文明的发展，这些行为规范和社会准则不断分化为宗教、法律、礼仪、习俗等不同的领域，其中那些涉及理性价值评判且对日常伦理生活具有指导作用的内容则演变成了狭义的道德。对这些内容的横向传递和代际传承就构成了现代意义上的道德教育。尽管不同的文化共同体拥有不同的道德体系，进而实施着不同类型的道德教育，但是每种文化共同体的道德教育都会以一般意义上的人作为教育对象，并把某种抽象的理想人格（如君子或有德性的人）作为一般性的教育目标，从而不受国别和疆域的限制。至于道德教育的具体内容，则往往随着经济发展和社会结构的变化而变化。例如，我国传统社会在结构方面属于由近及远、家国一体的差序格局，由个人、家庭层层外推至国家、天下，所以道德教育的内容也呈现为爱有差等、推己及人的亲缘伦理，将修身、齐家与治国、平天下一脉贯通，公私无间。但是，伴随着经济发展和社会关系的急剧变革，今天的中国社会已经呈现出不同的发展格局，逐渐从家国同构走向公私分域。道德教育的内容也相应地从原来的"三纲领""八条目"转变为家庭、职业

---

①　由于历史和现实的种种原因，我国的"道德教育"在很多情况下都被理解成了将思想、品德、知识、能力、心理等各方面的教育都囊括在内的"大道德教育"概念。本书使用的"道德教育"则指涉及理性价值评判且对日常伦理生活具有指导作用的教育，与"大道德教育"的表述不一致，内涵亦不同。

和社会的多重划分，即家庭美德、职业道德、社会公德、个人品格，并由此构成了对当代伦理生活的具体指导系列。因此，道德教育总体上致力于理想个人的养成，最终目的在于通过对个人的教导促使其形成相应的道德品质和理想人格，进而提升内在的精神境界和促进自我实现，最终获得一种美好的生活。

由此可以看到，公民教育和道德教育具有比较大的差异。首先，二者的对象不同。公民教育以政治共同体制度为前提，以既定的公民为教育对象，具有明确的时空限制和政治属性。道德教育则不受制度、国家等外在因素的限制，广泛地存在于任何形式的共同体之中，以一般意义上的人作为教育对象，具有一定的去政治化倾向。其次，二者的目标不同。公民教育所要培养的是满足政治共同体需要的理想公民，道德教育所要培养的则是符合特定文化共同体期望的理想人格。换而言之，前者教育的目标是好公民，后者教育的目标则是好人，二者并非完全重合。好公民的"好"是相对于特定的政治共同体而言的，诚如列奥·施特劳斯所说："希特勒治下德国的好公民在其他任何地方都将是坏公民。虽然好公民相对于政制而存在，但好人却没有这样一种相对性。"① 只有当一个政治共同体对于公民的要求与其所属的文化共同体的道德体系完全一致的时候，简言之，即只有当一个政权是好政权的时候，好公民才与好人相统一。反之，则相互冲突——正是这种冲突引出了西方公民理论

---

① ［美］列奥·施特劳斯：《什么是政治哲学》，李世祥等译，华夏出版社 2011 年版，第 23 页。

中关于"公民不服从"的论述。因此，相对于"好公民"来说，"好人"更符合人之为人的自我规定性，更能构成人的本真性自我。再次，二者的教育内容也有不同。公民教育以公民知识、公民能力和公民品质方面的教育为主，主要内容与公民有效参与政治生活的条件有关；道德教育则以家庭美德、职业道德和社会公德方面的教育为主，主要是为了对个体的伦理生活进行有效、准确而全面的指导。①

与公民教育和道德教育相比，公民道德教育则兼有两方面的含义②：一方面，它可以被理解为针对公民道德的教育，即对作为

---

① 公民教育与道德教育的差异性并不能切断二者之间"天然的关联性"；道德教育关涉与个体行为有关的价值问题，不论公民教育以何种方式培养何种公民，都是要培养具有特定态度、价值观和行为方式的公民。在现代社会，道德教育和公民教育（好人与好公民）并不构成深层悖论，而是生成一种必要的张力，二者互为依存，实现共生。两者的"天然的关联性"可以从"必要性"与"可能性"两个方面进行分析。就必要性而言，第一，道德教育可以为公民教育提供支撑。一方面，任何一个社会要存续发展，就必须要求相应的德性，美德给予公民教育以正确的目标；另一方面，公民德性对于政治秩序具有重要意义。第二，公民教育能够为道德教育提供保障。在现代社会，作为个体参与公共生活的公民身份就成为个体保障其作为政治生活主体的公民权利以及个体私人生活领域的道德意志自由实现的制度和价值平台。就可能性而言，现代社会成功解决了道德教育和公民教育二者在公民德性问题上的一致性及其道德基础的同源性，也就是赋予塑造好公民的政体与好人相一致的道德基础；关于这一点罗尔斯在《正义论》第三部分在讨论了正义与美好生活的关系时就是对这种可能性的深刻阐释。基于此，下文对"公民道德教育"接续阐释。
② 檀传宝在论述公民道德教育概念的时候，也曾提出过类似的观点，即认为它同时包含"公民道德的教育"和"公民的道德教育"两层内涵。参见檀传宝：《努力加强"公民道德的教育"》，《人民教育》2011年第24期。

一种特殊政治身份的公民所应有的道德品质教育。在这一点上，它与公民品质教育相交叉，因而属于公民教育的范畴；另一方面，它也可以被理解为针对公民的道德教育，即国家对公民进行的一般意义上的道德教育。在这一点上，它则属于道德教育的范畴。正是公民道德教育的这种模糊性，导致它与公民教育和道德教育的关系呈现出一定的含混色彩，容易使人混淆不清。但是，需要特别注意的是，公民道德教育并非仅仅是公民品质教育和道德教育的简单交叉或二者的叠加，而是一种以公民品质教育为核心、以道德教育为基础的教育方式。公民道德教育的核心要义在于培养个体对于所属政治共同体的政治认同、使其形成政治生活的有序进行和政治共同体良好发展所要求的各种优秀品质，从而实现公民与公民之间的社会合作和公民与国家之间的良性互动。因此，公民道德教育首要看重的是公民在参与政治生活时所需要的公共性品质，比如公正、诚信、守法等。由此而言，公民道德教育本质上是属于公民教育的，而且是公民教育的真正灵魂所在，因为只有它才构成由"公民"向"好公民"转化中的"好"之所在。不过，公民道德教育应该涵盖一般意义上的道德教育。这里至少具有两个理由：一是道德教育能够为公民教育打下良好的基础，好人更容易成为好公民。二是道德体系的失范必将带来政治方面的危机，道德教育的有效进行能够为政治共同体的安全稳定提供有力的保障。因此，公民道德教育虽然具有公民教育的本质特征，但同时必须关注和吸纳一般意义上的道德教育内容，从而兼具"针对公民道德的教育"和"针对公民的道德教育"的双重内涵。①

（二）西方公民教育与我国思想政治教育的内涵界定与辨析

通过辨析公民教育、道德教育与公民道德教育之间的不同内涵，我们已经清晰地看到公民道德教育虽然具有公民教育和道德教育两个方面的内涵，但却仍然以公民教育作为它的核心内容和本质特征，因而在根本上仍然属于公民教育。这样又出现了一个新问题：如何理解西方公民教育与我国思想政治教育之间的理论关系。在这一点上，国内学术界有不小的分歧，出现分歧主要有历史和理论两个方面的原因。历史原因主要是中国的特殊国情，具体而言：第一，受苏联的影响。改革开放以前，中国的教育体制和政治体制受苏联的影响很深，基本是照学照搬苏联的做法，无形中留下了很多弊端。第二，源于国内社会实践探索的艰辛。改革开放后，我国开始注意通过课堂教育，提高人民的公民意识，使人民认识到自己

---

① 在中共中央 2001 年下发的《公民道德建设实施纲要》和 2019 年下发的《新时代公民道德建设实施纲要》中，公民道德教育的这种双重性均体现得非常明显。例如，在《新时代公民道德建设实施纲要》中，既包含"推进中国特色社会主义和中国梦深入人心，践行社会主义核心价值观、传承中华优秀传统文化的自觉性不断提升，爱国主义、集体主义、社会主义思想广为弘扬"等公民品质教育要求方面的内容；又包含"把社会公德、职业道德、家庭美德、个人品德建设作为着力点"等一般意义上的道德教育要求。需要指出的是，只有前者构成公民道德建设的核心、原则和基本要求，后者只是对个体伦理生活进行指导的行为准则。这从侧面表明了公民道德教育本质上仍然属于公民教育，具有鲜明的政治特征，但同时也要注重个体层面的一般性道德教育。《公民道德建设实施纲要》亦有类似的规定和表现。

的权利和义务，从而能够积极主动地参与政治生活的讨论和实践。但是，公民教育是源于西方的，主要着眼于政治共同体与个人的关系，强化公民规则和公民意识教育。由于在这些问题上的研究不够深入，我国在认识和接受公民教育的过程中，也出现过二者之间不加区分的情况。例如，1985年8月，中共中央印发的《关于改革学校思想品德和政治理论课程教学的通知》中规定，将中学政治课改为"思想政治课"。此后，国内陆续出版七套教材，其中面向初中一年级的课程名为《公民》。由此可见，公民教育是被纳入思想政治教育范围之内的。这些历史事实无形中加剧了国内学界对思想政治教育与公民教育概念的混淆。

从理论上看，随着学界研究的逐步深入，学界对公民教育与思想政治教育之间的关系有了更加细致而深入的理解和把握，进而也产生了各自不同的观点。但是，这些观点虽然纷繁复杂，却并没有从根本上厘清公民教育与思想政治教育的理论关系。究其原因，在于他们常常不自觉地犯了以下两个方面的错误：

一方面，对公民教育界定的泛化。从内容上看，一些学者对公民教育的界定过于宽泛，将其等同于通识教育或素质教育，甚至完全取代思想政治教育。然而，公民教育内容的无限扩大，只会使公民教育实效减弱，教育没有针对性，显得空泛，难以实现社会主义民主政治的教育目的。另一方面，对思想政治教育界定的泛化。有些学者认为，思想政治教育内容既包括政治教育、思想教育这样的主导性教育，也包括道德教育、法制教育、心理教育这样的基础性教育，同时还包括公民品质、能力等多方面教育，因为这些内容综合在一起才能构成人的全面发展所必需的要素。

总体来看，以上两种泛化都导致了同一个结果，即公民教育和思想政治教育之间的等同。因为从逻辑上看，如果公民教育是一个包罗万象的内容体系，思想政治教育也是一个包罗万象的内容体系，那么它们各自无限放大的结果就是使它们变成同一个东西。从更广泛的范围来说，无限泛化的结果就是整个"教育"，这样，教育的各个分支也就不复存在了。因此，这种泛化和等同既违反逻辑，也不符合教育的实际，妨碍人们对思想政治教育的真正认识，阻碍思想政治教育学科科学化的进程，同时也剥夺了其他分支性或应用性学科的存在权利。

事实上，公民教育与思想政治教育不仅不完全等同，而且至少存在四个方面的区别。第一，本质属性不同。公民教育和思想政治教育存在本质上的区别，前者强调对政治的参与，后者强调对政治的理解。古典公民教育强调教育的出发点和归宿，是政治共同体的稳定与和谐，"教育不只是指个体的实践，更本质上是共同体的一种功能。"[①] 当然后来西方现代公民教育有了一定的发展，试图冲破传统政治共同体的束缚，而追求构建理想的政治共同体，因而现代公民教育具有一定的批判性和现代自反性。而思想政治教育却是以政治教育为核心的对人的思想政治品德发生影响的教育活动。"思想政治教育是指社会或社会群体用一定的思想观念、政治观点、道

---

① Werner Jaeger, *Paideia: The Ideals of Greek Culture (Vol.1)*, New York: Oxford University Press, 1965, p.10.

德规范，对其成员施加有目的、有计划、有组织的影响，并促使其自主地接受这种影响，从而形成符合一定社会一定阶级所需要的思想品德的社会实践活动。"① 就我国来说，思想政治教育要反映、代表广大人民群众的根本利益，要坚持进行意识形态教育，培养人们正确的世界观、人生观、价值观；公民教育则是依据建设中国特色社会主义民主政治的要求，对公民进行政治知识、政治能力和政治品质方面的培养，构建公民意识，发挥公民自身的主观能动性，促进公民更好地参与社会主义民主政治生活，充分行使人民当家作主的政治权利。因此，前者强调的是对中国特色社会主义的道路、理论、制度和文化深入理解和自觉认同，后者强调的是对中国特色社会主义民主政治的理性认识和积极实践，彼此虽有关联，但却有不同的本质属性。

第二，教育功能不同。思想政治教育着重于对公民的世界观、人生观、价值观教育，公民教育则着重于个人的政治权利和价值取向教育，尤其是如何看待和遵守与其他公民、社会、国家之间的权利义务关系。同时，思想政治教育强调个人在国家和社会生活中对集体的责任和服从，鼓励个人利益与集体利益相统一，在为集体的奉献中实现自我；公民教育则是强化公民对国家、社会的关系和责任的理解，强调社会合作，并凸显集体主义的道德要求。因此，二者在教育功能上具有较为明显的差异。

---

① 张耀灿、陈万柏：《思想政治教育学原理》，高等教育出版社 2015 年版，第 4 页。

　　第三，教育主客体关系不同。公民教育的主体是代表某个政治利益集团的政治共同体，客体（对象）是理想意义上的"公民"。思想政治教育则是教育主体（实施者）与教育客体（受教育者）之间的一种政治性的对话、交流、选择和依从，其客体（对象）具体呈现为"人民"这个与之对应的政治概念。"人民"与"公民"作为政治的和法律的概念，直接决定了思想政治教育与公民教育在本质属性、内容架构设计、教育方法等方面的重大区别。混淆了这两种教育，就容易把公民教育混同于思想政治教育，把政治混同于法律。从这个意义上讲，公民教育与思想政治教育，也需要做出严格区分。

　　第四，教育内容不同。如前所述，公民教育的内容主要包括公民知识教育、公民能力教育和公民品质教育三个方面。通过这些教育，公民能够产生对国家和法律制度的自觉认同，准确地理解自身与其他公民、社会、国家之间的权利义务关系。思想政治教育，则是从思想、政治、道德等各个层面对个人的世界观、人生观和价值观等方面进行教育，解决的是公民思想领域中的政治问题和政治领域中的思想问题，其核心内容是理想信念问题。正如有的学者指出，作为以人为对象的实践活动，思想政治教育是以"人的发展"为起点，以人的"思想转化"为中点，以人的"政治社会化"为终点。在这个过程中，人的发展、人的思想转化、人的政治社会化的逻辑展开，"是对思想政治教育本质的内在规定和整体呈现"。① 因此，

---

① 靳玉军：《论思想政治教育的本质及其实践把握》，《西南大学学报》（社会科学版）2014年第6期。

公民教育和思想政治教育在教育内容的范围方面也有明显的差异。

总体来看，思想政治教育作为一种社会实践活动，具有强烈的政治性，其主体是阶级或政治集团，其内容是符合本政治集团利益诉求的意识形态，如思想观念、政治观点、道德规范等，其途径与方法是自上而下的指导、培育、规训、约束，其功能是维护社会政治稳定与本政治集团的统治地位。因而，无论从哪个角度看，思想政治教育的核心都是阶级性、政治性和意识形态性。公民教育则是以政治共同体为主体实施的一种强制性教育，对此，亚里士多德说："既然整个城邦有着唯一的目的，那么很明显对所有公民应实施同一种教育。因为，每一个人都是国家的一个部分，作为部分的个人必须服从于作为整体的国家。"① 公民教育的培养方向是培养符合当前国家、社会和个人发展方向的"好公民"。对现代国家来说，公民教育是有关国家稳定和发展的基础教育。法国启蒙思想家卢梭指出："一个公民只能算是一个依赖于分母的分数单位，这个公民和总体，也就是他和社会的关系，决定了公民这一身份价值。"② 因此，思想政治教育与公民教育分别是不同的具体的实践性学科，在实践中不能把二者混同。

不过，上述区分主要是鉴于以往学者对二者的混淆而进行的必要的理论澄清，但这种澄清并不意味着二者在各个方面都风马牛不相及。二者之间的共同点主要表现在公民教育与思想政治教育都具

---

① ［古希腊］亚里士多德：《亚里士多德全集》（第九卷），苗力田等译，中国人民大学出版社 2016 年版，第 271 页。
② ［法］卢梭：《爱弥儿》，孟繁之译，上海三联书店 2017 年版，第 5 页。

有鲜明的政治性；在教育内容方面，虽然侧重点不同，但也的确存在一些重合交叉的地方，尤其是在政治认同、爱国主义、社会合作等与公民品质和公民道德有关的方面，在教育方式方面也存在诸多值得相互借鉴的地方。就我国而言，思想政治教育和公民教育事实上构成一种彼此独立但又相互支撑、相互促进的良性关系，前者侧重于增强人民对中国特色社会主义的政治认同和情感支持，后者则侧重于增进公民对中国特色社会主义民主政治的实践参与和积极互动。更重要的是，我国当下思想政治教育面临的种种困境，也可以从西方公民教育，尤其是西方公民道德教育长期以来的理论和实践发展中获得经验与启示，从而有助于推进我国思想政治教育的科学发展和实际成效的取得。

（三）公民道德教育的性质与内涵

通过以上分析，我们厘清了公民教育、道德教育、公民道德教育的理论内涵及内在关联，并对西方公民教育与我国思想政治教育的理论关系进行了阐释。下面，我们对公民道德教育的性质、目的和意义进行界定。

公民道德教育的核心是培养公民品质、以一般性的道德教育为基础。公民道德教育的目的在于使公民获得实现公民与公民之间的社会合作以及公民与国家之间的良性互动所要求的良好品质，从而维护政治生活的有序进行，促进政治共同体的持存和良好发展。公民道德教育至少具有两个方面的重要意义：从公民的角度而言，它能够帮助公民获得相应的良好品质，从自然人顺利地转化为社会人，认识政治生活的内在目的，主动参与政治生活的具体实践，从而在政治参与和政治建设中获得更广范围的自我实现；从共同体的角度而言，它能够帮助政治共同体塑造符合自身需要的成员，促进社会整体的安全稳定、和谐有序，为共同体的长期持存和继续发展奠定坚实有力的政治、社会和文化基础，从而在最终的意义上符合政治共同体及其所有成员的整体利益。

公民道德教育本质上属于公民教育，面向的是一个政治共同体中的所有成员。这一点就决定了它的教育内容必然提出的是一些扁平的和较低限度的要求。换而言之，公民道德教育的目标不是让每一个人都达到高蹈入云的圣贤境界，而是仅限于满足社会必要需求的较低要求即可。这也构成了公民道德教育与道德教育之间的一个关键区别。因为道德教育不仅要求人们遵守日常的伦理道德规范，它还鼓励人们对某些更高的道德境界产生向往和憧憬，支持个体通过精神层面的锻炼和修持而进行内在的道德修养和道德觉悟，进而达到某种"民胞物与"的超然之境，实现道德层面的提升和飞跃。公民道德教育则与之不同，它所强调的乃是一种平实的、具有充分可实践性和最大适用性的道德品质。唯其如此，它才能将政治共同体中的所有成员作为教育的对象，从而成其为公民道德教育。换而言之，道德教育允许并且鼓励人们向道德金字塔的顶端仰望和攀升，尽管实际能够达到的只有极少数人；公民道德教育尽管并不排斥这一努力，但它的主要意义则在于努力保证所有成员都处于道德金字塔的基底之上，不至于跌入塔下的错恶之渊。

因此，公民道德教育虽然具有公民教育的性质，但却不是普通类型的公民教育，而是公民教育的真正灵魂。一个仅仅具有公民知识和公民能力的公民未必能够成为一个好的公民，只有拥有良好的公民品质和道德基础的公民才能成为真正的好公民。因为，正如思想家们早就敏锐地指出过的，知识、能力、财富等既可能助人作恶，也可能助人行善，只有道德才能引导它们走向善的目的。在这个意义上，公民道德教育是公民教育的核心和精髓，是一个公民之所以成为"好公民"的"好"之所在。同时，公民道德教育虽然包含对一般性道德教育的重视，但却不能与其等同，因为这种重视在根本上仍然着眼于维护政治共同体自身的根本利益，而非着眼于个体在道德上的境界提升和自我实现。公民道德教育的目的是促进政治共同体的顺利运行和良好社会秩序的构建。它不但有助于将公民培养成为具有良好品质的理想公民，还有利于促使公民通过自身的努力来进一步维护和建设政治共同体，从而构建公民与政治共同体之间的良性互动。在这些方面，它与思想政治教育具有共通和彼此参照的地方。尽管正如上文已经分析过的，思想政治教育与总体上的公民教育具有明确的区别，二者不能完全等同，但是思想政治教育的理论建构、内容安排、手段设计等方面，都可以从公民道德教育中得到启发。其中，西方的公民道德教育历史悠久，具有丰富的理论和实践积淀，尤其值得我们研究分析，而这也正是本书的立意所在。

二、国内外文献综述

（一）国外研究综述

国外对公民道德教育思想的研究主要有三条基本路径。

第一条，是立足于教育学的视域，从教育原理或教育史的角度去研究公民道德教育思想的理论内涵、基本规律、基本特点和基本方法。这一研究路径的代表性人物和著作有：利文斯通的《保卫古典教育》（人民教育出版社 2017 年版），爱弥尔·涂尔干的《道德教育》（上海人民出版社 2006 年版），Nel Noddings 的 *Caring: A Feminine Approach to Ethics and Moral Education*（University of California Press，2003），理查德·彼得斯的《道德发展与道德教育》（浙江教育出版社 2000 年版），James Bowen 的 *A History of Western Education*（Routledge，2003），Denis Lawton 与 Peter Gordon 的 *A History of Western Educational Ideas*（Woburn Press, 2002）等。

其中，爱弥尔·涂尔干在《道德教育》中指出，他所讨论的不是基于宗教的启示教育，而是基于理性的世俗道德教育。这样一种教育在理论上是具有充分可能性的，因为"任何事物都没有理由被认为从根本上超出了人类理性的范围"。[①] 而且，理性主义的道德教育不仅具有理论的可能性，也存在于历史的实际发展过程之中。从原始社会开始，每个民族都具有属于自身的道德，但是这种道德往

[①]　[法] 爱弥尔·涂尔干：《道德教育》，陈光金、沈杰、朱谐汉译，上海人民出版社 2006 年版，第 7 页。

往具有宗教的色彩，甚至在最本质的意义上仅仅是宗教的附庸。不过，随着时间的变化，道德逐渐获得越来越多的自主性和独立性，新教的出现则加速了这一进程。而到了爱弥尔·涂尔干的时代，所有人都必须承认"道德可以完全不依赖于任何神学概念而被构建起来"。[①] 然而，随着道德教育中宗教因素的淡褪，人们必须努力找到能够代替它来为道德提供真实意义的内容，否则道德就会变成某种"贫乏而苍白"[②] 的东西。因此，理性主义的道德教育必须挖掘出赋予道德内在尊严的成分，从而使其成为宗教因素的理性替代物。在这里，涂尔干从教育原理和道德哲学的高度分析了世俗化的道德教育需要解决的核心问题，并触及康德曾经提出的如何为理性主义背景下的道德进行奠基的问题。

作为最有影响力的当代道德哲学家之一，内尔·诺丁斯（Nel Noddings）则从关怀伦理学的立场展开了对道德教育的独到阐述。在内尔·诺丁斯之前，卡罗尔·吉利根（Carol Gilligan）已经初步提出了一种女性关怀伦理学的观点，并以此为基础对科尔伯格关于"海因茨偷药案例"（Case of Heinz Stealing Drugs）的分析提出了敏锐的批评，认为他忽略了关系和关怀等女性更为关注的道德内容。后来的内尔·诺丁斯则更为明确地将关怀看作伦理学的一个新的核心概念，并把基于这一概念的关怀伦理学视为现代德性论的一个新

[①]　[法] 爱弥尔·涂尔干：《道德教育》，陈光金、沈杰、朱谐汉译，上海人民出版社 2006 年版，第 9 页。

[②]　[法] 爱弥尔·涂尔干：《道德教育》，陈光金、沈杰、朱谐汉译，上海人民出版社 2006 年版，第 10 页。

的部分。在内尔·诺丁斯看来，就道德教育而言，应当首先使人感受到一种关怀的义务，然后形成关怀的德性，进而成为一个有关怀的人。内尔·诺丁斯的这种思路属于一种以女性立场为基础的伦理学，在当代伦理学和教育学中都产生了较大的影响。理查德·彼得斯、James Bowen、Denis Lawton 等学者将公民道德教育放在教育发展史的视角进行研究，特别强调公民道德教育是西方教育发展的重要价值取向，传统德育的情感机制以及当代德育以人为本的理念模式无不体现出和谐发展的历史主题。

第二条，是立足于政治哲学的视域，从政治哲学思想的维度考察公民道德教育思想，把公民道德教育视为不同政治主张的实现路径。这一路径往往将公民道德教育放在公民教育、自由教育或博雅教育的名下进行论述。具有代表性的人物和著作是马克·霍尔斯特德和马克·派克的《公民身份与道德教育：行动中的价值观》（社会科学文献出版社 2017 年版），莎伦·R. 克劳斯的《公民的激情：道德情感与民主商议》（译林出版社 2015 年版），列奥·施特劳斯的《什么是自由教育》与《自由教育与责任》（刘小枫、陈少明编《古典传统与自由教育》，华夏出版社 2005 年版），威尔·凯姆利卡的《论公民教育》[马德普编《中西政治文化论丛》（第 3 辑），天津人民出版社 2003 年版]，Paul H. Hirst 的 *Educational Theory and Its Foundation Disciplines*（Routledge, 2012），Kimmo Kontio 的 The Idea of Antarchy in Rousseau's National Education: Recovering theNaturalHarmony?（*Scandinavian Journal of EducationalResearch*, Vol. 47, No.1, February 2003）等。

威尔·凯姆利卡在《论公民教育》中指出，公民道德的存在是培养理想公民，理想的公民应当具有"公共精神、公正意识、礼貌与宽容、团结与忠诚的共享意识"[①]这四种美德。毋庸置疑，这四种品德都是为了维护社会合作和公共秩序而对公民提出的一般性要求，从而构成公民品质的重要内容。而莎伦·R.克劳斯在《公民的激情：道德情感与民主商议》中考察了公民道德能力培养中理性与激情的关系，认为理性无法独立负担起做出决定的重任，一旦排除激情，人类将无法做出决定；但是，并不是所有的激情在公共行为当中都能够经得起无偏倚性的考验，如何让激情合理地容身于公共行为之中，是克劳斯慎重考虑的问题。

列奥·施特劳斯在《什么是自由教育》中把理想的民主制与西方现代民主制截然分开：前者是通过贵族制的有效扩展而产生的一种与德性相辅相成的民主制度，作为其公民的成年人全部或绝大多数都拥有理性和智慧，他们的决策贯穿着公正和实践智慧；后者则只是一种大众的统治，权力掌握在缺少智识和道德的大众手中，而非掌握在贵族和精英手中，从而沦落为一种廉价的、平庸的、贫乏的政治。正是在这个意义上，现代社会中的自由教育才成为拯救民主制的必备良药，因为它能够驱除大众文化的毒害和放纵倾向，将德性和智慧迎回到现代人的心灵世界之中，从而帮助劣质的大众民主逐渐地提升到理想的贵族民主制的层次。[②]在列奥·施特劳斯这

---

① 马德普：《中西政治文化论丛》（第3辑），天津人民出版社2003年版，第279页。

② ［美］列奥·斯特劳斯：《什么是自由教育》，一行译，见刘小枫、陈少明编：《古典传统与自由教育》，华夏出版社2005年版，第2—8页。

里，自由教育超越了一般意义上的公民教育，它不仅致力于使人成为理想的公民，更致力于使人产生充分的德性，获得属于自己的卓越。这样的教育显然不可能面向政治共同体内部的所有公民，而只能面向政治共同体中的一小部分人。

第三条，是立足于不同的国别和地域，研究各国具有代表性的公民道德教育模式的含义、特点和规律，并进行批判性的分析。具有代表性的人物和著作是哈钦斯的《伟大的对话》（董成龙编译《大学与博雅教育》，华夏出版社 2015 年版），爱弥尔·涂尔干的《教育思想的演进》（上海人民出版社 2006 年版），约翰·杜威的《民主主义与教育》（人民教育出版社 2001 年版），伊丽莎白·劳伦斯的《现代教育的起源与发展》（北京语言学院出版社 1992 年版）等。

其中，伊丽莎白·劳伦斯研究贯穿了自古希腊罗马以来的西方教育发展历程，并对卢梭、夸美纽斯等著名的教育思想家给出了重点的分析，为西方传统的教育思想史给出了一种全面而精彩的描绘。在《教育思想的演进》一书中，爱弥尔·涂尔干则从教育史的角度对自文艺复兴开始的法国教育思想、教育方式和教育理论的变革进行了系统性的分析。并在最终的"结论"中指出，对教育而言，最大的帮助就是为教师提供一种明确的奋斗目标："要吸引一个人投身于自己会认为有用的活动"。[①] 要想达到这一目标，一时还无法依靠刚兴起的心理科学和社会科学，而应该依靠"历史中已经呈现

---

① ［法］爱弥尔·涂尔干:《教育思想的演进》，李康译，上海人民出版社 2006 年版，第 349 页。

出来的人类多样性",① 即历史研究和社会研究的支撑，从而进一步指出了道德教育以及更一般意义上的教育可以采取的学科路径。

哈钦斯则在分析美国的教育体系时指出，由于内部的衰退和外部的混淆，博雅教育（liberal education，即斯特劳斯所说的自由教育）在当下美国的各级学校机构中几乎消失匿迹了。所谓内部的衰退，是指当代的古典学研究把博雅技艺降格成了毫无趣味的语言学练习，使得新生代对文化遗产的重要意义和内在价值了解不多；所谓外部的混淆，则是指哲学、历史学、文学等人文学科错误地以自然科学的模式来进行自我规训，尽力使自身具备科学性，结果却使得人文学科的研究日益形式化和空心化。二者的结合使得美国的博雅教育日薄西山，晚景惨淡。在哈钦斯看来，这是美国教育制度和政治制度的双重不幸，因为民主政治所需要的合格公民只有通过博雅教育的训练才能形成，数据调查、科学实验等都永远无法代替常识、经验和实践智慧。不过，面对现状，哈钦斯并未绝望，他乐观地指出：工业技术的进步使博雅教育凸显出了前所未有的必要性，因为由工业化带来的闲暇既使民众意识到了对于博雅教育的精神需求，也使对于民众的博雅教育具有了现实的可能性，而这正是美国教育体系应当努力的方向。②

综上所述，国外关于公民道德教育的研究往往是基于某种既定

---

① ［法］爱弥尔·涂尔干：《教育思想的演进》，李康译，上海人民出版社 2006 年版，第 350 页。

② ［美］哈钦斯：《伟大的对话》，见董成龙编译：《大学与博雅教育》，华夏出版社 2015 年版，第 34—39 页。

的理论立场所作的阐发。尽管其中不乏真知灼见，比如爱弥尔·涂尔干关于道德教育世俗化的分析、内尔·诺丁斯关于关怀伦理学的阐释、斯特劳斯对自由教育的论述等，但却并非完全针对公民道德教育的专门性讨论和历史性研究，而是在谈论一般意义上的公民教育、自由教育 / 博雅教育、道德教育乃至教育本身，并且往往内藏衷曲，意在言外。相比而言，劳伦斯尽管对西方教育思想史进行了比较全面的介绍，却并未对公民道德教育有过多的着墨，而且他的介绍缺乏一定的理论深度，未能揭示出西方教育思想演变过程中的内在逻辑。同时，由于历史、社会和意识形态的限制，他们的研究更多是从自身所处的社会和时代问题出发，得出的结论仅具有有限的有效性，并不一定能够解决我国目前面临的现代化转型和思想政治教育困境等方面的问题。

（二）国内研究综述

国内学界近年来对公民道德教育思想展开了一定的研究，但是由于起步较晚，研究总体上还较为薄弱，可供借鉴的优秀成果大致上主要包含两种类型。

第一类是对具体国家或地区的公民道德教育模式的含义、特点和规律的研究，即分析公民道德教育在各个具体历史进程中的目标、方式、内容等方面的变化。其中大致又可以分为三个不同的侧重点：

首先，是对古希腊罗马时代的公民道德教育研究，如司岩的《西方远古时期公民道德教育研究》（《天中学刊》2015 年第 6 期），叶方兴的《作为道德实践的公民教育——古希腊公民教育的德性维度及其当代启示》（《南昌大学学报》人文社会科学版 2015 年第 5 期）等。

其次，是对美国、英国、法国等现当代西方国家的公民道德教育研究，如刘丙元的《英国青少年公民道德教育的发展趋势及其启示》（《当代教育科学》2020 年第 3 期），白志刚的《国际视野下的公民道德建设研究》（知识产权出版社 2015 年版），付轶男的《美国现代化进程中的公民教育与道德教育关系》（东北师范大学出版社 2015 年版），唐汉卫的《现代美国道德教育研究》（山东人民出版社 2010 年版），李丁的《英国青少年公民教育研究》（人民出版社 2012 年版），赵明辉和杨秀莲的《法国义务教育新道德与公民教育课程：内容、特点及启示》（《外国中小学教育》2018 年第 4 期），王春英的《转型中的俄罗斯道德教育》（人民出版社 2015 年版），冯永刚的《爱国主义：俄罗斯高校公民道德教育的核心内容》（《比较教育研究》2015 年第 1 期），饶从满的《日本现代化进程中的道德教育》（山东人民出版社 2010 年版），唐鹏主编的《新加坡的公民道德建设》（民族出版社 2010 年版）等。

再次，是对中国当代的公民道德建设和公民道德教育的研究，如魏雷东的《和谐社会视阈下的公民道德建设研究》（中国社会科学出版社 2017 年版），燕善敏的《当代中国公民道德建设模式探究》（九州出版社 2017 年版），朱金瑞等的《新中国成立以来公民道德建设的历史演进》（人民出版社 2015 年版），国家社科基金重大项目课题组的《当代中国公民道德发展》（江苏人民出版社 2015 年版），彭定光与李桂梅主编的《当代中国公民道德建设研究》（湖南师范大学出版社 2013 年版），吴潜涛等的《当代中国公民道德状况调查》（人民出版社 2010 年版）等。

这些研究总体上对西方自古代以来的公民道德教育的历史发展进行了较为深入的梳理和分析，尤其对美国、英国、韩国、俄罗斯、新加坡等当代西方发达国家的公民道德教育实践进行了较为系统的总结和概括，并在此基础上对我国当下的公民道德建设和公民道德教育提出了一些值得深思的建议和对策。不过，这些研究在一定程度上缺少对西方公民道德教育的纵贯性分析，没有把握到西方公民道德教育不同模式所具有的深层次逻辑关联，从而无法为中国的公民道德建设和公民道德教育的具体实践及面临的思想政治教育困境提供具有思想深度和哲学高度的解答方案。

第二类是对公民道德教育的性质、目的、内容及其与公民教育、道德教育、思想政治教育之间的内涵辨析的理论研究，其中也包含三个不同的侧重点：

首先是立足教育学和教育心理学的视域，研究道德教育及其各类道德教育模式的含义、特点及演化发展规律。如蒙冰峰的《主体间性道德人格教育》（人民出版社 2019 年版），罗国杰的《道德教育与"两课"教学》（中国人民大学出版社 2017 年版），沈贵鹏的《心理——道德教育研究》（河海大学出版社 2017 年版），周围的《积极道德教育：积极心理学视域中的道德教育》（中国文史出版社 2014 年版），陆有铨的《皮亚杰理论与道德教育》（北京大学出版社 2012 年版），唐爱民的《道德教育范畴论》（北京师范大学出版社 2012 年版)，檀传宝的《公民教育引论》(人民出版社 2011 年版)，王荣德的《教师道德教育论》(科学出版社 2005 年版) 等。

其次是从道德哲学和思想史的角度论述公民道德教育及一般意义上的道德教育所依托的价值基础和哲学根源，如方熹的《道德教育的哲学理路》(中国社会科学出版社 2019 年版)，焦金波的《"道德人"生成："生活理解"道德教育研究》(南京大学出版社 2016 年版)，李建国的《教化与超越:中国道德教育价值取向的历史嬗变》(中国社会科学出版社 2014 年版)，刘丙元的《当代道德教育的价值危机与真实回归》(北京师范大学出版社 2012 年版)，冯永刚的《制度道德教育论》(北京师范大学出版社 2011 年版)，谭维智的《庄子道德教育减法思想研究》(北京师范大学出版社 2011 年版) 等。

再次是对与公民道德教育研究相关概念的界定与辨析，即公民教育、道德教育、公民道德教育与思想政治教育之间的关系探究。如陈卓的《道德教育与思想政治教育之比较——基于权力的视角》(《陕西师范大学学报》哲学社会科学版 2016 年第 1 期)，林晶等的《思想政治教育中角色道德问题研究》(人民出版社 2015 年版)，刘增惠的《大学环境道德教育研究——以思想政治教育为视角》(北京师范大学出版社 2015 年版)，刘争先的《为了美好生活:道德教育和公民教育的差异与共生》(《道德与文明》2014 年第 4 期)，武东生的《"思想政治教育"与"公民教育"关系辨析》(《思想理论教育导刊》2013 年第 4 期)，张笑涛的《为"道德教育、公民教育与公民道德教育"正名》(《现代教育管理》2012 年第 9 期) 等。

聚焦于"公民教育与思想政治教育之间的关系"问题，国内学术界主要有三种观点。

第一种观点是"替代论"。持"替代论"的学者主张用公民教育代替思想政治教育，其逻辑是国外公民教育的理论和做法在论证政治社会化方面具有有效性，二者内容和功能具有共同性。总体来看，"替代论"直视了当前思想政治教育中出现的问题。但是，它却忽视了思想政治教育的独立性。因为公民教育和思想政治教育是两种不同社会环境下的产物。公民教育的基本目标是培养能够参与社会公共生活的公民，强调的是公民独立参与国家政治与公共生活；而思想政治教育的目标是强调受教育者对政治的认同和理解。

第二种观点是"转型论"。持"转型论"的学者认为思想政治教育在实践中有了局限性，而主张思想政治教育转变理念，将公民教育作为基本定位，并逐渐向公民教育转型。"转型论"看到了思想政治教育的有效性不足，强调发掘思想政治教育存在的深层次问题与解决问题的对策，这是其正面内容。但是其强调政治教育向公民教育转型的观点是不对的。因为公民教育与思想政治教育是两种不同社会环境下的产物，是两种不同性质的教育类型和教育模式。

第三种观点是"补充论"。持"补充论"的学者认为公民教育培养公民政治参与的素质和能力，是思想政治教育的有机组成部分，二者"完全可以形成一种积极互动的互补关系"。有学者认为，各国公民教育是作为思想政治教育的组成部分出现的。[1]

---

[1]　陈立思：《关于当前开展公民教育的几点思考》，《中国德育》2011 年第 11 期。

综合以上三种论点，无论是从概念的内涵与外延，还是从教育的功能定位，或者是从历史沿革、时代需要等任何角度切入，无论是替代、转型还是补充，学者们的分析尽管形态各异、主张不同、提出的方法繁多，但终究只是思维角度和论说语言上的差异。一言以蔽之，这些观点都没有明确划清思想政治教育与公民教育二者的内涵界限。公民教育之所以能够"替代"思想政治教育，是因为他们把公民教育的内涵扩大而使之大于思想政治教育的内涵，使后者只是前者的一个内在函项；思想政治教育之所以能够向公民教育"转型"，是因为他们认为思想政治教育的历史性和时代性已经不能适应和满足当代公民教育的需要，而"转型"的内在根据仍然是二者具有内在的相通性以及逻辑上同一化的可能性；其他如"补充"或是"融合"，就是明显地在试图混淆二者的界限，模糊二者本来应该具有的界限，使其同一化为一个东西、同一化为一种教育模式。这是我们应该予以关注并明确界划的。正如上文已经论述过的，我们必须且能够在学理上、实践上严格区分二者的界限，划分出不同的作用区域，强化其不同功能。否则，以公民教育取代思想政治教育，必然既不能强化对教育对象的公民意识和公民素质的教育，也不能从政治思想的角度加强对对象的政治意识和政治素质的教育。

综上所述，由国内外的研究现状可知：到目前为止，对西方公民道德教育思想的研究虽然取得了一定的成就，但其研究具有三个不可忽视的问题：一是缺乏明确的"问题意识"，即没有把公民道德教育理论的研究与制约当前中国思想政治教育的瓶颈性问题结合起来，导致研究存在理论与实践的脱节问题；二是没有自觉的"方法论意识"，即没有选择一个特定的研究视角和研究思路，运用马克思主义的历史与逻辑相统一，理论与实践相结合的方法论进行整体性研究；三是缺乏将历时性研究与共时性研究相结合的"整体意识"，进而缺乏对西方公民道德教育模式演进规律的深层次把握和哲学性总结。而这些正是本书努力的方向和主要着力点。

三、研究思路与方法

（一）研究思路

本书的基本思路是从范式论的层面研究西方公民道德教育模式演进背后的深层逻辑和核心精髓，这里我们借鉴并改造美国科学史家库恩的"范式"理论作为我们分析和把握问题的框架，下面我们先谈一下"范式"的内涵。

"范式"一词在古希腊语中的意思是"范型""模特"。后来用于表示拉丁语中词形变化的"典型范例"。美国科学史家库恩将"范式"界定为"在一定时期内，给研究者共同体成为样本的问题及解决方法的一般被公认的科学业绩。"[①] 库恩界定范式的出发点是明确划分科学与非科学的标准，后来范式的含义有了新的发展，主要指"思维框架"和"核心观点"的意思。如日本 1983 年出版的辞典《广

---

① 〔日〕野家启一：《库恩—范式》，毕小辉译，陈化北校，河北教育出版社 2002 年版，第 270 页。

辞苑》（第三版）对范式的解释是："范式——哲学用语，指体系或范例。它是指在一个时代里人们对事物具有支配地位的看法。特别是指理应成为处理科学上的问题的前提、在某个时代人们公认的有系统的思想体系。例如天动说或地动说之类。"①

　　概括学界对范式的含义理解背后的基本逻辑，可以发现，评价一个范式成立和存在的标志有两个：一是范式的成立必须有自己独特的概念和范畴系统，一个范式与另一个范式之间的首要区别就是概念范畴系统的不同；二是具有独特的思维分析结构。相较于"概念、范畴系统"，思维分析结构和思维方式更为内在，它往往通过概念和范畴系统的基本关系体现出来。如果我们进一步深究的话，就会发现在这两个特征的背后还隐藏着"一双看不见的手"，这双"看不见的手"就是范式的核心理念，它决定着范式的内在逻辑走向，也决定着范式的基本形式。

　　以政治与教育之间的关系为切入点，以教育的立足点是政治共同体、个体还是社会为标尺，从范式的维度来考察西方公民道德教育发展的历史，可以概括为三种教育模式：一是古希腊时期的典型形态——理性公民道德教育模式。它在启蒙时期的自然公民道德教育模式成为主流之前一直占据着主导地位。理性公民道德教育模式强调教育的人性论基础在于人类灵魂具有独特的理性判断能力，其立足点是政治共同体（城邦），教育的目的是引导受教育者

———————

① ［日］野家启一：《库恩—范式》，毕小辉译，陈化北校，河北教育出版社2002年版，第5页。

掌握人类社会长期发展中形成和积累起来的各种知识和规范，教育的核心内容是培养政治共同体或城邦所需要的德性，主要教学方法是"积极教育"，主要代表人物是苏格拉底、柏拉图和亚里士多德。

二是启蒙时期的自然公民道德教育模式。它是启蒙时期的思想家在启蒙思想的基础上提出来的一种全新的公民道德教育范式。它强调教育的人性论基础在于人所独有的自由本性，主张公民道德教育的根本目的是遵循人的内在本性，引导个人成为理想政治社会所需要的公民。教育的内容主要是按照儿童身心发展的生理和心理规律而自然培养，主要教学方法是"消极教育"，主要代表人物是卢梭。

三是以马克思主义思想为代表的社会公民道德教育模式。它是马克思在辩证唯物主义和历史唯物主义的基础上建立的一种科学的道德教育模式。它强调教育的人性论基础在于"人的本质是一切社会关系的总和"，教育的根本目的在于使人建立在社会需要基础上的自由全面发展，其主要内容是让人认识到社会生活发生和发展的实践基础，进而克服异化、实现自身的全面发展，其主要教学方法是"理论教育"和"实践教育"，主要代表人物是马克思。

（二）研究方法

科学的研究方法是得出真理性结论的前提和基础。马克思指出："不仅探讨的结果应当是合乎真理的，而且得出结果的途径也应当是合乎真理的。对真理探讨本身应当是真实的，真实的探讨就是扩展了的真理。"① 也就是说，只有运用"合乎真理"的研究方法才能得出"合乎真理"的结论。经过慎重思考和再三斟酌，本书选择逻辑与历史相统一、系统论、理论与现实相结合的三种研究方法，力图构建一个纵横交错的网络式圆圈分析框架。

第一，逻辑与历史相统一的方法。这一方法由黑格尔首创，马克思予以创造性地发挥和改造，并娴熟地运用于《资本论》的研究之中。所谓逻辑的方法是指借助于概念、范畴，构建起逻辑范畴之间互相联系的理论体系，从而揭示客观事物本质和规律的方法。所谓历史方法，是指通过描述对事物的发展进程，从而揭示事物发展过程中的内在联系与发展规律的方法。这两种方法在形式上不同，一是理论形态，表现为概念范畴的逻辑展开；一是历史形态，表现为历史感性脉络，是感性现象形态。但二者实质上又是一致的。这也就是说，历史脉络是"感性的展开了的逻辑"；② 逻辑方法是对历史发展中感性脉络的理论概括，反映了客观事物发展的过程，但"摆脱了历史的形式以及起扰乱作用的偶然性"，③ 从这个意义上，我们可以说，"逻辑是凝缩了的历史"。④

本书以逻辑与历史相统一的方法作为主导性方法，力图在研究中贯穿始终。具体而言，本书提出的主要概念范畴：理性公民道德教育模式、自然公民道德教育模式与社会公民道德教育模式首先是

① 《马克思恩格斯全集》第 1 卷，人民出版社 1995 年版，第 112—113 页。
② 周来祥：《再论美是和谐》，广西师范大学出版社 1996 年版，第 160 页。
③ 《马克思恩格斯文集》第 2 卷，人民出版社 2009 年版，第 603 页。
④ 周来祥：《再论美是和谐》，广西师范大学出版社 1996 年版，第 160 页。

逻辑的规定，但这一界定是从纷纭复杂的历史发展中"抽出"来的。因此可以说，这一概括是凝缩了公民道德教育发展的历史。同样，从本文的逻辑回顾西方公民道德教育发展的历史，就会发现，公民道德教育发展的历史恰恰就是感性的展开了的逻辑。当然，我们清醒地知道，逻辑与历史的统一只是就本文的总体趋势而言的，在具体发展上，二者总会有所"出入"。譬如对理性公民道德教育模式的界定就存在这样的问题，实际上我们从历史层面上是把从古希腊到启蒙时期之前的公民道德教育都归结为理性公民教育模式，但从理论层面上，为了论述的需要，我们针对的却是古希腊时期的一个"断面"。因此，本书所运用的逻辑与历史相统一的研究方法是就总体趋势而言的。

第二，系统论的方法。系统论的创立人是贝塔朗菲。它包括的内容大致有普通系统论、控制论、信息论、自动化理论、管理理论、政策论和模拟法等科学理论。[①] 系统论最基本的原则是相互联系，强调系统的整体性。它认为把握事物就要将事物放在一个各种事物相互联系的总体系统中进行考察，认为事物有自身属性与系统属性两重属性，在这两重属性中，系统属性是根本。这是因为事物质的规定性是由其系统属性决定，所以对一个事物的认识，不能孤立地专注于其自身，而应首先把它放在一定的系统之中，把握其系统属性。

---

① ［美］冯·贝塔朗菲：《一般系统论：基础、发展和应用》，林康义等译，清华大学出版社 1987 年版，第 1 页。

　　系统论方法丰富了马克思辩证思维中关于整体综合的方法。系统论要求对事物的认识，在大致粗略分析之后，先要有一个综合的整体性把握。在总体把握的基础上，在综合的统摄下再进行局部的个别分析。这样分析是综合的分析，局部是整体的局部，从而发展为系统性总体思维。我们试图把系统论方法所强调的静态的、横向的研究融会马克思辩证思维的圆圈结构之中，以使纵向中有横向，从而将辩证思维线性圆圈构架发展为纵横交错的网络式圆圈构架，以作为我们本项研究的基本方法之一。

　　第三，理论与现实相结合的方法。理论与现实相结合从根本上来说源于辩证唯物主义和历史唯物主义的科学性、批判性和现实性，这是由马克思主义的辩证法和认识论所规定的。后者通过对认识和实践关系的深刻阐释，清晰地指出认识必须与实践相统一，理论必须与现实相结合，否则就会导致思想僵化，沦为不切实际的教条。理论应当从现实出发，并最终作用于现实。正如马克思在批判费尔巴哈时所说的，"我们不是从人们所说的、所设想的、所想象的东西出发"，而是要"从现实的前提出发，它一刻也不离开这种前提"。① 因此这就要求我们在研究的过程中，必须把西方公民道德教育的理论内涵与其具体实践结合起来，首先获得对西方公民道德教育模式的完整、准确而全面的把握。

---

① 《马克思恩格斯文集》第 1 卷，人民出版社 2009 年版，第 525 页。

第一章　古希腊：理性的公民道德教育模式

马克思说："历史从哪里开始，思想进程也应当从哪里开始。"① 本书对西方公民道德教育模式的考察同样是建立在对西方公民道德教育思想史进行考察的基础之上。这一考察又不可避免地涉及西方的哲学和政治思想史。而从根本上看，它们又都源于希腊，"一提到希腊这个名字，在有教养的欧洲人心中……自然会引起一种家园之感。"②"古希腊思想家所设计的教育理想，是研究教育主题发展与演化历史的起点，切不可超越。"③ 因此，对古希腊思想的考察，就构成了本书的历史起点。

---

① 《马克思恩格斯文集》第 2 卷，人民出版社 2009 年版，第 603 页。
② ［德］黑格尔：《哲学史讲演录》第 1 卷，贺麟、王太庆等译，上海人民出版社 2013 年版，第 157 页。
③ 舒志定：《人的存在与教育——马克思教育思想的当代价值》，学林出版社 2004 年版，第 2 页。

第一节 时代背景与思想条件

一、时代背景

真正的研究，应当从"现实的前提出发"，其对象不是那些"处在某种虚幻的离群索居和固定不变状态中的人"，而是那些"处在现实的、可以通过经验观察到的、在一定条件下进行的发展过程中的人"。① 人们必须基于他们的时代条件及其相应的社会政治关系来理解他们的活动。这就要求必须首先考虑到与其相关的各项自然因素和条件，"这些条件不仅决定着人们最初的、自然形成的肉体组织，特别是他们之间的种族差异，而且直到如今还决定着肉体组织的整个进一步发展或不发展。"② 所以，我们接下来将先简要地描述一下古希腊的地理条件、民族历史以及在此过程中形成的经济政治关系，以此作为理解他们能动的生活过程的现实基础。

古希腊的地理范围要比现在的希腊更为广泛，前者不仅包含作为希腊主体的希腊半岛，而且包含散布于爱琴海中的诸多岛屿、小亚细亚西部沿海的若干地区（即被称为伊奥尼亚地区的希腊城邦）以及地中海上的克里特岛。因此，古希腊的领土以半岛和岛屿为主，东面紧靠爱琴海，西面濒临爱奥尼亚海和亚得里亚海，

---

① 《马克思恩格斯文集》第 1 卷，人民出版社 2009 年版，第 525 页。
② 《马克思恩格斯文集》第 1 卷，人民出版社 2009 年版，第 519 页。

北面与马其顿接壤，南面则通过地中海与埃及和利比亚隔海相望。
这样的地理条件决定了古希腊的气候以地中海型气候为主，冬季
多雨，夏季炎热干燥，因而适于种植橄榄、葡萄等能够耐干旱的
水果，谷物则以大麦为主。但是，希腊半岛山脉林立，分为北部、
中部和南部三个部分。北部的埃皮鲁斯和帖撒利地区相对较为贫
瘠，但却拥有古希腊人崇拜的奥林帕斯山；中部包含阿提卡和彼
俄提亚，前者是雅典所在地，后者是底比斯（即忒拜）所在地，
工商业较为发达，经济较为繁荣；南部主要包含伯罗奔尼撒半岛，
迈锡尼文明即发源于此，后来的斯巴达则成为伯罗奔尼撒半岛上
的霸主。虽然古希腊拥有较为丰富的矿产资源，例如大理石、陶
土、金、银、铜、铁等，但由于平原较少，粮食无法自足，必须
由海外采购，这就促使了海上贸易的产生。[①] 而且，由于多面环海，
所以古希腊的海上交通极为便利。这一方面刺激了古希腊工商业
和海上贸易的发展繁荣，另一方面也促进了古希腊与埃及、波斯
等国的交流沟通，并且在宗教、文化、政治等方面受到了后者深
远的影响。

由于希腊半岛受到山脉的切割，因此出现了诸多不同的城邦。
然而，尽管这些城邦在宗教祭仪、日常方言、政治制度等方面都有
不小的差异，但是他们都自认为属于同一个民族，即所谓的"希腊
人"。对于希腊民族的形成，赫西奥德提供了一个神话的解释：由
于人类的罪恶触怒了众神，所以宙斯决心以洪水灭世。只有丢卡利

---

① 汪子嵩等：《希腊哲学史》第 1 卷，人民出版社 2014 年版，第 2—5 页。

翁和他的妻子得以幸存，因为他们是世上最好和最尊敬神的人。他们所生的儿子名叫希伦，便是希腊民族的祖先。希伦所生的三个儿子也先后成为多利斯人、伊奥尼亚人和埃俄利亚人的始祖，后三者正是一般意义上的希腊人①。但是，这个故事显然是想象的产物，希腊民族的真正形成不是一蹴而就的，而是逐渐发展形成的。"超越城邦的泛希腊民族的意识，必然是与城邦范围内的集体意识逐渐淡化互为消长的。"② 因此，修昔底德准确地指出，在最原初的时候，后世被称为希腊的地区还没有冠以"希腊"之名，甚至连这个名字本身都未必存在，而是按照不同的地域被称为"达那安斯人""阿尔哥斯人"和"阿凯亚人"，③ 只是随着各个城邦之间政治、经济、文化之间交往的增加，在彼此之间逐渐形成共同的经济联系、神灵体系、文艺节庆、纪年方式、书面文字之后，才产生了"希腊人"的身份认同，进而将自身与所谓的"野蛮人"（即"异邦人"）严格地分割开来。

在希腊民族形成的过程中，随着生产力的发展，相应地带来了生产关系和社会结构的变化，导致了奴隶社会的产生和发展。社会分工的进一步深化，促使古希腊社会逐渐形成了奴隶、平民和奴隶

---

① 参见汪子嵩等：《希腊哲学史》第 1 卷，人民出版社 2014 年版，第 12 页。另奥维德对这一故事的发挥，见［古罗马］奥维德、贺拉斯：《变形记·诗艺》，杨周翰译，上海人民出版社 2016 年版，第 28—31 页。
② ［古希腊］希罗多德：《历史》（上），徐松岩译，中信出版社 2013 年版，第 46 页。
③ ［古希腊］修昔底德：《伯罗奔尼撒战争史》（上册），徐松岩译注，上海人民出版社 2011 年版，第 37—38 页。

主三大阶级。就奴隶阶级而言，奴隶的身份具有世袭的性质，奴隶的孩子依然还是奴隶，无法享有正常的公民权利。就平民阶级而言，则主要由城邦制度下的小农和小手工业者构成。正如马克思所说，小农和小手工业者"在原始的东方公有制解体以后，奴隶制真正支配生产以前，还构成古典社会全盛时期的经济基础"，[①] 他们在很大程度上也构成了"城邦经济的主要支柱"。[②] 欧里庇得斯悲剧《埃勒克特拉》中作为埃勒克特拉"丈夫"的农夫正是这一阶层中的一员，自耕自种，家境贫困，但是品格高尚。阿里斯托芬更是在他的多部作品中对这一阶层进行了精彩而生动的描绘，刻画了一系列人物形象，比如《阿卡奈人》中的狄凯奥波利斯、《云》中的斯特瑞普西阿得斯和费狄庇得斯、《和平》中的特吕盖奥斯，等等。就奴隶主阶级而言，又可以细分为贵族奴隶主和工商奴隶主：前者依赖于传统的制度、家世和习俗来获得权威，后者则是随着生产力的发展而带来的经济关系变革的产物。伴随着梭伦改革和僭主政治等社会关系方面的变动，工商奴隶主的势力逐渐压倒贵族奴隶主，成为城邦政治中的主导型力量。[③]

古希腊的城邦政治是以城邦为核心的，一个完整的城邦并不是现代意义上的城市，"而更像一个国家"。[④] 尽管一些城邦的公民

---

① 汪子嵩等：《希腊哲学史》第1卷，人民出版社2014年版，第32页。
② 汪子嵩等：《希腊哲学史》第1卷，人民出版社2014年版，第33页。
③ 汪子嵩等：《希腊哲学史》第1卷，人民出版社2014年版，第30—40页。
④ [英]基托：《希腊人》，徐卫翔、黄韬译，上海人民出版社1998年版，第78页。

数量可能还不足 5000 人，但是它们具有现代国家意义上的立法机构、行政机关、审判机关、军事力量和外交关系。每个城邦在经济上都具有奴隶主义制度的特征，但是具体的政治制度设计却又有所不同，比较典型的就是雅典与斯巴达的比较。雅典虽然也曾经历过贵族统治的阶段，但是在梭伦改革之后，工商奴隶主和平民阶级的势力得到增长，为民主政治的出现打下了基础。经过庇西特拉图长达数十年的僭主统治之后，他的继承人希庇亚斯被克里斯提尼推翻。克里斯提尼随之领导雅典进行了民主制度的改革，并创建了五百人议会、十部落制、陶片放逐法等具体政治措施。由此，民主制度成为雅典城邦的主要政体，并在伯利克里手中发展至巅峰。相比之下，斯巴达则采取了一种混合的政治制度。一方面，它设置了两位国王作为城邦的最高军事领袖，并使之相互制衡，从而构成著名的"双王制"；另一方面则设置了由民众选举而出的执政官和元老院，对国王和城邦的一切事务进行监督；此外，还设置了国民会议，对各项提出的法案进行讨论和表决。这种政治制度将民主制度、贵族制度和君主制度的要素混合在了一起，在理论上获得了最大化的制度优势，并受到柏拉图等思想家的推崇。因此，虽然斯巴达在一般意义上都被认为是专制政体，但是仍然纳入了民主制度的要素。正是由于民主精神和民主制度在希腊世界得到广泛的传播和认可，才促成了公民这样一种独特政治身份的产生，而这也为古希腊的公民道德教育提供了最重要的时代条件。

二、思想条件

"历史不外是各个世代的依次交替。"[①]正如西方文明中的几乎每一个方面都可以回溯到古希腊一样，古希腊文明中的几乎每一个方面也都可以回溯到比它更早的时期。如果想从根本上把握古希腊理性公民道德教育的理论本质，就必须从源头上追溯这样一种教育模式的思想背景，从而挖掘出其中所蕴含的历史必然性。简而言之，这样的思想背景主要分为三个方面：神学的转向、德性观的转向、灵魂论的转向。

（一）神学的转向

神话是各个民族在最初时候用来解释世界和建立自我认同的一种有效方式，并在此基础上衍生出原始的宗教和神学。最初的人类习惯按照自己关于神的理解来"构建"自己的身份和关系意识，"他们头脑的产物不受他们支配。他们这些创造者屈从于自己的创造物。"[②]而这些创造物也构成了对创造者所处的社会关系的真实反映，并引导他们构建起文化、道德等抽象的精神体系。因此，神话、传说、祭祀构成了人类早期最丰富的精神世界，由此构成的原始神学也就成为人类所能拥有的最早的思想内容。

正如西方文明的每一个方面几乎都可以回溯到古希腊一样，古

---

① 《马克思恩格斯文集》第 1 卷，人民出版社 2009 年版，第 540 页。
② 《马克思恩格斯文集》第 1 卷，人民出版社 2009 年版，第 509 页。

希腊文化的每一个方面也几乎同样可以回溯到荷马。荷马史诗以及作为文化符号的荷马本人成为古希腊思想世界中的核心元素和最初源头，神学也不例外。在荷马那里，已经出现了奥林匹斯众神的整体形象，并且形成了所谓的自然神学。自然神学的"自然"性质主要表现在三个方面：第一，神人同形同相。奥林匹斯众神的身体和相貌虽然要比凡人更为高大、俊美得多，而且永生不死，但在本质上却是与凡人同形同相的。宙斯的身体上同样具有额头、眉毛、眼睛和臂膀，美神阿芙洛狄忒手掌受伤也会流出血液，战神阿瑞斯的小腹被狄奥弥得斯刺伤后也会疼痛哀嚎。众神的形象与凡人都是由自然所生成，并且受到其所具有的自然属性的限制。第二，自然力量的神格化。荷马神话中的许多神灵都是自然环境的拟人化呈现，比如天空大地、山川河流、日月星辰、风雨雷电等。众神的地位与其所对应的自然力量在人类世界中的影响程度相一致。第三，自然决定论。人类的命运由众神决定，但是诸神也要服从命运（moira）的安排。"荷马的神是有限的……限制他们的是命运，这是他们无法创造也不能抵抗的"，①而命运则"是一种呈现有关分配自然的真理的表征"。②这里的命运实际上隐喻着由自然属性的有限性而带来的客观必然性。一切决定于命运，也就意味着一切决定于自然。

　　但是，从人的角度来看，自然的未必是道德的——正如荷马史

---

①　[英]弗朗西斯·麦克唐纳·康福德：《从宗教到哲学——西方思想起源研究》，曾琼、王涛译，上海三联书店2014年版，第12页。

②　[英]弗朗西斯·麦克唐纳·康福德：《从宗教到哲学——西方思想起源研究》，曾琼、王涛译，上海三联书店2014年版，第22页。

诗中的众神所表现出的道德瑕疵一样。随着社会生活的发展和伦理意识的成长，赫西奥德开始着手对荷马史诗中的奥林匹斯诸神加以整理，为众神制作出了一份和谐有序、层次井然的谱系。在这份谱系里，宙斯取代了非个人性、非智能性、非目的性的命运，成为分配神和人各自应有份额的立法者。在宙斯的引导下，诸神不再像荷马笔下的形象那样纵情恣意、随心所欲，而是开始变得道貌岸然，以公正、节制、仁慈等美德关爱人类。这样一来，赫西奥德就把荷马的自然神学转变为了他自己的道德神学。不过，赫西奥德的神灵尽管获得了道德的属性，但却依然保留着自然神学的痕迹，神灵依然具有人所具有的相貌形体和其他许多自然属性。这种"神人同形同相论"引起了自然哲学家的严厉批评。塞诺芬尼尖刻地指出："埃塞俄比亚人说他们的神的皮肤是黑的，鼻子是扁的；色雷斯人说他们的神是蓝眼睛、红头发的"，"可是，假如牛、马和狮子都有手，而且像人一样都能用手画画和塑像，它们就会各自照着自己的模样，马画出或塑成马形的神像，狮子画出或塑成狮子样的神像"。①以塞诺芬尼为代表的这种批评并不是要否认神的存在，而是要否认荷马和赫西奥德所描绘的那种神灵。在塞诺芬尼、赫拉克利特等人看来，神是存在的，但却绝对不是像荷马、赫西奥德及其他诗人所描绘的那样不道德、与人相像、存在等级之分。相反，自然哲学家设想的神是单一的、不动的、无生灭的，这样就把传统的自然神学和道德神学转变成了更为彻底的理性神学。这种转变对后来的思想

① 汪子嵩等：《希腊哲学史》第 1 卷，人民出版社 2014 年版，第 460—461 页。

家关于人、公民、道德的看法构成了根本性的影响，从而构成了古希腊公民道德教育的神学背景。

（二）德性观的转向

德性（arete）是古希腊道德思想中的核心概念。德性的原意是指一种事物所特有的用途和功能。例如，马的德性在于奔跑，鸟的德性在于飞翔，刀的德性在于切割。[①] 但是，当人们这样描述的时候，往往是理所当然地假定这种奔跑、飞翔、切割是处于一种良好状态之中的，而不是那种跌跌撞撞的奔跑、飞翔或某种粗钝迟慢的切割状态。因此，德性的含义也就从事物所特有的用途和功能凸显为使事物的用途和功能发挥得好的那种品质。例如，马的德性不仅在于奔跑，更在于迅捷地奔跑，因为只有这样才能够使马所特有的奔跑功能得到良好的实现。那种与之相反的、阻碍马的奔跑功能实现的品质（比如驽钝）则被称为恶，成为德性的反面。然而，当这一概念应用到人类生活之中的时候，其内涵逐渐出现了三个方面的转变：

其一是从非道德德性向道德德性的转变。在德性的原初含义里，并未与道德建立特别的关联，更多是在非道德的意义上使用的。因此，作为人造物的刀、剑、椅，作为自然物的土地、喷泉、鸟、马、眼睛、耳朵，都可以拥有属于自身的德性。但是，随着社会交往的加深和更大范围内的政治共同体的形成，人们逐渐意识到

---

① 汪子嵩等：《希腊哲学史》第 2 卷，人民出版社 2014 年版，第 138 页。

人的政治性，并且依据这种政治性对人提出了更高的伦理层面的要求。这就诱使人的德性逐渐地从天然的生理功能转移到了人的政治性方面，从而更多地具有了伦理方面的内涵。与此同时，德性的非道德含义虽然不再凸显，但却没有完全消失，而是作为一种习以为常的语言学用法保留在当时人们的日常语言之中，偶尔还会浮现出来——我们在柏拉图、亚里士多德等人的著作中都可以清晰地看到这一点。

其二是从竞争性德性到合作性德性的转变。当德性概念获得了伦理内涵之后，便成为对人的生活的一种本质性规定，成为个人自我完善的目标和进行评判的标尺。在人们对德性概念的伦理内涵的认识过程中，首先抓住的是勇敢，这是与当时社会的实际状况相一致的。因为在生产力低下、生产资料贫乏、资源竞争激烈的情况下，勇敢是维持和保障个人与种族生存、发展的必然要求，因而也是最为人所看重的品质。《荷马史诗》中非常鲜明地体现出了这一点。但是，随着生产力的进步和资源困境的缓解，人们开始更多地把注意力放在公正、节制、友爱等具备合作性、更能促进社会协作的品质上。作为以生命进行竞争的极端形式，勇敢的地位随之开始下降，逐渐蜕变为那些主要德性里的其中一种，依附于智慧、公正和节制之后。

其三是从"多"到"一"的转变。人们在翻阅古希腊七贤、自然哲学家的道德箴言以及诗人作品的过程中，会找到各种各样的德性：公正、明智、节制、勇敢、虔敬、友爱、慷慨等。不仅如此，德性还被细化到不同的角色和不同的事务之中。例如，男人的德性是良好地管理城邦，女人的德性就是做好家庭主妇，此外还有孩子的德性、老人的德性，"每项行动、每个年纪、我们的每项任务、我们中的每一个人，都有一种美德"①。这样一种分散化的、碎片化的德性观念虽然可以满足当时人们对于德性的日常需要，但却无法满足哲学家对于德性的理论探究。因为对于苏格拉底来说，最重要的问题不在于德性包含哪些内容，而在于德性是什么。既然以上各种不同的要求和品质都被称为德性，那么它们必定拥有某种共同的内容。如果找到这种共同的内容，那么人们就可以为德性提出一个确切的定义，进而知道如何更好地获得德性。苏格拉底的这种思路在柏拉图那里得到了继承，从而开启了德性从"多"到"一"、从"复数"到"单数"的转变，并构成了古希腊公民道德教育的伦理学背景。

（三）灵魂论的转向

灵魂（psyche）的原意是气息和呼吸，②其具体内涵在古希腊经过了一系列的转变。在《荷马史诗》中，人死后只有幽灵般的、无实体的幻影，在昏黑的地狱里飘来荡去。这样的灵魂虽然看似可以在人死之后继续存在，但却只是一种薄雾般的影像，甚至失去了记忆、推理等认识和实践方面的能力，与在世之人相去甚远。因此，即使最英勇的战士阿喀琉斯也表示："我宁愿为他人耕种田地，被

---

① ［古希腊］柏拉图：《柏拉图全集 4》（增订版），王晓朝译，人民出版社 2017年版，第 65 页。
② 罗念生、水建馥编：《古希腊语汉语词典》，商务印书馆 2004 年版，第1014 页。

雇受役使，/纵然他无祖传地产，家财微薄度日难，/也不想统治即使所有故去者的亡灵。"① 但是，哲学家却对灵魂给出了一种完全不同的描述。根据亚里士多德的记载，作为首位自然哲学家的泰勒斯认为万物都有灵魂，甚至包括磁石在内。他把灵魂看作"一种引起运动的能力"，② 而磁石能够推动铁块，所以必定拥有灵魂。这种通过运动来界定灵魂的方式在后来的哲学家那里得到了继承，从而使灵魂从濒临湮灭的幻影转变成了某种客观存在的能力。

当这种能力应用到人身上的时候，其内容就变得更为丰富。与自然物相比，人的运动是多重的，因而作为引起运动的原因，其灵魂的结构也必然是多重的。为此，柏拉图提出了著名的灵魂三分说，把理智、激情和欲望看作灵魂中的三个基本要素，进而提出了灵魂不朽和转世轮回的学说。后者在古希腊最初的奥菲斯教派的教义中已经有所呈现，后来在毕达哥拉斯那里得到了进一步的阐发。柏拉图将前人的这些论述与埃及的某些宗教思想结合在一起，提出了他自己的灵魂学说。在此基础上，亚里士多德进一步区分人的灵魂、动物性灵魂和植物性灵魂，并深入挖掘灵魂中唯一的神性要素——努斯（nous，即心灵）。人的道德生活和道德教育之所以可能，就是因为人的灵魂中拥有努斯，从而具有了把握始基的核心要件。因此，柏拉图和亚里士多德在灵魂问题上的这种理性主义转变就构成了他们公民道德教育理论的灵魂学背景。

---

① ［古希腊］荷马：《奥德赛》，王焕生译，人民文学出版社 2003 年版，第 213 页。

② 汪子嵩等：《希腊哲学史》第 1 卷，人民出版社 2014 年版，第 142 页。

第二节　哲学基础与人学前提

任何一种教育模式的产生和发展都不是偶然的，其背后存在着内在的理论根源，它们就像"一双看不见的手"，在最终意义上决定着一种教育理论和模式的本质、特征和未来发展。因此，为了全面而深刻地理解和把握古希腊公民道德教育理论，我们将对这一理论背后的那双"看不见的手"——其哲学基础和人学前提进行考察，为进一步的研究奠定基础。

一、哲学基础

哲学源于希腊。希腊哲学则源于以赫拉克利特、巴门尼德等为代表的自然哲学。不过在自然哲学之前，已经有一批思想家对人的伦理生活提出了一些精练而睿智的箴言，这些人被称作"七贤"。关于七贤的名单，拥有几个不同的版本。按照拉尔修的记载，包括泰勒斯、梭伦、庇塔库斯、彼亚斯、喀隆、克勒俄布洛斯、佩里昂德洛斯。[①] 按照柏拉图的记载，包括泰勒斯、梭伦、庇塔库斯、彼亚斯、克莱布罗斯、喀隆、密松。[②] 不过，无论哪一个版本，前四

① ［古希腊］第欧根尼·拉尔修：《名哲言行录》，徐开来、溥林译，广西师范大学出版社 2010 年版，第 13 页。
② ［古希腊］柏拉图：《柏拉图全集》第 1 卷，王晓朝译，人民出版社 2003 年版，第 467 页。

位都名列其中，表明他们是真正公认的"贤人"。在这些贤人之中，只有泰勒斯兼具"贤人"和"自然哲学家"的身份，而其他人则只是纯粹的"贤人"。

所谓"贤人"（sophoi），其实就是指"智慧的人"，只是为了与后来自称"智者"的那批人相区分，才将前者称为"贤人"。贤人之所以被称为"贤"（sophos，即智慧的），是因为他们对人的生活具有某种简单而深刻的洞见，并将这些洞见以箴言的形式表述出来，从而得到广泛地流传。例如，克勒俄布洛斯的箴言是"适度最好"，佩里昂德洛斯的箴言是"操练一切"，彼亚斯的箴言是"多数人坏"，庇塔库斯的箴言是"认识你的适当"，喀隆的箴言是"言而有信"，梭伦的箴言是"勿过度"，泰勒斯的箴言据说就是著名的"认识你自己"。[①] 这些箴言虽然短小，却都表明了对于人之有限性的某种清醒认知，并对人的伦理生活和道德实践提出了最为基本的指导。在某种意义上，它们是对古希腊公民道德教育的最初尝试。不过，这种尝试非常初步，缺乏对人、世界和自然的深入追问和系统思考——这些在哲学的真正出现之后才成为可能。

真正的希腊哲学开端于泰勒斯的一个命题：水是万物的始基（arche）。泰勒斯的这个论点似乎有点不可思议，因此后人只能对其提出种种揣测。亚里士多德指出，泰勒斯提出这个认识，或许是因为"看到万物都是由潮湿的东西来滋养……一切事物的种子本性

---

① ［古希腊］第欧根尼·拉尔修：《名哲言行录》，徐开来、溥林译，广西师范大学出版社 2010 年版，第 21—104 页。

上都有水分"①。不过，无论如何，"哲学是从这个命题开始的，因为借着这个命题，才意识到'一'是本质、真实、唯一自在自为的存在体。"② 这一命题的关键在于提出了始基问题。依照亚里士多德的理解，所谓始基，即指"一个东西，如果一切存在物都由它构成，最初都从其中产生，最后又都复归为它（实体常住不变而只是变换它的性状），在他们看来，那就是存在物的元素和始基"。③ 由此可知，始基是那个决定事物方向变化的根本，万物产生于它而不出其根。

在希腊人的视野下，哲学的任务就是寻找万物背后的始基。从泰勒斯开始，古希腊时期的哲学家对这一命题给出了各种回答。阿那克西曼德不满泰勒斯把水这种特殊的元素作为万物的始基，因为水无法解释那些由土、气、火构成的事物，而且水和土本身就是相反的。基于此，阿那克西曼德抛开了各种具体的元素和事物，转而提出把"无限"（apeiron）作为始基，并且认为无限是不死不灭的、神圣的。④ 从哲学上来看，"无限"脱离了有形可见事物的范畴，具备了一定的抽象性，是对泰勒斯的"水"的超越。不过，阿那克西曼德并未对"无限"给出充分的阐释，甚至无法使人确定"无限"

---

① ［古希腊］亚里士多德：《亚里士多德全集》第 7 卷，苗力田等译，中国人民大学出版社 2016 年版，第 34 页。

② ［德］黑格尔：《哲学史讲演录》第 1 卷，贺麟、王太庆等译，上海人民出版社 2013 年版，第 187 页。

③ 北京大学哲学系外国哲学史教研室编译：《古希腊罗马哲学》，三联书店 1957 年版，第 4 页。

④ 汪子嵩等：《希腊哲学史》第 1 卷，人民出版社 2014 年版，第 149—173 页。

在何种意义上成其为一种物质实体，从而使其沦落为一种"空洞的"始基。因此，作为米利都学派第三代的阿那克西美尼开始声称：气是万物的始基，而这正是对阿那克西曼德观点的一种发展。因为每个事物都具有某种将其与其他事物相区别的特质，一个没有任何特质的事物从根本上来说就不是事物。那么，怎样一种事物才能既具有自身的特质，又能转化为具有不同特质的其他事物呢？阿那克西美尼给出的答案就是气，因为它既具有自身的特质，又可以通过气压的变化而融入其他事物。因此，阿那克西美尼并没有完全推翻阿那克西曼德的论点，而是将"无限"具化为了气这种特殊的元素，因为气本身也正是无限的。

但是，阿那克西美尼的解答仍然面临着一个困境：如果气变成了其他事物，那么它就无法再保持自身作为始基的存在；如果气没有变成其他事物，那么就无法成为解释其他事物存在的始基。因此，在赫拉克利特看来，万物的始基不应该是任何物质性的元素，而只能是有秩序的变化过程。这种过程难以言喻，以致赫拉克利特不得不使用"火"来作为对其的呈现。因为火永远在变动，但是永远又保持着自身的同一性。赫拉克利特的这种观点已经蕴含了朴素的辩证法，但他将之称为"火"，无形中仍然陷入了米利都学派的窠臼。巴门尼德对前面认识始基的道路进行了反思，认为从具体经验和具体事物入手寻找始基的道路是错误的。因为以往人寻找是建立在经验观察的基础上的，而经验观察是不可靠的，其所得出的只能是"意见"，而不能是"真理"。他还认为哲学的认识方式只能是超越经验而进入思想层面，基于此，他提出了"存在"，认为形态各异的万事万物，共同点都是存在的，所以存在才是万事万物的始基或基础，这也是探索真理的"哲学道路"。在巴门尼德看来，"能被思考的和能存在的是在那里的同一事物"，[①]这也就是说，所谓存在是在思想观念层面，而不是在感性经验层面讲的。这奠定了后来苏格拉底——柏拉图——亚里士多德一脉相承的理性主义哲学的基础。

在巴门尼德之后，作为自然哲学家最后的杰出代表的德谟克利特和阿那克萨戈拉走向了两个完全不同的方向。德谟克利特从原子论的角度，把原子和虚空作为万物的始基，从原子形状、次序和位置的差异来解释具体事物的差异，在宇宙论上达到了朴素唯物主义的高度。阿那克萨戈拉则提出了"努斯"（nous，即心灵）这个重要的概念，将这种理性的精神实体看作世界的始基。黑格尔从唯心主义的立场，对阿那克萨戈拉的这一发现表达了高度赞赏："在此以前，我们只见过各种思想，现在才见到思想自身被当作原理（本原）。"[②]不过，阿那克萨戈拉只用"努斯"解释自然世界和人的生理活动，而对人的社会性以及由此衍生出的伦理生活不置一词。结果就是，"这个人根本没有使用心灵，也没有赋予它任何管理事物的职责，而是提到气、以太、水，以及其他许多稀奇古怪的东西作为原因"，[③]从而受到了苏格拉底的严厉批评。与此同时，随着生产力

---

① [古希腊] 巴门尼德：《巴门尼德著作残篇》，李静滢译，广西师范大学出版社 2011 年版，第 75 页。
② 汪子嵩等：《希腊哲学史》第 1 卷，人民出版社 2014 年版，第 766 页。
③ [古希腊] 柏拉图：《柏拉图全集 1》（增订版），王晓朝译，人民出版社 2015 版，第 94 页。

的增长，社会关系得到极大的发展，人的伦理生活开始取代自然世界，成为思想家关注的中心。正是在这样的背景下，苏格拉底以及新涌现出来的智者学派一起促成了古希腊哲学的伦理学转向。

智者是对当时一批自称德性教师的人的统称，普罗泰戈拉、高尔吉亚、希庇亚、普罗狄科等是其中的代表。他们游走于各个城邦之间，四处招揽学生，通过向他们传授修辞术、演讲术、诡辩术等来赚取高额的学费。不同的智者精擅的领域各有不同，比如高尔吉亚擅长修辞术，希庇亚擅长公众演说，普罗狄科擅长语词分析等。不过，相同的一点在于，他们都声称能够教授德性。只要学生向他们支付学费，他们就能使其获得德性，并且把城邦和家庭中的各项事务处理得井井有条，进而功成名就。由于智者把变动不居的表象世界认作唯一的真实，因而无法把握关于德性的真正知识，所能提供的仅仅是关于德性的不同意见。更糟糕的是，这些意见往往是似是而非的，比如《理想国》中的色拉叙马霍斯宣称正义就是强者的利益，《美诺篇》中的美诺认为德性就是统治人的能力和猎取金钱的能力。总之，在智者看来，德性就是不择手段达成目的的能力。这些智者凭借聪明的智术，将传统的德性任意篡改和曲解，并以此奉承和迎合人们灵魂中的欲望和情感的部分，把快乐当作最高的善。人们以身为智者为耻，却以获得智者所许诺的成功为荣，因而使智者赢得了大批青年的拥簇。但是，智者的这种"公民道德教育"模式却败坏了传统的道德习俗，也败坏了智识阶层的整体形象，更在深远的意义上败坏了古希腊的民主政治。正是由于清晰地认识到智者群体给希腊城邦带来的严重危害，苏格拉底才对其进行了针锋相对的驳斥，并在此基础上提出了自己的立场。

在苏格拉底看来，虽然智者的出现在某种意义上促进了哲学的伦理学转向。但是，由于智者缺少关于灵魂的知识，不懂得善与快乐的区分，因而并没有担当德性教师的资格。智者仅仅致力于使人去做那些对其自身而言显得好的事情，而非对其自身而言真正好的事情。他们把快乐放在最高的位置，结果反而给灵魂带来了混乱和伤害。修辞术仅仅是对正义的冒充，智术则是对立法的冒充，二者都是奉承的程序，而非关于灵魂的真实技艺。智者自以为能够把德性教给别人，实际上却往往适得其反。与其向智者学习，人们还不如寻求具有良好名声的雅典公民来充当德性的教师，他们或许还更加可靠一些。不过，真正学习德性的方式，应该首先要认真地探求德性本身的定义。同时，德性作为一个整体，必然只能具有一个统一的定义，贯穿于各种具体的德性之中。只有人们找到这个定义、真正地知道德性是什么之后，才可能知道如何正确地追求德性。这样一种思路与自然哲学家的始基论遥遥相接，是后者在伦理学中的反映。在苏格拉底这里，德性的定义就是伦理生活的始基。在寻求德性定义的过程中，苏格拉底以"自知无知"作为求知的认识论起点，并且通过与他人的对话，逐步剥离掉德性附带的各种工具属性，使道德彰显出本身固有的内在光辉，从而让人认识到道德教育的真正目的所在。然而，由于苏格拉底对形而上学的问题基本不置一词，导致他的道德论述几乎完全不具有形而上学的直接"支持"。在柏拉图看来，苏格拉底的这种伦理学转向似乎过于激烈。所以，他在继承苏格拉底伦理思想的基础上，开始试图修复伦理学的形而上学之根。

柏拉图在巴门尼德"存在"观念的基础上拓展为一个"世界"——理念世界。他通过"洞穴之喻""线段之喻""太阳之喻"提出了著名的"理念论"。在柏拉图看来，有两个世界："可感世界"与"理念世界"。"可感世界"由变动不居的具体事物组成，"理念世界"由具体事物背后的"共相"，即理念组成。前者存在的根据在于"分有"了后者，因此哲学的对象——始基，不在前者，而在后者之中。世间各种可见的、具体的事物都可以在理念世界中找到与其对应的理念。同时，正如在可见世界之中，太阳成为能够滋养万物、能够使人观看到万物的原因，从而比其他一切具体事物都更优先、更根本一样。在理念世界中，也有一种理念比其他理念更基础，这就是善的理念。因为人的一切行动都是为了追求对自己而言的善事物，而所谓的善事物只有在分有了善的理念之后，才真正成为善的。理念世界中的其他理念也正是通过善的理念，才获得自身的实存和善性。因此，不仅理念世界成为现实世界的始基，而且善的理念也成为其他理念乃至一切事物的始基。对善的理念的认识成为世间最重要、最高贵、最困难的学问，即使柏拉图笔下的苏格拉底也仅仅是说自己拥有对善的理念的意见和揣测，而不敢说拥有它的知识。善的理念独自撑起了理念世界的穹顶，成为道德哲学最终的哲学支点。它在某种意义上接续了自然哲学家对于始基的形而上学追求，但是已经不再停留在将始基看作某种特殊的物质性元素的层面。因为在柏拉图这里，始基是一种观念性的存在。

亚里士多德认为，归根结底来说，柏拉图的理念是从各类具体事物中"归纳"出来的"定义"，它决不能离开具体事物而独自存在。但柏拉图把不能独立存在的东西作为独立的东西来研究，这就导致哲学走入死胡同。也就是说，柏拉图只是在现实世界之外另造了一个与其对应的镜像。这个镜像看似能够解释现实世界的缘起，但实际上只是一种理论上的冗余之笔，因为它存在着诸多的难以自洽之处。因此，亚里士多德主张哲学、第一哲学的对象——始基就应该是独立而不变的实体。"实体，就其真正的、第一性的、最确切的意义而言，乃是那不可以用来述说一个主体、又不存在于一个主体里面的东西，例如某一个别的人或某匹马。"① 由此可见，实体就是某种具体的东西。后来亚里士多德不再满足于个别实体，他又继续追问个别实体的本质所在；通过进一步的追问，他指出个别实体是由质料和形式两个部分组成，在二者之中，形式决定个别实体的本质，由此他得出结论，形式是第一实体，是真正的始基。但形式追问到本源之处，其实就是"原则""原理"等思想性、观念性的存在，哲学家基尔松指出，"亚里士多德的'形式'无非就是从天上拉到了地上的柏拉图的'理念'。"② 值得注意的是，地上的"理念"和天上的"理念"毕竟不同，亚里士多德所说的形式不能脱离具体事物而单独存在，而是自始至终存在于具体事物当中。因此，亚里士多德是在以经验为起点的基础上向上的超越，他坚信我们生活的这

---

① 北京大学哲学系外国哲学史教研室编译：《古希腊罗马哲学》，三联书店 1957 年版，第 309 页。

② Etienne Gilson, *Being and Some Philosophers*, Toronto:Pontifical Institute of Mediaeval Studies, 1952, p.47.

个世界，不可能另有一个理念的世界。

行文至此，我们可以看出，整个希腊哲学都在寻求始基的道路上始终如一。他们之间的不同只是在于对始基的具体理解不同。这一点决定了希腊哲学的追问路径：追问并把握决定万事万物多中之一、变中之不变的"一"，并以这个"一"来解释万事万物。这一追问路径始终贯穿希腊哲学以至整个希腊时期的思想，并在终极意义上决定着希腊文化的基本特征、形态、内涵和未来走向。教育思想亦在其中。在希腊人看来，教育的实质是"要按照一种理想一成不变地塑造人的特性。"[①] 这种"理想"，也就是教育中的"始基""一"，即德性。这从根本上决定了希腊公民道德教育的基本取向——德性教育。

二、人学前提

一种教育理论的背后不仅有着哲学的基础，而且拥有一个更为直接的理论前提，即其所置身时代的人学思想，或者说，特定时代的人性论思想。古希腊公民道德教育背后的人学前提就在于这一时期的人性论思想。概而言之，古希腊的人性论思想始于苏格拉底，经过柏拉图的发展，最终在亚里士多德手中完成。因此我们下面以他们三人的思想为主展开讨论。

在西方哲学传统中，"人的问题"一直占据着核心位置。希腊

---

① Werner Jaeger, Paideia: *The Ideals of Greek Culture (Vol.1)*, New York:Oxford University Press, 1965, p.22.

早期的哲学家们都是把理解人性和如何安排人生放在首要地位进行思考。由于这一时期文明初建，首要的事情是构建起社会生活规范和秩序，这就需要培养具有社会性和道德感的人，因此，古希腊哲学的主导潮流是要用理性原则说明人性，从而把人界定为理性动物或政治动物。"古代人学思想的主导动机就是站在德性主义或理性主义的立场上，建立一个弃恶扬善的'人性模型'，为现实的社会生活提供必需的行为规范和理想目标。"[1] 但是自苏格拉底起，古希腊哲学有了一个明显的变化，即把关注的焦点逐渐从外部自然转为现实的伦理和政治生活，由此人的问题也就凸显出来。

"划分苏格拉底和前苏格拉底思想的标志恰恰是在人的问题上……他所知道的以及他的全部探究所指向的惟一世界，就是人的世界。他的哲学（如果他具有一种哲学的话）是严格的人类学哲学。"[2] 在苏格拉底前的哲学家并非没有关注人的问题，但是他们没有把这一问题看作哲学的核心。例如，在荷马和赫西奥德那里，人是附属于神灵而存在的。人类依据与神灵之间的关系远近，而被划分为英雄／贵族和凡人／平民。那些著名的英雄和国王总是或多或少地具有某位神灵的血脉，从而理所当然地在勇力、智慧等方面超越众人，并在神灵的庇佑下建立丰功伟绩。这种神人相通的自然神学，一方面使神与人、人与人之间构成了一种鲜明的存在论等级，另一方面却又在无形中模糊了神与人之间的本质界限，把人获得德

---

① 欧阳谦：《20世纪西方人学思想导论》，中国人民大学出版社2002年版，第2页。

② ［德］卡西尔：《人论》，甘阳译，上海译文出版社2004年版，第7页。

性和神性的期望完全寄托在了超验的神灵身上。与荷马、赫西奥德相比，自然哲学家呈现出一种截然不同的理性主义倾向。依据理性神学的观点，他们否认神会像人一样具有情感、欲望，因而也不会对人的现实生活进行巨细靡遗的干预，更不会成为某个人或某一家族的血亲。包括人在内的万物都是由于某种出于自然的特殊元素或规律而生成和消亡，后者在阿那克西美尼那里是气，在赫拉克利特那里是有秩序的变化，在毕达哥拉斯那里是数，在恩培多克勒那里是在爱、恨作用下的四根，在德谟克利特那里则是原子和虚空。不过，自然哲学家的这些提法只能为人的存在提供一种浮于表面的机械论解释，无法真正地触及人的生活、人的价值、人的目的等这些更核心的人学问题。这正是苏格拉底感到不满的地方。

苏格拉底认为，人与动物的根本区别在于，人的行为不受欲望支配，而受理性控制。理性是人的灵魂的一种根本属性，它体现为智慧。人正是因为有了智慧，才能辨别真假与好坏，也才能作出正确选择。"一个人鲁莽的时候是没有理智的，他会受到伤害，当他有理智的时候，他会受益。"[1] 没有理性作基础，勇敢只是一种莽撞；而真正的勇敢，也是一种理性行为。苏格拉底认为，由理性表现出来的智慧才是真知，也就是美德。因此，一个人只有把理性和行动统一起来了，他才会是一个有德性的人。由此可见，理性在苏格拉底人性论思想中占据着核心的地位。正是理性使人转变为具有责任

---

① ［古希腊］柏拉图：《柏拉图全集 4》（增订版），王晓朝译，人民出版社 2017 年版，第 89 页。

心和自律意识的道德主体。而这又在核心意义上奠定了以后古希腊教育的根本取向——德性教育。正是出于这样一种理性主义的人性论，苏格拉底才开启了他所特有的对话之路。苏格拉底希望通过与对话者的简短问答，寻找到关于各种具体德性乃至德性本身的理性知识，这样的知识能够使一个人顺利地获得德性，进而成为有德性的人。因此，他在《拉凯斯篇》中，与拉凯斯和尼昔亚斯探讨什么是勇敢；在《卡尔米德篇》中，与卡尔米德探讨什么是节制；在《吕西斯篇》中，与吕西斯和美涅克塞努探讨什么是爱；在《欧绪弗洛篇》中，与欧绪弗洛探讨什么是虔敬；在《理想国》中，与阿得曼托斯、格劳孔等探讨什么是正义；在《美诺篇》中，与美诺探讨什么是德性。这些对话者都是一些年轻人，他们大多出身名门望族，并且对政治抱有很大的热情，渴望在城邦的政治生活中崭露头角、建功立业。苏格拉底希望能够通过理性的对话，使他们获得对德性的理性认识，引导他们从各种似是而非的意见漩涡中摆脱出来，促使其认真地追求关于德性的真知，进而实现对于城邦和自身的最大善。在这个意义上，苏格拉底的对话不仅是一种哲学的探讨，同时也是对城邦的这些未来领袖的公民道德教育。但是，苏格拉底的人性论虽然认识到了人的理性本质，但却相对忽视了情感、欲望在人的行为中的重要影响，从而缺乏对人之多重维度的全面把握。

柏拉图继承了苏格拉底的理性主义人性论，在此基础上他提出了一个相对完整的人性理论。柏拉图在哲学史上是以"理念论"为人称道的。理念论既是他的哲学观，也是他的人性论。柏拉图认为，世界是由理念世界和现象世界两个部分组成，其中理念世界是绝对真实而永恒不变的；现象世界则是虚假且变幻无常的。依照这个观点，人的存在也就相应被划分为灵魂与肉体两个部分，其中灵魂是不死和完美的，这是人的本质；而肉体则是短暂和虚幻的，仅仅是人的外在现象。"一切灵魂照看一切无灵魂的物体，在诸天巡游的时候，他们在不同的时间有不同的形状。灵魂一旦生长完善、羽翼丰满，就在高天飞行，整个宇宙都是它的辖区；但若灵魂失去羽翼，就会向下坠落，直到碰上坚硬的地面，然后它就会在那里安身，有了属土的肉体，由于灵魂的力量在起作用，被灵魂依附的肉体看上去就是自动的。灵魂和肉体的整个组合就叫作'生灵'，或者叫作动物，它也被叫做有死的。"① 依照柏拉图的思考，人的灵魂，或说人的本性是由三部分组成的：欲望、情感与理性。欲望是指人的最低的生命本能，情感是指人居中的保护力量，理性是人最高级的本质规定。需要指出的是，柏拉图虽然提出了灵魂不朽的主张，但是这并不是说灵魂的所有部分都是不朽的，而是只有理性的部分才是真正不朽的神圣之物，因为根据柏拉图在《蒂迈欧篇》中的解释，人的灵魂中的理性部分是由作为万物创造者的神圣匠师制造出来的，而情感和欲望的部分则是由匠师创造的诸神制造出来的。虽然二者都是被创造物，但是后者却是被创造物的被创造物，与作为万物创造者的匠师距离更远，在存在论上居于更低的等级，无法获得与理性部分一样的不朽属性。因此，理性部分是人的灵魂

---

① ［古希腊］柏拉图：《柏拉图全集5》（增订版），王晓朝译，人民出版社2017年版，第103页。

中与造物者最接近、最具有神圣性质的东西。

因此，柏拉图主张，对人进行教育其实就是发展人的理性，这是因为理性才是人性中的主宰力量，而且也只有当理性能主宰意志和情欲的时候，智慧、勇敢和节制才能达到和谐一致。只有这样教育出来的人才是最全面的人，也才是整个国家的统治者——"哲学王"，而且他也正是使"理想国"得以实现的关键。在《理想国》中，柏拉图详细论述了"哲学王"的德性、属性、任务以及具体的培养方案，提出"哲学王"首先需要通过辩证法学习，从"可见世界"上升到"可知世界"，主要是认识和把握关于理念的知识，其后就再从"可知世界"下沉到"可见世界"，运用习得的真理去指导现实众生建立一个正义的国家，从而使人们获得灵魂的和谐，实现个人的正义。而且，即使"哲学王"贪恋理念世界中的光明景象，不愿回到混乱不洁的现实世界，也要通过劝说或强制的方式迫使其再度降入幽深黑暗的"洞穴"之中，承担起"先知觉后知，先觉觉后觉"的政治义务，因为这正是他作为一个公民应当承担的道德责任。

亚里士多德继承了柏拉图的理性主义人性观，并将之发展为一个成熟的人性论体系。亚里士多德与苏格拉底、柏拉图的共同点是，他们都是从政治与教育二者之间关系入手去认识人的本性问题，共同的出发点是通过探寻人与动物的根本区别去追问人的本性。在《动物志》这部著作中，亚里士多德首先对动物行为的基本特征作出了比较科学的概括："动物的生活行为可以分为两出——其一为生殖，另一为饮食；一切动物生平的全部兴趣就集中在这两出活动。食料为动物所资以生长的物质，随身体构造的差别，它们寻取各不相同的主要食料。凡符合于天赋本性的事物，动物便引以为快，这就是各种动物在宇宙间乐生遂性的共同归趋。"① 从这一点来说，动物是完全凭本能行事的，它们的活动与理性无关。但是，与动物不同的是，"人的功能，决不仅是生命。因为甚至植物也有生命。我们所求解的，乃是人特有的功能。因此，生长养育的生命，不能算作人的特殊功能。其次，有所谓感觉生命（或谓感觉经验），也不能算做人的特殊功能，因为甚至马、牛及一切动物也都具有。余下，即人的行为根据理性原则而具有的理性生活。"② 由此可见，亚里士多德认为，人的本性就是理性，或者说得更确切些，是"根据理性原则而具有理性的生活"。

与柏拉图同样，亚里士多德也是将理性划进灵魂的范围，而且认为理性在灵魂中具有理解和判断功能，它在整个灵魂中占有核心地位，具有主导作用。"灵魂是以专制的统治来统治肉体，而理智对欲望的统治则是依法或君主统治。很显然，灵魂统治肉体，心灵和理智的因素统治情欲的部分是自然而且有益的。相反，两者平起平坐或者低劣者居上则总是有害的。"③ 亚里士多德认为，在理性的作用下，人们逐渐走到了一起，才能建立城邦共同体。由此看来，在人身上，理性不仅是一种自然性存在，而且也是一种目的性存

① ［古希腊］亚里斯多德：《动物志》，吴寿彭译，商务印书馆2010年版，第340页。

② 周辅成：《西方伦理学名著选辑》上卷，商务印书馆1996年版，第287页。

③ ［古希腊］亚里士多德：《亚里士多德全集》第9卷，苗力田等译，中国人民大学出版社2016年版，第11页。

在。就其中的自然性来说，人天生的是一种政治动物。"不能在社会中生存的东西或因为自足而无此需要的东西，就不是城邦的一个部分，他要么是只禽兽，要么是个神。"①之所以说人是政治动物，其原因是人自然趋向于社会共同体。而对于其目的性来说，人追求至善，但至善是由无数个目的的汇合和集成。因此，如果认为各种非理性欲求最终导致人与人的分离的话，那么正是至善这一共同的目标促成了人与人的结合。

亚里士多德把人的生命活动理性化的目的是：要求每个个人都按照他所固有的理性原则活动。只要每个个人都按照理性原则去做，就自然会追求"实践的善行"和"理智的善行"，由此走上人生的"中道"。而在亚里士多德看来，遵守"中道"就是德性。"凡行为共有三种倾向；其中两种是过恶，即过度和不及；另一种是德性，即遵守中道。"②正是这样，德性与理性二者之间就具有了必然联系，德性的划分也是与灵魂中的理性结构相对应。人的灵魂中包含两个部分：一个是无理性的部分，一个是有理性的部分。无理性的部分主要是指灵魂中具有营养和生长功能的部分，是一切生命都共同享有的。亚里士多德将其称为植物性的灵魂，认为它由于完全不具有理性，所以与德性无关。有理性的部分则又包含两个部分：一个是在严格的意义上具有理性的部分，一个是可以通过听从理性从而分有理性的部分。德性仅仅是就这两个部分而言的：与前者对

---

① 〔古希腊〕亚里士多德：《亚里士多德全集》第 9 卷，苗力田等译，中国人民大学出版社 2016 年版，第 7 页。

② 周辅成：《西方伦理学名著选辑》上卷，商务印书馆 1996 年版，第 301 页。

应的德性被称为理智德性，比如智慧、明智、心灵（努斯）、科学、技艺；与后者对应的德性被称为伦理德性，比如勇敢、节制、慷慨等。理智德性可以通过教导而生成，伦理德性则只能通过习惯而养成。同时，正如严格具有理性的部分、通过听从理性而分有理性的部分、完全不具有理性的部分在存在论上分为由优到劣三个层次分明的等级一样，理智德性也在某种意义上优先于伦理德性，并且二者共同优先于植物性的灵魂。因此，对于人而言，通过培养和实践伦理德性而获得一种优良的政治生活固然不错，但是通过理智德性而获得的理性的沉思生活才是最好的，因为它体现了最高程度的理性，甚至在一定程度上具有了某种神性。

由此可见，古希腊人学思想的发展到亚里士多德这里，才基本形成一个较为完整的人性论体系。纵观这一体系，理性占有至为关键的地位。"重精神轻肉体，重理性轻感性，重社会轻个人，重德行轻利欲，构成了他们一贯的人性思维模式。"[1] 而这一人性论前提在深层意义上决定着古希腊教育的根本取向——德性教育。以此为前提的教育模式把培养人的德性作为整个教育的核心。而培养德性的唯一途径又扎根于人的理性能力发展。"发展理性，正是发展整个的人性；发展整个的人性，舍去特别发展理性外则无它途。"[2] 归结起来，正是理性构成了理性公民道德教育模式的人学论前提。

---

[1] 欧阳谦：《20世纪西方人学思想导论》，中国人民大学出版社2002年版，第15页。

[2] 汪子嵩、王太庆编：《陈康：论希腊哲学》，商务印书馆2011年版，第81—82页。

第三节 理论内涵与实践机制

古希腊始终追求始基，本体论的哲学基础和理性至上的人学论前提为古希腊公民道德教育的产生提供了适宜的土壤。但仅有土壤是不够的，要生根、发芽、开花、结果还必须取决于其自身——公民道德教育自身的理论探索和实践教育方式。接下来我们从理论与实践两个维度对古希腊公民道德教育模式自身的发生机理、历史轨迹、理论内涵、实践方式进行考察。

一、理论内涵

首先需要说明的是，我们把古希腊时期的公民道德教育界定为理性公民道德教育，是从范式论的视角出发做出的一种理论概括。这一概括是基于对古希腊公民道德教育的基本认识和总体把握。[①]要进一步深入理解这一特定教育模式——理性公民道德教育，我们

---

① 古希腊的公民道德教育除了借助城邦进行理性公民道德教育之外，还有借助宗教进行公民道德行为规范教育，正如爱比克泰德指出："我们的一言一行都要把神当作我们的模仿对象"。（爱比克泰德：《爱比克泰德论说集》，王文华译，商务印书馆2009年版，第225页。）古希腊人通过宗教节日、神话故事、宗教建筑等形式进行公民道德规范教育。但是宗教公民道德规范教育是公民道德教育的萌芽阶段，缺乏系统的理论，实践亦无成就；显然无法与以苏格拉底、柏拉图、亚里士多德师徒三代为代表的蔚为大观的理性公民道德教育相比。

还必须对其核心理念和根本特性进行具体探讨。

概括来说,从范式论的视角看,古希腊公民道德教育的核心理念是按照城邦共同体需要的德性来引导塑造个体,从而使个体成为城邦所需要的公民。具体而言,这一核心理念具有两个方向的本质特性:一是突出强调城邦共同体的要求,即需要寻找最能维护政治共同体正常运行的德性。"希腊人寻求一种贯通于万物之中的法则,并试图使他们的生命和思想与这一法则和谐一致。"[①]"他们以坚定的眼光凝视这个世界,不把任何一个部分看成是独立的,而是认为它是存在于一个活的整体中的元素。"[②] 二是依照政治共同体所需德性的标准和要求来引导、塑造个体,从而使其成为城邦所需要的公民。"希腊人首先意识到要按照一种理想一成不变地塑造人的特性。"[③] 由此看来,在古希腊的公民道德教育模式中,德性处在关键位置,发挥着核心作用,是古希腊公民道德教育模式的灵魂所在。从这一意义上来看,对德性的理解,是把握古希腊公民道德教育范式的关键。下面,我们对德性作一认识和界定。[④]

---

① Werner Jaeger, *Paideia: The Ideals of Greek Culture (Vol.1)*, New York:Oxford University Press, 1965, p.20.

② Werner Jaeger, *Paideia: The Ideals of Greek Culture (Vol.1)*, New York: Oxford University Press, 1965, p.21.

③ Werner Jaeger, *Paideia:The Ideals of Greek Culture (Vol.1)*, New York: Oxford University Press, 1965, p.21.

④ 需要提及的是,与古希腊对德性的认识不同,德性在中国传统文化中有一个基本固定的含义:人的自然至诚之性。如《礼记·中庸》:"故君子尊德性而道学问。"郑玄注:"德性,谓性至诚者也。"孔颖达疏:"'君子之尊德性'者,谓君子贤人尊敬此圣人道德之性,自然至诚也。"

　　德性的古希腊文是 arête，本来意义指的是万物的特长、用处和功能，除此之外，它还发展为人的品性、特长、优点、技术和才能。① 到了荷马时代，arête 又与"高贵""贵族"等词义相关，譬如指"善"或"好"的本性，指人容颜之"美"和出身的"高贵"，或指技艺的"高超"等。② 由上面的表述可以启发出，这一时期的希腊人认为 arête 是天赋本性，与 physis——"自然而然的"与"本性使然的"——的含义契合。由此看来，德性概念最初的含义主要侧重于非道德的方面，所以会出现容颜俊美、出身高贵等会被看作人的德性的情况。不过，如前所述，在古希腊德性观念的发展过程中，存在着三方面的转变：从非道德内涵向道德内涵的转变；从竞争性德性向合作性德性的转变；从"多"到"一"的转变。这些转变本质上是向一种理性主义道德哲学的转变，它们在赫西奥德和自然哲学家那里已经有所表露，但是在苏格拉底—柏拉图—亚里士多德的阶段才臻于完成。因此，接下来我们简要论述一下他们三者对于德性的总结。

　　苏格拉底具体考察了德性的内涵。他认为，从性质上看，德性不是指人的自然性，而是指人的智性，即人灵魂的高贵；从组成部分上看，德性主要有两种：一是正义，一是节制。在二者之中，正义是对政治共同体的要求，节制则是对具体个体的要求；从教育目的上看，教育的目的最终是要形成人的节制，而节制形成的标准就

① 汪子嵩等：《希腊哲学史》第 2 卷，人民出版社 2014 年版，第 139 页。
② Henry George Liddell and Robert S, *Liddell and Scott's Greek-English Lexicon*, London: Simon Wallenberg Press, 2007, p.100.

是在了解自己能力的基础上，能够约束自我意识。要想达到这一目的，就必须展开对于德性的理性认知，进而寻求关于德性的单一定义。只有这样，才不会被各种纷繁复杂、自相矛盾的德性论述所迷惑。后者指的实际正是智者所谓的德性教育。在苏格拉底看来，智者引导学生追求的是那些看似善的东西，而非那些真正善的东西。他们无法准确地区分善与快乐，而是盲目地将二者加以等同，并宣布快乐就是最大的善。智者传授的仅仅是各种看似德性与善的幻象，却对德性与善本身的真实内容一无所知。

与智者们自命为"智慧的人"不同，苏格拉底的箴言则是"自知无知"。每当苏格拉底与人通过对话探讨德性的时候，面对对方提出的关于德性的种种意见，苏格拉底总是一面谦虚地表示自己对于德性一无所知，一面巧妙地引导对方认识到那些意见存在的深层问题，从而让对方明白他们对于德性其实也是同样一无所知。从认识论的角度来看，苏格拉底虽然"一无所知"，但却比那些对话者更为高明，因为他至少不曾拥有那些错误的意见，而且清晰地认识到自己的无知。正是在这个意义上，神谕将苏格拉底称为世上最智慧的人。不过，也正因如此，苏格拉底遭受了许多嫉恨。因为对话者提出的观点总是会被苏格拉底驳倒，使自己在旁观者面前失去脸面、感到羞耻，由此对苏格拉底产生了怨恨。但是，他们不明白的是，这种羞耻感正是苏格拉底的道德教育所需要的元素，因为它是通向真正的求知之路的起点。一个由于自认为有知而得意洋洋的人，不可能去探索他认为自己知道但实际却不知道的东西。只有一个通过辩驳感到羞耻的人，才有可能真实地认识到自己的谬误和无知，进而产生求知的真诚动机。所以，自知无知构成了苏格拉底式教育的认识论起点，而羞耻则是对这一点的心理呈现。但是，问题在于，"自知无知"虽然构成了一个起点，但却无法指明由此所要抵达的方向。一个对于德性毫无所知的人，又怎么能够知道如何追求德性呢？恐怕即使德性真的来到他面前时，他也未必能够辨别出来。这就是苏格拉底的"自知无知"遇到的"美诺悖论"（Meno Paradox）。

为了解决这个问题，柏拉图在苏格拉底的基础上，提出了他自己对于德性和德性教育的观点。在柏拉图的中后期对话中，他笔下的苏格拉底已经不再仅仅拥有"自知无知"这样一种消极性的自我认知，而且开始拥有一些积极性的具体知识；不再仅仅试图在对话中辩驳对方，而是开始努力在对话中引领对方转向某个特定的方向。因此，《理想国》中的苏格拉底提出了精致而复杂的"理念论"，《斐多篇》中的苏格拉底煞费苦心地论证了"灵魂不朽"，《斐莱布篇》中的苏格拉底则对快乐和知识进行晦涩而深刻的分析。这些对话中的苏格拉底已经超出了历史上的苏格拉底，变成了柏拉图自身的代言之人，同时也完成了早期柏拉图向中后期柏拉图的蜕变。在这些对话中，德性的价值不再局限于人的伦理生活，而是获得了更为广阔的理论内涵。因为只有理性的部分才是灵魂中唯一具有神性的要素，才是人之为人的本质所在。所以，只有具有德性的人，才能够使灵魂中情感和欲望的部分服从于理性的部分，从而使其更加接近他的本真自我。这样的灵魂才不会在欲望的拨弄下不断地摇荡于快乐和痛苦之间，才会获得一种和谐而宁静的状态。因此，灵魂中的各个部分应当恪守自己的本分。欲望的部分应当节制，激情的部分应当勇敢，理性的部分应当智慧，由此而形成的整体和谐便是正义——这是柏拉图所设想的理想公民应该具有的道德状态。

不过，这种状态如何才能成为可能呢？答案是依靠教育。柏拉图对教育非常重视，他指出，"无论在世界上的什么地方，都不可藐视教育，因为当它与伟大的美德结合起来时，乃是一宗价值无法估量的财产"①。而教育在他看来就是德性教育，德性诸多内涵中最主要的含义是正义，"我心中的教育是从童年起所接受的一种美德教育，这种训练使人们产生一种强烈的，对成为一个完善的公民的渴望，这个完善的公民懂得怎样依照正义的要求去进行统治和被统治"②。除此之外，德性还具有节制、勇敢、爱等含义。在具体的教育过程中，柏拉图认为需要把诸多德性协调起来，这样才能形成至善，建立人与城邦之间的和谐关系。根本意义上，这种和谐关系是基于城邦与个体灵魂之间的对应关系：城邦中的统治者对应于个体灵魂中的理性部分，属于它的德性是智慧；护卫者对应于个体灵魂中的激情部分，属于它的德性是勇敢；被统治者对应于个体灵魂中的欲望部分，属于它的德性是节制；如灵魂的正义一样，当统治者、护卫者、被统治者各司其职的时候，就实现了城邦整体的正义。虽然这样一种类比略显机械，但却为柏拉图的公民道德教育奠定了政治哲学根基：作为个体的公民与作为整体的城邦在本质上是

---

① ［古希腊］柏拉图：《法律篇》，张智仁、何勤华译，商务印书馆2016年版，第32页。

② ［古希腊］柏拉图：《法律篇》，张智仁、何勤华译，商务印书馆2016年版，第32页。

同构的，由此得出城邦本身是一个有机的政治统一体。所以，在谈到人与城邦的和谐关系时，与苏格拉底相比较，柏拉图更加突出了城邦对个人的优先性，主张个人德性是城邦德性的一个部分，而德性教育的根本却是城邦共同体。

亚里士多德、苏格拉底和柏拉图的思想具有共同点，即都强调城邦共同体在德性教育中的基础性和优先性。他主张"既然整个城邦有着唯一的目的，那么很显然对所有公民应实施同一种教育"①。因为，每一个人都是国家的一个部分，作为部分的个人必须服从于作为整体的国家。但在对具体德性的理解上，他与苏格拉底、柏拉图又截然不同。一般来说，在亚里士多德那里，德性分为两种：一是理智的德性，主要是指个人理智方面的特点，譬如科学、智慧、明智等；二是伦理德性，主要是指个人道德品性方面的卓越品质，如慷慨、节制、勇敢、自重、友爱等。"其中的一大类是理智上的德性，另一大类是伦理上的德性。智慧和谅解以及明智都是理智德性。而慷慨与谦逊则是伦理德性。"②亚里士多德认为，这两种德性紧密联系：伦理德性需要理智德性提供智力支持，不然理智德性就会失去存在的根基；反过来说，运用理智德性则需要伦理德性指引前进方向，不然伦理德性就会沦落为一种狡诈、诡辩，从而无法达到真正的善。

---

① ［古希腊］亚里士多德：《亚里士多德全集》第 9 卷，苗力田等译，中国人民大学出版社 2016 年版，第 271 页。

② ［古希腊］亚里士多德：《亚里士多德全集》第 8 卷，苗力田等译，中国人民大学出版社 2016 年版，第 26 页。

伦理德性和理智德性在实际生活中的结合就是中道。这里我们所说的中道的含义，是指中间之道。亚里士多德认为处在现实中的事物有三种状态：过度、不及和中间，中间就是中道。如勇敢处于鲁莽和怯懦之间，机智介于戏弄和呆板之间等。为表达得更清楚，列表1—1如下：

表1—1　各种美德与恶行①

情感和行动的范围	过度	中道	不及
恐惧与自信	鲁莽	勇敢	懦弱
苦与乐	纵情放荡	节制	麻木迟钝
花费（对人）	挥霍浪费	慷慨	吝啬
荣与辱	虚荣	自重	自卑
欲望和企图	野心	上进	自甘堕落
愤怒	暴躁易怒	温和	麻木不仁
自我表现	吹嘘	诚实	自我掩饰
谈吐	刻薄/滑稽	幽默/机智	鄙野
社交	谄媚	友爱	冷漠无情

需要注意的是，过度、不及和中道之间的关系并不是一条单一的线段，而更接近于一个等腰的三角形。过度和不及作为三角形底边上的两个端点，作为顶角端点的中道并没有停留在与它们相同的层面上，而是居于其上，成为第三个端点。换言之，过度和不及固然是两个相反的极端，而中道则是与二者都相反的第三个极端。这里之所以把中道本身也称为一种极端，是因为它意味着某种使实践

① 见黄藿：《理性、德性与幸福——亚里斯多德伦理学研究》，台湾学生书局1996年版，第94页。在引用过程中，对此表中有矛盾的词条做了修改和删除。

活动做到最好的极致状态，以此与过度和不及这两种坏的极端状态相对立。这种极致状态的获得依靠的是理智德性与伦理德性的结合，其中又以明智最为关键。因为明智虽然属于理智德性的一种，但却与伦理德性保持着某种间接的关联。事实上，亚里士多德明确指出，明智只有与伦理德性结合在一起，才能成为真正的明智。而且，明智与智慧不同。智慧所要解决的是那些永恒不变的事物，比如几何学和数学；明智所要解决的则是那些变易不居的事物，即人的现实生活。不过，亚里士多德提出，智慧在价值论上优先于明智。这一点实际上依然是古希腊根深蒂固的理性主义传统在亚里士多德伦理学中的直接反映。而亚里士多德的高明之处在于，他通过引入中道和明智而巧妙地解决了理智德性和伦理德性的统一问题。

至此，出现的一个新问题是：个人德性和城邦德性二者之间的对立问题又该如何解决？亚里士多德也是通过引入第三者——宇宙目的论来解决。他认为个体的幸福也好，城邦共同体的幸福也罢，其实都附属于一个更为根本的目的——宇宙目的。恰恰正是在宇宙目的论上，城邦共同体德性与个人德性统一为一个整体。"每一单个的人的幸福与城邦的幸福相同还是不相同。这一点同样十分清楚，因为所有的人都承认是同一种幸福。"① 个人德性也就是城邦德性，同时个人幸福也就是城邦的幸福，反过来也是如此。公民道德教育既是为了城邦的善，也是为了个人的善。城邦与个人之间的这

---

① ［古希腊］亚里士多德：《亚里士多德全集》第 9 卷，苗力田等译，中国人民大学出版社 2016 年版，第 232—233 页。

种善的一致性，在亚里士多德这里通过理性主义的德性论和宇宙论得到了双重的理论保证。

从以上所述可以看出，一个源远流长、结构完整、影响深远的古希腊理性公民道德教育传统得以形成：以政治与教育二者之间的关系为标尺，以教育的立足点是政治共同体还是个人为准作出的一种对古希腊教育的理解和认识。它以理性至上的人性论原则为前提，以古希腊本体论哲学及其思维方式为指导，以对城邦民主政治的政治认同为基础，突出强调教育的根本目的是共同体的稳定与和谐，"教育不只是指个体的实践：它本质上是共同体的一种功能。"①因此，教育最根本的是德性教育，只有德性教育才能培养出共同体所需要的公民。

二、实践机制

通过上面的考察，我们对古希腊理性公民道德教育模式有了一个基本的总体性认识，这一认识主要是理论层面上的，即通过以政治与教育之间的关系为切入点，通过"政治—教育"的基本框架对教育进行理论考察得到的结果。下面，我们将从具体教育实践的层面对理性公民道德教育模式进行更为直接的梳理。

我们的研究还是从苏格拉底开始。因为从苏格拉底开始，希腊

---

① Werner Jaeger, *Paideia: The Ideals of Greek Culture (Vol.1)*, New York: Oxford University Press, 1965, p.9.

哲学出现了一个根本性转折：从关注自然转向关注人，从而使公民道德教育在理论和实践上成为可能。不过，在分析苏格拉底的公民道德教育之前，首先需要回答的一个问题可能是：苏格拉底曾经明确地提出"德性不可教"，那么他与以德性教育为核心的古希腊公民道德教育之间怎么会产生关联呢？这个问题实质上是误解了苏格拉底提出"德性不可教"这一命题的真实含义，忽视了相关的现实背景。苏格拉底之所以提出"德性不可教"，从根本上是为了驳斥智者群体贩卖德性的行径，否认德性可以像智者们所宣称的那样从一个人轻易地传递给另一个人。而且，除了智者之外，那些被公认具有德性的人却拥有品性顽劣的后代，这证明他们也无法把自己拥有的德性教授给自己的后代。因此，《美诺篇》中的苏格拉底隐约地指出，智者与那些有德性的雅典公民都没有充当德性教师的资格，因为他们都不具有关于德性的真实知识。

但是，这是否意味着苏格拉底就真的认为德性是不可教授的呢？并不是如此。相反，苏格拉底始终坚持认为德性本身就是知识，而知识恰恰是最可以进行教授的东西。问题不在于作为知识的德性是否可以教授，而在于由谁来教、以何种方式来教。① 针对智

---

①　苏格拉底"美德是否可教"之问，开启了人们对于美德本质进行更深刻的探讨与反思。继苏格拉底以后，柏拉图在《美诺篇》中指出美德即知识，但是知识既不是天生的，也不是靠教育得来的，它是神的馈赠；美德的获得不是靠有美德的人的传授，而是靠灵魂的回忆，因而，只有精神的助产士，没有美德教师。普罗塔哥拉认为，美德之类类似于母语学习，即人的美德是在生活环境中受到成人的影响而形成的。亚里士多德认为，自然与习惯合作造就了美德，而习惯是可以培养的，所以美德是可教的。

者与普通人的立场，苏格拉底提出了以理性主义为基础、以德性教育为核心的公民道德教育模式。不过，由于苏格拉底"自知无知"，所以他所提出的德性教育并非要把现成的德性知识直接送到学生的头脑中去，而是要通过问答法与学生一起进行德性方面的探索，共享这一求取真知的过程。更重要的是，即使一个人有幸能够获得这方面的知识，也无法把知识像递送物品一样教授给别人，而是要首先通过巧妙的方式让他人摆脱错误的意见，进而获得正确的意见；然后再通过理性的思索和时间的积累，让正确的意见在他人的头脑中确定下来，固化为知识。

因此，从教育学视域看，苏格拉底对古希腊理性公民道德教育模式的贡献在于奠定了德性教育的基础。这主要表现在以下几个方面：

第一，奠定了德性教育的人性论基础——"自制"的人。如果说苏格拉底以前教育的基础是自然的话，那么从苏格拉底开始，教育的人学基础就转变为人。① 此后对人、人性的思考逐渐成为教育发展的基础。"在苏格拉底的德性论中，德性的中心转换成了人。正如此前的哲学家认为的那样，自然是人的秉性一样，现在苏格拉底认为智性是人的秉性，而德性是智性作为自然秉性与存在的一致性。因此，在这样的共同体中，人不是作为自然的生存者与共同体

---

① 我们这里采用的是哲学史家的观点：从苏格拉底开始，希腊思想进入了一个真正的"人文主义"时期。在这一时期，人第一次成为哲学思考的中心，人的观念成了自然观念的基础，而不是像以前那样，把自然当作哲学思考的中心，人仅是自然的延伸部分。参见石敏敏：《希腊人文主义：论德性、教育与人的福祉》，上海人民出版社2003年版，第137页注。

处于冲突之中，而是处于高度一致性中。正因为如此，人不只是生存着的人，而且是体现着本体之和谐的人，用希腊人文主义的话说，就是有着宇宙形象的人。"① 这个有着宇宙形象的人，在苏格拉底看来，就是"自制"的人。而"自制"的人就是有德性的人，因为"自制"乃是一切德性的基础。"每一个人的本分岂不就是把自制看作是一切德性的基础，首先在自己的心里树立起一种自制的美德来吗？有哪个不能自制的人能学会任何的好事，或者把它充分地付诸实践呢？"② 由此，苏格拉底就为德性教育奠定了人性论基础。

第二，确立了德性教育的主要内容——培育德性。据色诺芬的记载，有一次苏格拉底被问及勇敢这种德性是天赋的，还是教育所得时，他回答说："我以为正如一个人的身体生来就比另一个人的身体强壮，能够经得住劳苦一样，一个人的灵魂也可能天生的比另一个人的灵魂在对付危险方面更为坚强；……我看在所有其他方面，人和人之间也都同样天生就有所不同，而且也都可以通过勤奋努力而得到很多改进。因此，很显然，无论是天资比较聪明的人或是天资比较愚钝的人，如果他们决心要得到值得称道的成就，就必须勤学苦练才行。"③ 由此可见，苏格拉底认为，德性既有天赋的

---

① 石敏敏：《希腊人文主义：论德性、教育与人的福祉》，上海人民出版社2003年版，第173页。

② ［古希腊］色诺芬：《回忆苏格拉底》，吴永泉译，商务印书馆2019年版，第34页。

③ ［古希腊］色诺芬：《回忆苏格拉底》，吴永泉译，商务印书馆2019年版，第117—118页。

一面，又有后天、人为的一面。这就意味着，可以通过人为的努力来提升和改进德性，也就是说，德性是可以教，也是可以学的。所以，培养、提升人的德性就成了教育的主要内容。

第三，树立了德性教育的基本方法——"精神助产术"。"精神助产术"是苏格拉底提出来的一种引导性方法。"从哲学上看，这种方法是一个概念形成的过程。从教育上看，这种方法是获得知识、真理的过程。从逻辑上看，它是从具体到一般的过程。从心理学上看，它是从感觉形成观念的过程。从科学上看，它是从现象的多样性中抽象出普遍原理的过程。"[1]苏格拉底的对话中到处运用着这种方法。具体来说，苏格拉底总是先承认自己无知，然后再向那些被认为或自以为有智慧的人求教什么是正义、勇敢、友爱和美德等。在他们提出了一种定义之后，苏格拉底就举出一些事例，揭露这个定义的不恰当或不充分，使对方不得不提出新的定义。苏格拉底则继续从各方面来揭示这些定义仍是不适当的，这样的讨论延续下去，最终迫使对方也不得不承认自己也没有弄清楚。尽管从结果来看，最终也没能得到一个明确的定义或答案，但"在对话过程中，各方面虽然意见分歧，但共有的理性本质现露出来了。概念无须人制造而是需要人发现；概念早就存在在那里，它只需要人们从它隐藏于其中的个人经验和意见的外壳中解脱出来。"[2]事实上，"精神助

---

① 吴式颖、任钟印：《外国教育通史》第 2 卷，湖南教育出版社 2002 年版，第 211 页。

② ［德］文德尔班：《哲学史教程——特别关于哲学问题和哲学概念的形成和发展》上卷，罗达仁译，商务印书馆 1987 年版，第 134 页。

产术"的本意不在于提供一个现成的答案，而在于通过这种相互驳难的过程，提高一个人的理性思维能力。

总起来看，苏格拉底奠定了西方理性公民道德教育模式的理论基础。他强调通过"精神助产术"的方法来培养、提升人的德性，以维护城邦共同体的和谐与稳定，这一点为柏拉图所继承并予以发展。

与苏格拉底相比较而言，柏拉图则更突出强调城邦的正义和秩序。他主张个体是政治共同体关系中的个体，因此个体的德性应当成为城邦正义的一个组成部分。具体来看，柏拉图在长期学园教育实践的基础上，提出了一套完整的公民教育理想计划。这一计划从维护城邦的秩序和正义出发，力图培养三类人：第一等人是"哲学王"，用来统治国家；第二等人是军人，用来保卫国家；第三等级是生产者，用来供养国家，三者各司其职、互不越位，这就是柏拉图心目中的正义。至于每一个人究竟属于哪一类人，则要看其在教育过程中的表现。但无论哪一类人，柏拉图都强调进行德性教育，而且这一教育必须从幼年时期就开始。"我心中的教育是从童年起所接受的一种美德教育，这种训练使人们产生一种强烈的、对成为一个完善的公民的渴望，这个完善的公民懂得怎样依照正义的要求去进行统治和被统治。"①

在柏拉图看来，要实现这一教育计划，必须在教育过程中把各

---

① ［古希腊］柏拉图：《法律篇》，张智仁、何勤华译，商务印书馆2016年版，第32页。

种德性作为一个整体来把握。"应该牢记把美德看作一个整体，特别是并且最主要是四种里的第一种美德——判断力和智慧，以及能控制欲望的精神力量。"① 在柏拉图看来，只有达到诸德性的内在一致，才能建立起一个和谐有序的城邦。而这样的教育，也就是一种心灵教育，一种人性和谐发展的教育。这样，国家、个人和人之心灵在具体的教育实践中统一了起来。这就将德性教育推进了重要一步。

为了这种教育理想的实现，柏拉图对德性教育的具体内容进行了大量的论述。在《理想国》中，他强调德性教育必须要以正确的文艺教育为基础。传统的文艺教育由于夹杂了太多不良的内容，不但无益于德性的培养，反而还会诱使年轻人误入歧途。因此，必须要对作为传统教育内容的诗歌、音乐等进行思想审查。无论荷马还是其他任何知名诗人，其诗歌中凡是有亵渎神灵、颂扬享乐、激起恐惧等方面的内容都应删除。音乐则应使用那些使人奋发向上、慷慨勇武的曲调，而避免那些婉约柔曼的靡靡之音。在接受了正确的文艺教育的基础上，还要继续学习数学、几何学、天文学等引导人思索万物的理性秩序的学科，并最终通过辩证法的训练从可见世界上升到理念世界，把握到作为具体事物原因的抽象理念。这样一个过程就是从洞穴世界"上升"的过程，也是一个从表象走向本质的过程。柏拉图以"线段之喻"把这个过程划分为臆想、信念、思想和思考四个阶段，随着理性认知的发展而不断地接近最初的始基。

---

① ［古希腊］柏拉图:《法律篇》，张智仁、何勤华译，商务印书馆 2016 年版，第 89 页。

这样一来，柏拉图就把他的德性论、灵魂论、认识论和本体论结合在了一起，从而提供了一种完整的德性教育体系。但是，正如柏拉图的理念世界远在天上一样，这种依托于理念论的公民道德教育模式也存在着过于理想化的弊端。实际上，柏拉图自己后来在《法律篇》中也认识到了这一点，无奈地表示他的"理想国"确实很难得到实现。不过，此时的柏拉图已经没有精力再去另辟新路，这个工作便留给了他的学生亚里士多德。

亚里士多德的德性教育思想是从批评柏拉图开始的。他认为柏拉图的"理想城邦"的教育设想固然美好，但却缺乏实现的现实基础。因为在亚里士多德看来，城邦在其本质上不是单一的，而是诸多分子的集合。"城邦本来就是一种社会组织，若干公民集合在一个政治团体以内，就成为一个城邦。"① 一个以整齐划一为旨归的城邦最后一定不会成为一个城邦，因为如果以"单一"为旨归，那么它将先成为一个家庭，继而成为一个人。"思想家所拟的以划一求完整，实际上不合于城邦的本性，他们那种城邦所希望达到的最高成就实际上就是城邦的消亡。"② 因此，德性教育的重心不应当落在作为少数精英的哲学王身上，而应当落在作为一般性成员的普通公民身上。德性应当是每个有理性的人都有可能获得的东西，而不能成为少数人的专有之物。幸福是灵魂的合乎完善德性的实现活动，

---

① ［古希腊］亚里士多德：《政治学》，吴寿彭译，商务印书馆 2017 年版，第 121—122 页。
② ［古希腊］亚里士多德：《政治学》，吴寿彭译，商务印书馆 2017 年版，第 47 页。

德性只是在人的现实活动中表现出的优秀品质。每个人并不是天生就具有德性的，德性必须要在不断的现实活动中得到培养和体现。当行为者不断重复这种合于德性的行为，进而形成一种确定的、稳定的品质时，就能成为具有某种德性的人。恶的行为和恶人的缘由与此类似，只是目的相反。因此，德性或恶都是人的能力之内的事情，人要为自身的品质负责。"成为有德性的人"对于每个公民来说，既是必要的，也是可能的。

从这里，我们可以发现柏拉图和亚里士多德在德性教育上的基本区别：柏拉图的教育理论带有较为浓厚的理想色彩，认为人们应当把城邦的公共利益当作唯一的利益，而不应当有私心杂念，塑造这样完美的人乃是教育的目的。亚里士多德则认为德性教育培养、塑造的不是完人，而是好公民。好公民的标准在于遵守法律以及公认的道德标准，而不是达到那种完美、无私的道德理念。亚里士多德在德性教育上的推进是把德性教育与个人幸福统一了起来，认为一个好的公民同样可以、也应当追求自己的幸福。因为幸福本身就是"灵魂的一种合乎完满德性的实践活动"。[①] 这样，德性教育发展到亚里士多德这里，就不再仅是一种国家行为，同时也成为个人安身立命的主要活动方式。至此，源远流长的古希腊理性公民道德教育传统得以形成。这一教育模式的主要特点可以简要概括如下：

（1）城邦之于个体的优先性。古希腊理性公民道德模式的前提

---

① 〔古希腊〕亚里士多德：《尼各马可伦理学》，廖申白译注，商务印书馆2003年版，第32页。

是城邦相对于个体的优先性，即城邦整体优先于并且在基本性质方面规定了公民个体，城邦的整体利益高于公民个人利益，城邦的共同善是城邦的最高价值。苏格拉底主张城邦利益高于个体利益，并且以其自愿被处死表明城邦利益对于个体利益的优先性。尽管柏拉图在《理想国》中对现行城邦制度进行了批判，但是却一直探求适合哲学本性的理想城邦，并且以现实的城邦政治和教育环境为背景，希望能够为城邦培养出哲学王。亚里士多德明确指出："我们确认自然生成的城邦先于个人，就因为每一个隔离的个人都不足以自给其生活，必须共同集合于城邦这个整体。凡隔离而自外于城邦之人……他如果不是一只野兽，那就是一位神祇。"①伯利克里高度认同这种观点，在殉国将士葬礼上的演讲做了"一个不关心政治的人，我们不说他是一个注意自己事务的人，而说他根本没有事务"的重要论述，并且在执政的过程中采取设置公民大会和五百人会议、开放官职等举措，使雅典城邦的政权运行体制日益完备。

（2）教育与城邦之间的紧密联系。古希腊公民道德教育思想强调国家作用的发挥，并且特别强调公民道德教育的目标是服务于国家建设和政权稳固。苏格拉底、柏拉图、亚里士多德均把公民道德教育工作看作是国家政权建设的重要方面。罗素在《西方哲学史》中指出苏格拉底公民道德教育探讨的核心问题是如何使有才能的人能当权执政。柏拉图总结了斯巴达由国家推行公民道德教育的经验，主张国家应该控制公民道德教育。亚里士多德与柏拉图的看法是一致

---

①　［古希腊］亚里士多德：《政治学》，吴寿彭译，商务印书馆 2017 年版，第 9 页。

的，提出雅典城邦的法律应规定儿童应该接受统一的公民道德教育。梭伦改革则是对古希腊的公民道德教育思想的实践，改革的重要内容是规定父亲必须将儿子送入学校接受国家的公民道德教育，并且规定了公民道德教育的时间长短并制定官员监督相关工作的规范。

（3）注重通过习惯培育公民道德。古希腊学者强调美德的形成，必须利用天性，通过反复训练养成道德习惯，最终达到发展理性、完善美德的目标。苏格拉底指出："好习惯是一个人在社会交场中所能穿着的最佳服饰。"[1]亚里士多德指出公民道德是通过习惯养成的，它的名字"道德"也是从"习惯"这个词演变而来；亚里士多德指出公民道德是由灵魂的不具有逻各斯但可以分有逻各斯的部分操纵的，如果当灵魂只是不具有逻各斯的时候，它的行为一定是恶的，而当这个部分的灵魂不断分有逻各斯的时候，这些分有的逻各斯可以规范出行为的善的部分，所以公民道德德性是通过习惯而养成的。正是在这个意义上，亚里士多德指出立法者的职责就在于通过塑造善良的习惯，使公民的道德达于完善。

三、历史嬗变：从古希腊到洛克

（一）希腊化时期的德性教育

作为亚里士多德的学生，马其顿的亚历山大大帝"既是希腊古

---

[1] 这是苏格拉底广为流传的一句名言。转引自邵龙宝：《师德的实质与教师的人格建构》，《教育伦理研究》2014 年第 1 期。

典时代的终结，又是希腊化时期的开端。"① 随着伯罗奔尼撒战争的结束和马其顿的入侵，以雅典为核心的古希腊黄金时代一去不复返，开始进入所谓的"希腊化"时期。伴随着马其顿和罗马的先后兴起，古希腊的各个城邦融入了一个庞大无比的国家之中，这是后者从未经历过的一种政治变革。城邦民主制度从此一蹶不振，政治权力不再掌握在希腊城邦公民的手中，而是掌握在异族人的手中。个体对于社会变动和自身命运的无力感开始凸显，逐渐从对现实政治的积极参与转向对心灵宁静的内在寻求，由此形成了希腊化时期整体的哲学旨趣。不过，在这个过程中，理性公民道德教育模式并未失去活力。它依然潜藏在希腊人的头脑之中，被固化为一种根深蒂固的思想路径和教育模式，支配着他们对于德性和德性教育的理解。

在希腊化时期的思想版图上，存在三个最主要的流派：伊壁鸠鲁学派、斯多亚学派和怀疑主义学派。② 虽然追求心灵的宁静是希腊化时期各个哲学流派的一个共同特点，但它们选择的路径却各有特点，在"何者是扰动心灵宁静的主要因素"的判断上有所区别：斯多亚学派以激情为心灵首要之敌，故而强调要认识世界和命运背后的理性秩序，通过对命运的理解而达致对命运的顺从，进而祛除激情，获得宁静。伊壁鸠鲁学派则以恐惧为心灵根本之患，追求心

---

① 汪子嵩等：《希腊哲学史》第 4 卷（上），人民出版社 2014 年版，第 31 页。
② 我们这里搁置了对所谓的新柏拉图主义的讨论，因为所谓的新柏拉图主义虽然自称是对柏拉图哲学的继承，但却进行了太过激烈的神学转向，具有浓厚的神秘主义色彩，以致脱离了理性主义的道德教育思想传统。

灵宁静的第一步就是要驱除种种恐惧。作为恐惧对象的外在事物主
要有三种——神、死亡和天象，而这三种事物能够使人恐惧的原因
又在于人们对正义观念的误解和混淆。因此只有以理性的态度正确
地理解这些概念的真实含义，才能驱除心灵中各种无谓的恐惧，获
得宁静的快乐。怀疑主义学派则以独断为心灵的最大威胁，所以倡
导悬搁判断。在怀疑论者看来，各种各样的道德理论试图居高临下
地指导人们的现实生活，反而会给生活带来更多的问题。因此，怀
疑论者提出要对一切的理论主张提出质疑，通过悬搁判断来追求心
灵的宁静。由此可见，尽管三者的主张有歧异，但是他们对于德性
的理解仍然以理性主义传统为根底。只不过德性的内容被添入了新
的内涵，从而由对善的积极追求转向了对激情、恐惧和独断的拒
斥，而这种拒斥仍然建立在理性主义人性论的基础之上。

　　因此，总体来看，从希腊化时期一直到中世纪，理性公民道德
教育模式作为一个希腊古典时期的教育传统都始终发挥着重要的影
响。① 但中世纪逐渐形成的宗教答问式的教学方法已经把德性教育

---

① 从希腊化到中世纪结束，古希腊理性公民道德教育传统始终发挥着重要的作
　　用。古罗马的的公民道德教育思想最早受到古希腊的影响；古罗马的公民道
　　德教育思想是在汲取古希腊理性公民道德教育思想精华的基础上结合本民族
　　的文化传统和政治社会生活需要而形成和发展的。在公元前146年征服希腊
　　本土之后，古罗马统治者利用手中掌握的政权大力吸收和推行古希腊的公民
　　道德教育模式，并且按照希腊学校的模式建立具有本民族特点的"卢达斯"
　　（即初等学校）、文法学校和高等学校。其中，昆体良、普鲁塔克形成了较
　　为完善的公民道德教育思想。昆体良关注的教育对象是精英阶层，侧重对其
　　进行雄辩术的培养和道德教育的关照，强调雄辩家必须善良、道德高尚、忠
　　君爱国；普鲁塔克主张通过国民教育把所有的罗马青年培养为德、智、体和

的理念和教学方法推向极端，严重摧残了人的心智发展。这种教育
引起了历史上诸多学者的批评，呼吁教育要重视人的价值，因此许
多哲学家和教育家都在反思德性教育的同时，倡导新的教育模式。
在这个艰难的探索过程中，洛克是一个承上启下的关键人物，甚至
可以这样说，没有洛克的奠基工作，就没有启蒙时期新教育模式的
产生。洛克教育思想的根虽然深扎于德性教育的传统之中，但正

谐发展的人，特别重视公民道德教育要从儿童抓起，在教育方法上注重教育
特别是父亲言传身教的作用。中世纪神学教育是理性公民道德教育的扭曲形
式：一方面神学教育在哲学基础和人学前提方面与古希腊公民道德教育模式
具有某些相似之处，譬如圣·奥古斯丁"理性来自启示"的思想、托马斯·阿
奎那主张以辩论方法运用理性支持基督教信仰的思想，均与古希腊的公民道
德教育具有相通之处；另一方面神学教育在教育内容上非常强调道德教育及
其作用，典型的是托马斯·阿奎那继承了亚里士多德的"道德德性"思想，
指出道德德性是使人从善的倾向，涵盖审慎、公正、节制和刚毅。实际上，
中世纪结束至英国资产阶级革命之前，西方还出现了文艺复兴、早期空想社
会主义、宗教改革等运动或者思想流派，其中亦含有理性公民道德教育的影
子。在文艺复兴时期，涌现出了维多里诺（意大利）、伊拉斯谟（尼德兰）、
拉伯雷（法国）等重要思想家，他们在公民道德教育上均主张要培养健康
的、积极的、乐观的公民，在公民道德教育理念、公民道德教育方法等方面
均不同程度地与古希腊有着千丝万缕的联系，如维多利诺主张创办孟都亚
学校和以集体游戏培养学生的团队精神、拉伯雷强调训练在公民道德教育中
的重要作用，均可以追溯到古希腊。以托马斯·莫尔和康帕内拉为代表的早
期空想社会主义者也内涵理性公民道德教育思想，典型的是康帕内拉在《太
阳城》中对儿童道德教育的强调；康帕内拉指出对儿童的道德教育不是个人
的事情，必须服从国家政权的调配，并且对儿童道德教育的安排与斯巴达儿
童道德教育的安排具有很大相似之处。在宗教改革运动中，马丁·路德与加
尔文也有关于公民道德教育的相关阐释，并且与古希腊公民道德教育有契合
之处。

是由于他在理性公民道德教育模式内部的"反戈一击"，才为以卢梭为代表的启蒙时期自然公民道德教育模式的产生准备了必要的条件。

（二）洛克对古希腊理性公民道德教育传统的继承

目前学界普遍认为洛克是现代自由主义的奠基人，其基本贡献之一在于使政治与教育分离开来。该种观点的主要论据是洛克在《政府论》中明确指出：政治社会的目的是维护公共和平与安全，而不是教育人的德性，是保护个人的自然权利，譬如生命、财产、自由等。学界据此认为洛克已经脱离了古希腊理性公民道德教育模式的传统，而走向了自然公民道德教育模式。

对此，我们认为，如果不拘泥于表层的文字叙述，而是深入到洛克思想的深层结构和内在逻辑的话，就会发现情况远不是这样简单。洛克在强调政治社会不再教育人的德性的同时，又在其《教育漫话》中强调了教育，尤其是德性教育对政治社会的重要性，这一点仅从《教育漫话》的结构上就可以看出来。该书一共 217 小节，其中 115 小节都在谈论德性教育，而且反复强调德性对政治社会的重要性。"对本质良好的人说来，学问对于德行与智慧都大有帮助，然而我们也得承认，对本质不良的人来说，学问只会促使他们变得更加愚蠢，或者变成更坏的人。……学问当然得有，但应放在第二位，只能作为辅助更重要的品质之用。"① 由此可以看出，洛克认

---

① ［英］约翰·洛克：《教育漫话》，徐大建译，商务印书馆 2020 年版，第 204 页。

为，才学的重要性"应居于第二位"，只能起辅助作用，最为重要的仍是德性。

在深入分析洛克整体思想的基础上，我们认为，从根本上讲，洛克继承并坚持了古希腊理性公民道德教育的传统。这一论断基于以下几点理由：

第一，在人性论问题上，洛克坚持古希腊理性公民道德教育的人性论前提——理性至上。他认为"一切德性和价值的伟大原则和基础便在于：一个人能够克制自己的欲望，能够不顾自己的爱好而纯粹遵从理性认为是最好的指导，虽然欲望倾向于另一个方向。"① 对于这一点，卢梭明确地指出："洛克的一个重要原理就是：用理性去教育孩子。"②

第二，关于教育的目的，洛克认同并坚持古希腊德性教育的目的——培养政治社会的公民。洛克清晰地认识到人与人之间在自然（心灵与身体）上的不平等："有些人生来就有聪慧的心灵和强健的体魄，而不用别人多少帮助；凭借天赋的才气，他们自幼便能向着最好的境界去发展，凭借超人的体质，他们生来就能成就伟大的事业。"③ 但是，"这样的人本来就很少；我敢说，平常的人之所有好有坏，之所以或有用或无用，十有八九都是教育造成的。人与人之所

---

① ［英］约翰·洛克：《教育漫话》，徐大建译，商务印书馆 2020 年版，第 84—85 页。

② ［法］卢梭：《爱弥儿》，孟繁之译，上海三联书店 2017 年版，第 80 页。

③ ［英］约翰·洛克：《教育漫话》，徐大建译，商务印书馆 2020 年版，第 63 页。

以千差万别，都是出于教育的不同。"① 由此可见，洛克认为，一个人能够成为政治社会的合法公民，关键在于教育。

第三，在教育内容问题上，洛克坚持古希腊德性教育的基本内容——培养（身体和心灵）的德性。洛克认为，德性教育由身体教育和心灵教育两方面组成，理想状态是这两个方面和谐发展。"我们要有自己的事业，要得到幸福，必须先有健康的身体；而要功成名就，出人头地，更必须先有能够忍耐辛劳的强健体魄。"② 不过，同柏拉图一样，相对于身体教育，洛克更为重视心灵教育；这仅从《教育漫话》的结构篇幅安排上即可看出，在全书 217 节中，谈论身体教育的有 27 节，而谈论心灵教育的则占了 185 节。心灵教育又被进一步区分为才智教育和道德教育。与才智教育相比，洛克更加重视道德教育。这是因为洛克认为，一个人才智普通，但身体健康、道德品质良好，虽然很难成就大事业，但却可以获得幸福，也能够成为一个社会中的好公民。反过来说，如果一个人才智极佳、身体健康，但却道德品质败坏，那么他不仅不能获得幸福，反而有可能给社会带来较大的危害。正像我们前面说过的那样，"学问当然得有，但应放在第二位，只能作为辅助更重要的品质之用"。因此，洛克认为，德性教育所做的主要工作就是引导人运用自己的理性控制欲望，培养人的明智、慷慨、节制、勇敢、正直等德性品质，教导人珍惜友爱、尊重他人、具有同情和恻隐之心。

---

① ［英］约翰·洛克：《教育漫话》，徐大建译，商务印书馆 2020 年版，第 63 页。
② ［英］约翰·洛克：《教育漫话》，徐大建译，商务印书馆 2020 年版，第 64 页。

至此，我们可以说，洛克继承并坚持了古希腊理性公民道德教育的传统。但洛克之所以是洛克，并不在于他仅仅坚持了这一传统，而在于他在一定程度上扭转了这一传统的发展方向。正是由于这一扭转，使洛克成为由古希腊理性公民道德教育模式转向启蒙时期自然公民道德教育模式的中介和桥梁。

（三）洛克对古希腊理性公民道德教育的推进

我们之所以说洛克扭转了古希腊德性教育的发展方向，最为重要的依据是他提出了一种新的教育承载主体——家庭，①并力图以其来代替原有的教育载体——城邦共同体或政治共同体。洛克认为，德性教育的任务不能由政治共同体承担，这是因为政治的本性决定它的作用只是维持社会最低目标——保护人的"生命、自由和

---

① 需要指出的是，主张以家庭为场域进行公民道德教育并非是洛克的首倡，实际上，在古希腊时期就有这种理论主张与教育实践，如斯巴达的孩子在7岁以前均在家庭接受公民道德教育，雅典的孩子在16岁之前也要在家庭接受公民道德教育。但是，古希腊时期的公民道德教育带有浓厚的城邦干涉色彩，如斯巴达把公民道德教育看作最重要的国家职能和社会职能之一，整个统治阶级都对公民道德教育给予莫大关注，从7岁到18岁，儿童要进入国家的教育机构；雅典也高度重要公民道德教育，把公民道德教育看作培养城邦合格公民的有效工具，并且16—20岁的青年必须进入国立专门机构接受教育。如果比较斯巴达与雅典公民道德教育，可以看到斯巴达的公民道德教育具有更强的国家导向和国家行为色彩，也更受到柏拉图、亚里士多德等人的推崇，在这个意义上，将古希腊公民道德教育视为城邦共同体的教育或政治共同体的教育。而洛克主张的家庭教育的基础是完全否定了政治共同体教育的功能，将政治共同体承担的公民道德教育视为"恶"，从根本上扭转了公民道德教育的范式。

财产"不受侵害。但是假如政治担当德性教育的任务，那就是一种"僭越"，其结果只能是要么陷入持久的战争状态，要么接受残酷的专制统治。对此，他认为在人类历史几千年的发展历程中屡次出现以理想的名义最后却制造的是血腥灾难，就是证明。

基于以上认识，洛克主张，德性教育的承载主体不能由政治共同体，而只能由家庭来承担，这主要有两方面的原因：

首先，家庭的中介地位决定了它是教育实施的最佳主体。洛克指出，家庭是联系人的自然状态和文明社会的中介和桥梁。人最初乃是赋有理性和各种欲望的"自然人"，而不是如亚里士多德所说的"自然上是政治的动物"，正是通过家庭教育，人才逐渐从自然状态走向文明社会，最终成长为政治社会所需要的公民。具体来说，家庭教育有两个方面的主要内容：一是面向社会，培养孩子的公民德性和爱国之心，使其具备判断权利与义务、辨识善恶、好坏等方面的能力，为走进社会、承担责任、成为社会良好公民打下基础；二是面向儿童，培养儿童对人的尊重、关怀等情感，使儿童尽量避免自私自利和贪婪的欲望。他认为，正是这种互相尊重、互相关怀的情感才能使政治社会尽量避免沦落为仅仅为利益交换的"市民社会"。

其次，家庭的本性决定了它是教育实施的最佳主体。在洛克看来，所谓德性教育，是在充分尊重孩子自由的前提下，借助一种权威去培育和引导孩子成长，使他最终能够脱离这种权威而自由独立生活。正是基于这一理解，洛克认为家庭是实施教育的最佳主体。之所以如此，主要原因有二：其一，由家庭的性质决定。家庭不同于由征服而建立的专制国家，它本身其实就是一种自然产物，其家庭成员都是自然平等的自由人，这就决定了它最为适宜于培养自由平等的公民。其二，从家庭的主导成员——家长来看，家长在子女未成年时的确拥有某种自然权威，这种权威构成了教育得以顺利实施的必要条件。在《政府论》中，洛克充分说明了这一特点，他说："我承认孩童并非生来就处在这种完全的平等状态中，虽然他们生来就应该享受这种平等。他们的父母在他们出世时和出世后的一段期间，对他们有一种统治和管辖权，但这只是暂时的。他们所受的这种支配的限制，犹如在他们孱弱的婴儿期间用来缠裹和保护他们的襁褓衣被一样。随着他们的成长，年龄和理性将解脱这些限制，直到最后完全解脱而能使一个人自由地处理一切为止。"①

那么，家长究竟应该怎么做呢？洛克给出的解决方案是用名誉（reputation）替代虚荣（vainglory）。名誉和虚荣看起来差别并不大，但内涵完全不同：名誉需要他人"承认"，而虚荣则是自我确认或"以自我中心"。用名誉替代虚荣也就意味着把自我中心转换为他人承认。正如洛克所指出的："名誉虽然不是德行的真正原则和标准（德行的真正原则和标准是对于人的责任的认识，遵循上帝的启示，期望上帝的欢心和保佑以及如此服从造物主所感到的满足），但最接近于德行的真正原则和标准：名誉是大家根据理智、对于有德行的良好行为的一种不约而同的证明和赞扬，因此在儿童长大之

①　[英] 洛克：《政府论》（下篇），叶启芳、瞿菊农译，商务印书馆 2018 年版，第 34 页。

93

前、还不能运用自己的理智去辨别是非的时候，最适合于用来引导和鼓励儿童。"①

这就是说，自我中心向他人承认的转换，可以有效地引导儿童自然趋向德性，"是一种指导儿童和鼓励儿童的正当办法"。而"一旦你能借助这些方法，使他们为自己的错误行为感到羞耻（除此之外我不希望用其他的惩罚手段），使他们热爱自己的名誉并为此感到快乐，你就可以随意地管教他们。而他们也会热爱一切德行了。"② 这样，儿童将会逐步学会如何克制自己的虚荣心和权力欲，能够推己及人，具有同情心和恻隐心，尊重并体贴父母、亲近兄弟姐妹以至其他亲朋好友，进而尊重他人，并通过这一过程培养儿童的爱国心。由这种家庭教育培养出来的公民，将成为维系政治社会的核心力量。

最后，我们就可以对洛克的教育思想做一小结。洛克的贡献在于提出了一种新的教育承载主体——家庭，并力图以家庭来代替城邦共同体或政治社会在德性教育中的地位和作用。这无疑是对古希腊理性公民道德教育模式的重大推进和发展。但是，从基本的范式论意义上看，洛克依然处于古希腊理性的公民道德教育的范式之中。这不仅表现在他们具有共同的哲学基础和人性论前提，而且表现在彼此一致的教育目的和教育内容上。这就告诉我们，要想真正走出理性的公民道德教育的教育模式，实现一场范式论意义上的根

---

① ［英］约翰·洛克：《教育漫话》，徐大建译，商务印书馆 2020 年版，第 101 页。
② ［英］约翰·洛克：《教育漫话》，徐大建译，商务印书馆 2020 年版，第 99 页。

本性转换，就决不能仅仅停留在教育实施主体的突破上，更为重要的是在时代提供的社会背景和思想条件的前提下，实现包括哲学基础、人学前提在内的一系列理论和实践突破。洛克给出了这样一个提示，完成这一任务的则是以卢梭为代表的启蒙思想家。

第二章　启蒙时期：自然的公民道德教育模式

　　以政治与教育之间的关系为切入点，以教育的立足点是政治共同体还是个人为标尺，我们认为，西方公民道德教育的进程发展到启蒙时期，发生了一次重要变革，实现了一次范式论意义的教育模式转换，即从理性公民道德教育转向自然公民道德教育。① 作为启

---

① 在这一时期除了以卢梭为代表的自然公民道德教育模式外，还有以爱尔维修与狄德罗为代表的唯物主义公民道德教育模式、以裴斯泰洛齐为代表的要素公民道德教育模式、以孔多塞为代表的国家主义公民道德教育模式、以富兰克林为代表的唯实主义公民道德教育模式等。唯物主义公民道德教育模式阐述了教育、环境和遗传的关系，强调培养资产阶级"新人"，提出在教育内容和教育方法上进行改革，成为反封建和教育的重要思想武器；但是也具有明显的不足，如爱尔维修完全否认遗传素质对人的发展的作用，狄德罗幻想通过教育改革现存的社会制度等。要素公民道德教育模式强调所有知识均存在某些最简化要素，主张简化教学方法，促使人的公民道德与政治能力全面和谐地发展，体现了"一切为了孩子"的精神；但是也存在明显不足，如裴斯泰洛齐的理论逻辑性不强，其教育方法带有机械性。国家主义公民道德教育模式强调国民教育制度的建立和教育的普及，通过建立有权威的国家机构推进公民道德教育，推进了公民道德教育国家化的进程，但是也存在明显不足，特别是主张反复灌输资产阶级价值观培育国家忠实臣民的观点，与公民道德教育的初衷背道而驰。唯实主义公民道德教育模式强调公民道德教育对个人发展和社会进步的作用，提倡学习实用的知识和采用科学观察与实验的

蒙时期重要代表的卢梭是这次教育转换中的核心人物，并且这一"革命性"转换主要是由卢梭来完成的。因此，本章对启蒙时期公民道德教育模式的讨论将集中在卢梭的自然公民道德教育思想上。首先，在进入这一主题之前，我们必须扫清外围，打好地基，即弄清这一"革命性"转换发生的时代背景和思想条件。

第一节　时代背景与思想条件

一、时代背景

黑格尔曾经指出："每个人都是他那时代的产儿。哲学也是这样，它是被把握在思想中的它的时代。"[①]卢梭当然也不例外。卢梭生活在 18 世纪的法国，正是一个封建专制主义发展到顶峰的时代，也是新生的资产阶级积聚力量，酝酿变革的时代。

当时的法国是一个典型的君主专制国家。封建势力以国王为首，包括僧侣（通常称为第一等级）和贵族（通常称为第二等级）。

方法，主张和发展社会教育，推动了西方特别是美国的近代公民道德教育；但是也存在明显不足，如富兰克林的思想零散、缺乏系统性。与其他模式相比，以卢梭为代表的自然公民道德教育模式影响最大、意义最深远，奠定了当今西方公民道德教育的基础，成为这一时期最典型的公民道德教育模式。

① ［德］黑格尔：《法哲学原理》，范杨、张企泰译，商务印书馆 2019 年版，序言第 14 页。

这一小撮特权阶层垄断着全国绝大部分的土地和财富，过着穷奢极欲，纵情声色的寄生生活。① 与统治阶级相对立，所有的被压迫者在当时都被称为第三阶级，其中包括资产阶级、农民、知识分子、工人和城市贫民等。在所有第三阶级中，处境最为尴尬的是资产阶级：一方面他们不像其他的第三阶级那样贫穷，经济上比较富有；另一方面他们在政治上却与其他第三阶级一样，毫无地位。

所以，资产阶级认为自己虽然在物质上取得了成功，但在政治权利上没有取得与经济相匹配的政治待遇，不能投身政界，经常在诉讼中被另眼相看，得不到法律的公正裁断。这种不平等在社会交往中尤其严重，常遭到特权阶级的冷眼相向。除此之外，法国的专制政府又采取了一系列具体措施打击资产阶级，不仅在土地购置方面限制资产阶级，而且想方设法剥夺金融资本家的财产，千方百计阻止工商业发展。在这种情况下，资产阶级只有同封建势力彻底决裂，并动员第三阶级其他力量展开与统治阶级你死我活的斗争。

"思想革命是政治革命的先导"。在这样的时代背景下，政治、经济、宗教、伦理、教育等都作为亟待解决的问题提上了日程。包括卢梭在内的启蒙思想家们先后登上了历史舞台，为资产阶级的政治活动做好了思想理论上的准备，这就是历史上著名的启蒙

---

① 据有关文献，当时法国全国约有 2600 万人口，第一等级的僧侣和第二等级的贵族约有 40 万，仅占总人口的 1.54%。

运动。①

二、思想条件

这样的时代背景奠定了启蒙思想家的共同底色：现实性和彻底性。所谓现实性，是指启蒙思想家的各种思想都是直面现实，有感而发的。对此，卡西勒指出："启蒙哲学的特殊魅力和它真正的体系价值，在于它的发展，在于它有鞭策自己前进的思想力量，并勇于探讨它所遇到的种种问题。"② 表现在哲学上，就是他们不再迷信先验的推理和体系，而是开始重视现实具体的经验和现象。"十八世纪思想的着重点日益从一般转向特殊，从原理转向现象。"③ 所谓彻底性，是指启蒙思想家由于其独特的生活经历而形成的一种对以往理论以及不合理现实的彻底批判和彻底决裂精神。他们"主要感兴趣的并不在于使社会稳定，而在于要改变社会。他们并不追问是怎样成为它那现状的，而是要追问怎样才能使它比

---

① 需要说明的是，启蒙运动早就在 17 世纪中叶英国克伦威尔领导资产阶级革命的时候就已经开始了，随后它便成为一个世纪以后席卷欧洲和北美大陆政治革命的导火索，启蒙运动的根本宗旨是反对封建迷信、传播科学知识。在法语中，"启蒙"（lumiere）一词既有"光明"的意思，又用来指"伟人"，它的复数形式表示的则是"智慧"和"知识"的意思。这个含义丰富的词本身就形象地勾划出启蒙运动的基本内涵：用理性的光芒驱走信仰主义和蒙昧主义的阴霾。由于法国社会政治、经济、宗教情况的特殊性，启蒙运动表现得更加激烈，也更为集中，遂成为 18 世纪欧洲启蒙运动的中心。

② [德]卡西勒：《启蒙哲学》，顾伟铭等译，山东人民出版社 1988 年版，第 1 页。

③ [德]卡西勒：《启蒙哲学》，顾伟铭等译，山东人民出版社 1988 年版，第 21 页。

它那现状更好。"①

就卢梭思想的基本底色来看，他与狄德罗等其他启蒙思想家在许多方面都具有共同特点。在这一点上，卡西勒的判断是有道理的："卢梭和18世纪的整个思想运动是完全一致的。"②例如他们都试图通过创造一些原则来实现大规模的社会变革：在政治领域，主张在建立一个政府的过程中，通过"社会契约"的方式，所有公民把他们个人意志中的共同部分抽出来融成共同意志，而且主张这个共同意志的裁决是最终的裁决。在经济领域，主张"自由放任"原则，认为国家不能扰乱自然经济发展。在宗教领域，主张信仰自由，鼓励宗教宽容等。

恩格斯认为："每一个时代的哲学作为分工的一个特定的领域，都具有由它的先驱者传给它而它便由以出发的特定的思想资料作为前提。"③恩格斯的这一判断揭示出发展的基本规律：任何真正独立的思想，都不会是凭空创造，而是建立在"先驱者"研究的基础之上。对于我们所要研究的卢梭思想而言，这一最为直接的"先驱者"，就是启蒙思想。下面，我们就对卢梭置身其中的启蒙思想予以具体考察。

---

① [美]卡尔·贝克尔：《启蒙时代哲学家的天城》，何兆武译，江苏教育出版社2005年版，第84页。
② [德]卡西勒：《启蒙哲学》，顾伟铭等译，山东人民出版社1988年版，第260页。
③ 《马克思恩格斯文集》第10卷，人民出版社2009年版，第599页。

（一）理性的含义与启蒙运动的基本精神

启蒙思想尽管有众多代表人物，思想非常丰富而复杂，但如果我们不拘泥于表层的现象，而专注于其深层的内在结构的话，就会发现，这一思想存在一个一以贯之的内在基本精神，即理性。对于这一点，德国思想家卡西勒指出："当 18 世纪想用一个词来表述这种力量的特征时，就称之为'理性'。'理性'成了 18 世纪的汇聚点和中心，它表达了该世纪所追求并为之奋斗的一切，表达了该世纪所取得的一切成就。"① 随之而来的问题是，西方思想对理性的强调自古就有，古希腊思想家就以理性来区分人和动物，把人看作理性的动物。那么，我们为什么仅仅把理性看作 18 世纪启蒙思想的基本精神呢？这其实涉及如何理解启蒙思想中的理性的含义问题。

启蒙时期的思想家们认为，所谓理性其实是指一种自然的亮光，其使命就是要用这种自然的亮光去开启人类的思维，去祛除中世纪宗教神学笼罩下的黑暗和愚昧。1784 年，康德在其论文《答复这个问题："什么是启蒙运动？"》中也是从以上含义出发界定理性的。康德对理性有两个基本判断——理性是自然而然的智慧，理性是通向真理的直接向导——这与启蒙学者对理性含义的界定基本是一致的，或者可以说，康德正是在启蒙学者对理性含义界定的基础上对启蒙运动的理性予以总结的。

可见，在启蒙学者看来，理性是一种自然而然的智慧，是通向真理的直接向导。那么，它与以前时代对理性的认识，尤其是 17

---

① ［德］卡西勒：《启蒙哲学》，顾伟铭等译，山东人民出版社 1988 年版，第 3 页。

世纪笛卡尔的唯理论有什么不同呢？我们认为，与 17 世纪唯理论主流理性相比较，18 世纪启蒙思想家所说的理性更具有古典哲学意味。英国历史学家阿伦·布洛克在其著作《西方人文主义传统》中，具体分析了启蒙运动和文艺复兴二者之间具有的相似性："像文艺复兴时期的人文主义者一样，18 世纪的思想家也是崇拜古代的经典。像人文主义的学者一样，他们对抽象的哲学体系没有兴趣，这表现在他们不仅批判宗教经院哲学，而且也批判笛卡尔的唯理论哲学。他们在谈到理性的时候，心中想的是如何运用对智力的批判性、破坏性的功能，而不是用它构建哲学逻辑体系。他们都是经验论者，是经验和常识的哲学家，不是 17 世纪笛卡尔式概念所指的唯理论者，他们……对形而上学没有兴趣，而只是关心此时此地人生中的实际问题——道德的、心理的、社会的问题。"①

对于这一点，美国近代历史学家卡尔·贝克尔同样得出了"近代头脑"更关注于事实和现实的结论。他说："近代头脑的特点就在于他们的意图和决心乃是要把思想和概念、事物的真相和事物本身都看作是变化着的实体，它们的特性和意义在任何时刻都只由于把它们看成是一场分化、展开、耗损与补充的永不休止的过程之中的若干质点才能加以把握。"②基于以上的分析，我们认为 18 世纪的理性与笛卡尔唯理论有着根本不同的方向和基础。

---

① ［英］阿伦·布洛克：《西方人文主义传统》，董乐山译，三联书店 1997 年版，第 77 页。
② ［美］卡尔·贝克尔：《启蒙时代哲学家的天城》，何兆武译，江苏教育出版社 2005 年版，第 17 页。

对理性功能的认识，18世纪启蒙学者的认识与17世纪的唯理论也有着根本的不同：在唯理论看来，理性是人天赋的能力，其作用主要是构建理论体系；而在18世纪的启蒙学者看来，理性则是通过人们的后天学习获得的能力，是发现和认识真理的方法，并由此确定了理性的基本特点和功用。"整个18世纪就是在这种意义上理解理性的，即不能把它看作知识、原理和真理的容器，而把它视为一种能力，一种力量，这种能力和力量只有通过它的作用和效力才能充分理解。"①

18世纪的理性兼具两种功能：既用来分析还原，又用来理智重建。"它分解一切简单的事实，分解所有简单的经验材料，分解人们根据启示、传统和权威所相信的一切；不把所有这一切分解为最简单的成分，不把关于这些事物的信念和见解分解为最终因素，它是决不罢休的。"② 但分解并不是目的，其目的是为重建打下基础。"它不得不从中建立起一座新的大厦，一个真正的整体"，而且，"既然理性创造了这一整体，并按自身的规则把各个部分装配到了一起，它就对自己的产物获得了完备的知识。"③ 从上面的分析可以看出，18世纪启蒙学者眼中的理性概念，不是先天存在的，而是创造出来，作为工具而用的。这一点也恰恰彰显出18世纪启蒙运动的精神内涵和基本特征。

---

① ［德］卡西勒：《启蒙哲学》，顾伟铭等译，山东人民出版社1988年版，第11页。
② ［德］卡西勒：《启蒙哲学》，顾伟铭等译，山东人民出版社1988年版，第11页。
③ ［德］ 卡西勒：《启蒙哲学》，顾伟铭等译，山东人民出版社1988年版，第11—12页。

　　那么，具体来讲，理性彰显出启蒙运动哪些方面的精神内涵和基本特征呢？我们认为，主要有以下三个方面：

　　第一，启蒙运动按照自然科学的方法，开创了从事实出发的思想道路。这一时期的哲学家为了解决研究方法的问题，不再是求教于笛卡尔的《方法论》，而是转而求助于牛顿的"哲学思维的准则"。这一点就与此前的哲学家有了根本的不同。具体而言，就是它不再去寻求先验的秩序、规律和"理性"，而是"去钻研事物本身"，然后总结出事物背后的自然规律；不再是预先用理性构建体系，而是让理性在事实知识的增长过程中不断呈现和完善起来。启蒙运动开辟的这条从事实、现象出发，通过分析和归纳来获得原理的道路，开辟了通向知识的新途径。对于这一点，卡西勒的见解很深刻："整个18世纪思想就是以这种新的方法论纲领为特征的。"①

　　第二，启蒙运动通过赋予理性新的功能，确立了理性、道德意志和价值判断三者之间的紧密联系。正如前面我们谈到的，18世纪的理性与17世纪理性之间的根本不同是在于对理性功能的认识，正是这种对理性功能认识的不同，使得18世纪的启蒙哲学家不再在知识体系的严密和完美方面与17世纪一争高低，而是努力去扩展真理和哲学的范围，以最终建立起人们对理性的新的信仰。这种信仰就是：理性能推进文化进步，而文化进步的结果导致出现更好的社会秩序。理性奠定了近代社会个体主体性的哲学基础。在启蒙思想家看来，每个人都是生而具有理性的，就像康德所说的，可以

①　[德]卡西勒：《启蒙哲学》，顾伟铭等译，山东人民出版社1988年版，第6页。

不经过别人的引导就能运用理性。这种平等的个体不需要教会和国家教导他怎样行事，而是能够由他自我决定。这样的个体因此也能够在面对公私、善恶等抉择时做出自己的选择。这是个体理性自主下的一种自我判断和选择，个体应该为自己的行为负责。也正是在这种意义上，个体能够成为道德的主体，而不是为他人和本能所控制驱使。

　　第三，启蒙运动形成了自我批判与独立反思的精神。启蒙思想的特殊魅力和真正价值，就在于它的批判性和独立反思的精神。正是在这个意义上，卡西勒深刻地指出，"18世纪很喜欢自称为'哲学的世纪'，也一样喜欢自称为'批判的世纪'。这两种说法不过是对同一情况的不同表述而已；其目的是从不同的角度刻划出那渗透了启蒙时代并造就了伟大的启蒙思潮的基本精神力量的特征。"[①] 相比于其他启蒙思想家，这一点在卢梭身上体现得尤为明显，从根本上来说，卢梭与其他启蒙思想家的最大不同就在于他是启蒙时期唯一一位具有辩证法思想的哲学家。正如张汝伦指出的："卢梭是西方思想史上第一个意识到启蒙的辩证法的人。"[②] 宋希仁也指出："他（指卢梭——笔者注）比前人和同时代人高明的地方，就在于他有深厚的历史感。"[③] 这种辩证法思想使卢梭在一定程度上超越了他所置身其中的启蒙思想，而成为"启蒙运动的真正产儿"。

---

① 　[德]卡西勒：《启蒙哲学》，顾伟铭等译，山东人民出版社1988年版，第269页。
② 　张汝伦：《康德二百年祭》，《读书》2004年第8期。
③ 　宋希仁：《卢梭论人》，《中国人民大学学报》1987年第3期。

（二）自然观念的变迁与认识论基础的转换

为了更清楚地认识启蒙运动的基本精神，我们选择两个与我们的研究对象密切相关的方面——自然观念与认识论——再作具体分析。

首先，从自然观念上看，启蒙哲学之前的古典哲学把自然与上帝联系起来，将自然看作一个超然于现实世界之外的理念世界。以霍尔巴赫为代表的启蒙哲学家则提出了新的自然观念。由于霍尔巴赫的《自然的体系》在同类著作中最具代表性，所以，我们在此主要通过对该书的分析来阐述启蒙哲学的自然观念。

霍尔巴赫认为自然的两个含义是：从广义上来说是指存在。"自然，从它最广泛的意义上来讲，就是由不同的物质、不同的组合，以及我们在宇宙中看到的不同的运动的集合而产生的一个大的整体。"① 从狭义上来说是指本性，尤其是人的本性。"自然，狭义地讲，或是在每一个存在物内部加以观察的自然，乃是由本质，就是说，由于有别于其他存在物的一些特性、组合、运动或活动方式所产生的整体。"② 而"一个事物的本质，就是它的个体的和特殊的本性"。③ 霍尔巴赫通过赋予"自然"这两重含义，并将其结合起来，

---

① ［法］霍尔巴赫：《自然的体系》上卷，管士滨译，商务印书馆 2017 年版，第 10 页。
② ［法］霍尔巴赫：《自然的体系》上卷，管士滨译，商务印书馆 2017 年版，第 10 页。
③ ［法］霍尔巴赫：《自然的体系》上卷，管士滨译，商务印书馆 2017 年版，第 11 页。

最终构建了自己的理论体系。具体而言，就是通过把自然作为一个中介将世界和人统一起来：一方面，认为自然是世界的存在方式。另一方面，认为自然是人的存在方式。因此，在这里没有天赋观念，人的感觉、思维、认识、道德、感情等都是一种自然的存在。

　　由此，通过对自然的"祛魅"，霍尔巴赫扭转了以往哲学家对自然的超验观点，从而把自然拉回到现实世界之中，使其成为人的存在方式。这无疑是一场自然观的革命，对于这一点，卡西勒指出："随着自然观的改变，随着人们对如何形成科学概念的看法的改变，人们对自然过程的基本内容的态度也发生了转变。甚至对笛卡儿的关于定义的逻辑——数学学说，人们也要求用对自然的严格机械的解释来加以平衡和补充。但是，随着思想的重点从定义转向描述，从种转向个体，人们再不能把机械论看作是（对自然的）解释之唯一的、充分的基础了。这就为人们的思想朝着这样一种自然观过渡准备了基础：这种自然观不再试图从存在演绎出变化，用存在来解释变化，而力图反其道而行之。"①

　　需要强调的是，霍尔巴赫的自然观深刻影响了卢梭，卢梭自然教育思想的一个基本点就是认为应当在一个理想的、自然的环境中，按照孩子的自然本性进行教育，因此后世有人就把卢梭的教育理论直接称为自然教育。

　　其次，从认识论上来看，启蒙哲学在认识论问题上的最大发展

---

① ［德］卡西勒：《启蒙哲学》，顾伟铭等译，山东人民出版社 1988 年版，第 77—78 页。

是把认识的根基拉回到经验的、心理学的基础上来。我们知道，在启蒙哲学之前的哲学中一直处于主导地位的是本体论哲学，本体论哲学的根本特点是从某个最高的原理、原则或公理出发来演绎出现象和事实。这种思维方式主导下的哲学具有一个共同特点，就是构造"体系"。即从某种最高存在、最高确定性出发，进行逐层演绎，最终推出一个囊括一切存在和知识的体系。它们所用的方法主要是演绎法。在这种哲学方法论主导下的认识论就是一种先验认识论，其根基在先验的理性王国中。

启蒙哲学抛弃了这一方法，而代之以分析还原和理智重建的新方法。这一新方法的要义在于立足于具体的经验事实，把认识的对象通过分析并还原为认识基本的组成要素，随后把这些要素在思想中重新建构成一个整体。简单地说，就是认为哲学应该从现象和事实上升到原理和原则。正是这种思维方式的转变，直接颠转了认识论的基础，这种颠转主要表现在两个方面：一是认为认识的基础在于感觉经验；二是认为情感是认识不可或缺的动力，其作用远比理性重要。"还在卢梭的主要著作问世之前并且独立于这些著作，心理学思潮和心理学评价中就已经逐渐地出现了一种变化，一种转变。"① 可以说，正是由于这两个方面的发展，为以卢梭为代表的自然公民道德教育模式的提出奠定了认识论基础。

先来看第一个方面：启蒙哲学之前的唯理论哲学认为认识具有

---

① ［德］卡西勒：《启蒙哲学》，顾伟铭等译，山东人民出版社 1988 年版，第 105 页。

一个形而上学的根基，就是说只有当我们的感知与天赋观念联系起来的时候，我们才能够拥有对事物的真正认识。而启蒙哲学家认为，引入形而上学的天赋观念并不能解决认识问题，而只能把这个问题搞乱。认识问题与自然问题一样，"都不允许逃遁于超验世界，都不允许有任何异在的因素跻身于认识和实在、主观和客观之间。"① 那么，认识的基础是什么呢？启蒙哲学认为认识的基础只能是感觉经验，只要我们超越经验一步，得到的就只能是虚幻的解决。因为在启蒙哲学看来，人的认识都源于感觉，只有事物首先对感官发生了作用时，心灵才有可能接受，而我们又是通过各种感觉才得到各种不同观念的，在根源上看，观念就是感觉的变形。至此，我们可以用一句话来概括启蒙哲学认识论的基本路线："凡存在于理智中的，无不先存在于感觉之中（nihil est in intellectuquod non anteafuerit in sensu）。"② 这一路线深刻影响了卢梭，他的著作《爱弥儿》一书的出发点、方法和原则都明显带有这一经验论的痕迹。

下面，我们来分析第二个方面：情感是认识不可或缺的动力。在启蒙哲学之前，哲学的主导倾向认为理性是最高的官能，它统治着一切欲望和激情。而启蒙哲学认为在整个精神活动中，理性只起一种从属性的作用。离开情感的帮助，理性一步也前进不了。因此，情感才是一切理智活动的原始的、不可或缺的动力。休谟甚至认为宗教的最深根基，也在人的本能性情感中。"除了在人的本能

---

① ［德］卡西勒：《启蒙哲学》，顾伟铭等译，山东人民出版社 1988 年版，第 94 页。

② ［德］卡西勒：《启蒙哲学》，顾伟铭等译，山东人民出版社 1988 年版，第 96 页。

中寻求宗教的最深的根基，我们没有其他道路可走。"①启蒙哲学对情感的重视丰富了卢梭的认识论思想，通过把情感当作感觉和观念之间的中介，卢梭形成了自己完整的认识论理论，奠定了卢梭自然公民道德教育模式的认识论基础。对此，罗素深刻地指出：卢梭"是浪漫主义运动之父，是从人的情感来推断人类范围以外的事实这派思想体系的创始者"②。

时代提供的特定背景与启蒙哲学的思想资源，为卢梭提出一种新的公民道德教育模式、实现一次公民道德教育模式的转换提供了基本的前提条件。但问题是为什么在同样的时代背景和思想条件下，是卢梭而不是其他启蒙思想家提出了一种新的公民道德教育模式呢？这就必然涉及卢梭独特的哲学和人性论思想。

第二节　哲学基础与人学前提

卢梭之所以能够提出一种新的公民道德教育模式，实现一次公民道德教育模式的转换，除了时代和思想等客观方面的条件以外，更为直接和重要的是卢梭个人所独具的主观方面的条件。因为一旦离开后者，就不能解释为什么是卢梭而不是其他启蒙思想家实现了这一公民道德教育模式的转换。就卢梭主观方面的条件来看，因素

① [德]卡西勒：《启蒙哲学》，顾伟铭等译，山东人民出版社 1988 年版，第104 页。
② [英]罗素：《西方哲学史》下卷，马元德译，商务印书馆 2015 年版，第 243 页。

同样是复杂的，包括家庭环境、独特的自我教育背景、个人成长和生活经历等，这些无不同时在影响着卢梭的思想创造。但就这一公民道德教育模式的转换而言，我们认为最为重要和具有决定性的因素是卢梭在哲学和人性论方面的突破。下面对此予以具体分析。

一、哲学基础

卢梭在哲学上的突破主要体现在三个方面：哲学方法论、宗教哲学和政治哲学，下面依次予以论述。

（一）哲学方法论基础

任何理论创新和突破，追溯到最根本之处，必然是一种方法论上的创新和突破，方法论就像"一双看不见的手"，无处不在地影响并支配着思想家的运思方向和致思理路。卢梭之所以能提出一种新的公民道德教育模式，实现一场公民道德教育模式的转换，一个重要的原因在于方法论上的突破和创新。与传统理性公民道德教育的本体论方法相比，卢梭在哲学方法论上的突破和创新主要体现在两个方面：

首先，是历史辩证法。古希腊理性公民道德教育模式的方法论基础是本体论式思维方法，这一方法可以说有两个根本缺陷：第一是缺乏历史感；第二是缺乏辩证法。针对这两个缺陷，卢梭提出了新的研究方法：历史辩证法，就是指通过分析矛盾，把事物一分为二，放在整个历史轨迹中分析事物在对立中转化的方法，并把这种方法论全面运用到自己的思想之中。恩格斯对卢梭的历史辩证法给予了高度评价："卢梭把不平等的产生看做一种进步。但是这种进步是对抗性的，它同时又是一种退步。""文明每前进一步，不平等也同时前进一步。"① 但不平等达到顶点，"不平等又重新转变为平等，但不是转变为没有语言的原始人的旧的自发的平等，而是转变为更高级的社会契约的平等。压迫者被压迫。这是否定的否定。"②"我们在卢梭那里不仅已经可以看到那种和马克思《资本论》中所遵循的完全相同的思想进程，而且还在他的详细叙述中可以看到和马克思所使用的完全相同的整整一系列辩证的说法：按本性说来是对抗的、包含着矛盾的过程，一个极端向它的反面转化，最后，作为整个过程的核心的否定的否定。"③ 正是历史辩证法的运用，使卢梭得出了一系列不同于以往哲学家，同时又异于同时代其他启蒙思想家的结论。

其次，是认识论方法。通过前文的论述，我们知道卢梭在认识论上接受了启蒙哲学认识论的主要思想，同时又做了综合创新，从而形成了自己独特的认识方法，并把这一方法运用到自己的著作中。简单来说，这一方法的内涵可以概括为：认识从感觉开始，经由情感和理性判断，从而形成观念。卢梭认为："我们的手、脚以及眼睛，可以说是我们最初的哲学老师。"④ 感官主要指的是人的五

---

① 《马克思恩格斯文集》第 9 卷，人民出版社 2009 年版，第 147 页。
② 《马克思恩格斯文集》第 9 卷，人民出版社 2009 年版，第 147 页。
③ 《马克思恩格斯文集》第 9 卷，人民出版社 2009 年版，第 147—148 页。
④ ［法］卢梭：《爱弥儿》，孟繁之译，上海三联书店 2017 年版，第 135 页。

种感觉：触觉、视觉、听觉、味觉和嗅觉，事物只有被以上五种感觉感知过和经验过，才能说形成"感性的理解"。① 此后，再把这五种感觉组合成为简单观念，经过"第六种感觉"——"共通的感觉"——化成"理性的理解"。② 当然，在卢梭看来，"第六种感觉"并没有单独的器官与它对应，"只在人的大脑里存在，并没有一个独立的器官，并且是一种内在的东西。我们可以用'看法'或'认知'来命名它"③。由此可见，卢梭坚持了启蒙哲学认识来源于经验的观点。

卢梭对启蒙哲学认识论的发展在于通过把情感（sentiment）作为感觉与观念之间的中介，将二者结合起来。在卢梭看来，情感有多种形态，它大致包括对自己的爱、对痛苦的忧虑、对死亡的恐惧和对幸福的向往以及人的良心，其中，良心是情感诸形态中最为重要的。卢梭对情感的重视在理性至上的启蒙时代是罕见的，但这种情感绝非感伤主义的滥情，正如利文斯顿所说："卢梭所说的情感和感觉，与多愁善感或热烈奔放的感情毫无关系。它倒更接近一种直觉的揭示或者内在的道德感。"④ 卢梭认为正是在情感的指引下，人才能够正确运用自己的理性和意志，认识并实践真正的善和美

---

① 卢梭对"感性的理解"的界定是："把几种感觉组合成简单的观念"。[法]卢梭：《爱弥儿》，孟繁之译，上海三联书店2017年版，第181页。

② 卢梭对"理性的理解"的界定是："把几个简单的观念组合成复杂的观念"。[法]卢梭：《爱弥儿》，孟繁之译，上海三联书店2017年版，第181页。

③ [法]卢梭：《爱弥儿》，孟繁之译，上海三联书店2017年版，第181页。

④ [美]詹姆斯·C.利文斯顿：《现代基督教思想》上卷，何光沪、高师宁译，译林出版社2014年版，第84页。

德。有人认为卢梭把良心作为一种情感推到人性之颠峰是卢梭"浪漫主义"的表现。① 但不管怎样，在那个理性至上的启蒙时代，卢梭是第一个通过情感对理性作出反思并认识到理性本身并不自足的哲学家。

但卢梭绝非反理性主义者，或非理性主义者，相反他对理性的评价很高："能让我们对善恶有所认识的，唯有理性。我们不否认理性并非是决定我们喜悦、善良、痛恨、厌恶等内心是非感产生的因素。但是我们也必须得承认，这些内心的感觉想要发展，离开理性也是不行的。"② 卢梭的独到之处，就在于他拒绝了对理性和情感传统的僵硬划分，而是认为二者同样重要。理性本身不足以作为道德的基础，卢梭说"有些人只想依靠理智建立道德，这样的想法是不切实际的。为什么这样说呢？因为那样做没有一个坚定的基础。"③ 卢梭的目的是"试图构想把理性和良心结合起来以为人的道德行为奠定某种自然基础。"④ 卢梭就是这样通过对良心等情感的强调把感觉和观念、理性结合了起来，弥合了人的二元分裂，并为人生设定下永不谬误的价值指向，从而奠定了自然公民道德教育模式的认识论基础。

---

① Kennedy F.Roche: *Rousseau: Stoic and Romantic*, London: Methuen& Co. Ltd, 1974, p.40.

② [法] 卢梭:《爱弥儿》，孟繁之译，上海三联书店 2017 年版，第 49 页。

③ [法] 卢梭:《爱弥儿》，孟繁之译，上海三联书店 2017 年版，第 367 页。

④ Morris Dickstein, "The Faith of a Vicar: Reason and Morality in Rousseau's Religion", *Yale French Studies*, Vol.28, No.1 (Jan 1961), p.49.

（二）宗教哲学基础

同前代以及同时代哲学家们的思想相比，卢梭在宗教思想方面的最大突破在于提出了一种新的宗教观：自由宗教，从而扭转了宗教的基础。不得不说，卢梭以至于卢梭生活的 18 世纪中的主导宗教是神义论。作为一种宗教观，神义论的要旨是借助理性推理或者形上思辨的方法以证明上帝的至善和正义，然后，在此基础上，把人世间的罪恶归到人的"原罪"。这一逻辑不仅体现在中世纪圣·奥古斯丁的"审美神义论"思想中，同时也体现在 18 世纪哲学家纪莱布尼兹神义论的思想中。而卢梭则与他们根本不同，"卢梭对神正论问题的态度是另一种不同的观点，一种彻底独创的思想倾向"①。概括起来说，卢梭的这一"彻底独创的思想倾向"主要表现在两个方面：

第一，认为上帝的至善和正义不能由理性推理或形而上学反思的方法来证明，而应通过情感体验的方式来进行。这样卢梭就颠转了宗教的基础：从外在的理性证明转到了个人内心的情感体验，因此，宗教就既不在外在性的宗教仪式之中，也不在《圣经》的字里行间之中，而是存在于人的内心深处。"一个人应去寻求上帝法则的地方，不是几页零散的纸张，而是人的心，在人心里，上帝的手屈尊写道：'人啊，不论你是什么人，都请你进入你自身之中，学会求教于你的良心和你的自然能力，这样你将会公正、善良而具有美德，

---

① ［德］卡西勒：《启蒙哲学》，顾伟铭等译，山东人民出版社 1988 年版，第149 页。

你将在你的主人面前低首，并在永恒的福祉里分享他的天国。'"①

卢梭认为，上帝是智慧、仁慈和美三者合一的集合体，它普遍存在于世间万事万物合规律的存在中，对于这样一个最高存在的本质，运用人的理性去把握上帝无疑是对上帝的侮辱，也是注定不能完成的，只有借助超理性的心灵和情感默默去体味，默默去沉思上帝的无限本质，而且当我们越去沉思，越不能把握的时候，在我们心中就越会激起对上帝的更加崇敬，这就是神秘宗教感的来源。因此，与以往传统神义论把理性抬高到至高无上的地位——抬高到上帝——的做法不同，卢梭是把情感、良心作为了信仰的首要条件，是把宗教看作每一个人自己内心的事情。这样就颠转了宗教的基础。对此，美国哲学史家梯利指出，在卢梭那里，"道德和宗教不是推理思维的事，而是自然的感情问题。人的价值不在于他有智慧，乃在于他有道德的本性，这种本性本质上是感情：唯善良的愿望具有绝对的价值。卢梭强调情感作为精神生活因素的重要性，否定理性的发展能够使人完善。"②对于这一点，卡西勒也指出："被卢梭所看重的真正奇迹，乃是人类的自由，以及作为此种自由之明证的天良。他在这里找到了人和上帝的真正中介。"③

---

① 《卢梭通信全集》第3卷，第490封，转引自詹姆斯·C.利文斯顿：《现代基督教思想》上卷，何光沪、高师宁译，译林出版社2014年版，第88页。
② ［美］梯利：《西方哲学史》（增补修订版），葛力译，商务印书馆2016年版，第428页。
③ ［德］卡西尔：《卢梭·康德·歌德》，刘东译，三联书店2002年版，第63—64页。

第二，卢梭找到了新的"承罪"主体，从而提出了一种新的人性论。任何宗教都面临这样一个根本问题：如果说上帝是至善和正义的，那么人世间为什么还存在着各种各样的罪恶？神义论给出的答案是人的"原罪"，也就是说人生而堕落。卢梭认为这种"原罪"说在根本上是错误的，人根本没有"原罪"，相反，人人天生善良。但接下来的问题是：既然人原本善良，那么罪恶从何而来呢？卢梭通过引入自然和"自然状态"学说，对这个难题做出了一个新的回答，找到了一个新的"承罪"主体：社会，从而提出了一种新的人性论。

卢梭认为人有两重本性：原初本性与欲望本性。原初本性指人生而善良的本性，欲望本性指在社会发展中形成的支配他人的本性。卢梭认为人原本善良，但人类社会的发展迫使人去适应一种强制性的社会制度，这样社会在人身上就逐渐培养起了虚荣、狂妄与对权力的贪欲等罪恶。这样上帝就被宽恕了，人的一切罪过都是由人在社会发展中造成的。所以救治方案也只能到经验的社会中去寻找。这样卢梭就发现了一种新的探讨罪恶问题的新方法，找到了一个新的"承罪"主体：社会。正是在这个探索过程中，卢梭提出了一种新的人性论：性善论。而这也恰恰是卢梭与教会发生冲突和彻底决裂的真正原因。"在评判卢梭著作时，教会清楚而肯定地强调指出，这是真正的关键问题。巴黎红衣主教克里斯多夫·德·伯蒙德在指控《爱弥儿》的训谕中指出，卢梭关于人性的最初冲动永远是天真善良的论点，与《圣经》和教会有关人性的全部学说处于最尖锐的冲突之中。"①

康德对卢梭的这一人性论思想推崇之至，他认为卢梭的这一工作与牛顿的工作同样伟大。"在前人只看到一片混乱和毫无关联之差异的地方，牛顿破天荒地觉察出秩序和守常是高度简捷地结合在一起。有了牛顿以后，彗星才沿着几何轨道运行。而在人类天性呈现的种种形式背后，则是卢梭第一次发现了被深深隐匿了的人类本质，和那深藏起来的、可以通过对它的观察来证明天意的法则。在牛顿和卢梭以前，阿丰索王和摩尼教徒的异议还是振振有词的。而在他们之后，上帝的意图被证实了，同时蒲伯的命题也因此而颠扑不破。"②

（三）政治哲学基础

从逻辑上看，卢梭政治哲学思想主要包含两个部分：第一部分是对以往政治哲学的批判。这一批判主要着眼于政治哲学的基础。"当卢梭审察'政治哲学'的各种现行形态时，他发现，它们全都是左支右绌和没有根基的。"③ 这一工作主要在他的《论人类不平等的起源与基础》一书中完成；第二部分是对新政治哲学的建构，这一工作主要在他的名著《社会契约论》中完成。两个部分一"破"一"立"，"破"中有"立"，"立"中有"破"，二者紧

---

① ［德］卡西勒：《启蒙哲学》，顾伟铭等译，山东人民出版社1988年版，第152页。

② ［德］卡西尔：《卢梭·康德·歌德》，刘东译，三联书店2002年版，第22页。

③ ［德］卡西尔：《卢梭·康德·歌德》，刘东译，三联书店2002年版，第33页。

密结合，共同构成了卢梭完整的政治哲学思想。下面我们对其予以具体分析。

卢梭认为政治哲学的基础在于人的本性。因为政治哲学所探讨的各种问题，从根本上来说，都是为了把人联系在一起，所以卢梭认为政治哲学的根本原则是"既通过人去研究社会，也通过社会去研究人。"[①]基于这一认识，人也就分成"生活在大自然环境中的人"与"生活在人类社会中的人"，"把生活在人类社会中的人和生活在大自然环境中的人加以比较"。[②]对人的这种二分构成了卢梭考察人性的出发点。而这就需要我们首先对"自然状态"进行考察。

在卢梭看来，霍布斯和洛克的"自然状态"理论都不成功，真正的"自然状态"必须把人的本真性情和原初天性揭示出来。基于这一目标，卢梭指出自己区别于前人的"自然状态"理论。他的基本观点是，自然状态是最适宜于人的生活的状态，人类拥有一种整体性的自然的善。在自然状态下，不存在奴役，没有罪恶是非观念（它们是社会条件下的产物）。"在自然状态中，对于我们自身存续的关注是最不损害他人的存续的，因此这个状态最有利于和平，也最适合人类。"[③]

和"自然状态"概念紧密相连的是"自然人性"概念。卢梭认为任何自然人性都必须同时满足两个条件：第一，它是先天自然的

---

① ［法］卢梭：《爱弥儿》，孟繁之译，上海三联书店2017年版，第289页。

② ［法］卢梭：《卢梭全集》第2卷，李平沤译，商务印书馆2012年版，第141页。

③ ［法］卢梭：《论人类不平等的起源和基础》，黄小彦译，译林出版社2019年版，第51页。

特性，也就是说，不是在社会状态中后天产生的，这一条件强调的是"自然人性"中的"自然"；第二，它不同于动物的本性，进而言之，通过它可以把人与动物从根本上区别开来，这一条件强调的是"自然人性"中的"人性"。那么，可以同时满足这两个条件的是什么呢？

卢梭的回答是自由。正是自由把人与动物区别开来，使人成为人。根据前面所讲的自然人性所必须具备的两个条件，我们也就可以知道卢梭自由思想的两个最为基本的规定，其一，它是先天的、"天赋"意义上的自由，不是在后天的社会状态中逐渐形成的"自由"；其二，它是自律意义上的自由，而不是他律意义上趋利避害的"自由"。在卢梭看来，后者恰恰不是"自由"，而是禽兽也具备的自然。必须首先弄明白的是，卢梭对自然状态和自然人性的阐述，决不是为了阐述而阐述，也不是要把人拉回到过去的自然状态中去，相反，他的目光是指向未来的。他希望以自然状态、自然人性为标准来回顾、反省人类社会发展的历史进程，并以此为借鉴，为人类设计一个美好的未来理想社会。

至此，我们可以说，卢梭舞"自然状态和自然人性"之剑，其意在构建"未来的理想社会"。换言之，自然状态和自然人性只是手段，而卢梭的政治理想——理想的契约社会——才是卢梭真正想要达到的目的。从存在性质的角度看，自然状态和自然人性学说乃是一个逻辑上的设定，（具体来说，就是卢梭为了自己的政治理想而在逻辑上设定的一个前提，就像康德为了解决"认识如何可能"的问题而不得不设立一个"物自体"一样）。这一设定"正如我们的物理学家每天都做的关于宇宙形成的推理一样。"① 它不是一个经验世界中可感可触的实体性存在，而是在思维、观念世界中存在的一个逻辑前提。卢梭正是从这一前提出发，通过运用自己的"历史辩证法"，得出了一个合乎逻辑的结论，即人类社会在经过极端不平等之后，还将重新达到一个新的自然状态，使所有的个人重新回归平等。对于这个新的自然状态的设计、规划和论证，就构成了卢梭政治哲学思想的主要内容，而这一内容主要体现在他的名著《社会契约论》中。下面我们结合该书作具体分析。

在卢梭看来，他之前的社会契约理论在谈到社会契约的时候，实际上都是在谈论人民和"首领"之间的统治契约。他认为，真正的社会契约不是任何从外部强加于人们的东西，而是人们自己选择和创造的产物，其"要义"在于把自由活动的人结合在一起，并且人们不会因为这种结合而丧失自由。这样，建立在社会契约基础之上的契约国家的基本职责就是保障人的自由，进而言之，就是使每一个人都享有充分的自由。而这如何可能实现呢？

卢梭给出的方案是，只要每一个社会成员都进行毫无保留的自我奉献，那么就可以建立一个尽善尽美的共同体。在这个共同体中，每一个成员都平等地享有权利和自由。这就保证了共同体所拥有的公共权利与社会成员的个别权利在根本上是一致的，而共同体的公共权利又是通过一个专门的机构——政府，来执行的。那么，

---

① ［法］卢梭：《论人类不平等的起源和基础》，黄小彦译，译林出版社 2019 年版，第 27 页。

随之而来的问题是如何保证政府执行的总是人民的公意呢？卢梭认为这要依靠执行者善良而美好的天性，但是又如何保证人民公意的执行者恰恰是具有善良而美好天性的人呢？卢梭的回答是这就要依靠所有成员善良和美好的天性，那么又如何保证所有成员都具有善良而美好的天性呢？这就需要通过教育使所有的人都具有善良而美好的天性。这样，卢梭在绕了一个大圈之后，最终把落脚点仍放在了教育上面。那么这又是何以可能的呢？

卢梭认为人原本具有善良而美好的天性，但后来复杂的社会环境使人的自然天性发生了扭曲，从而丧失了原初善良而美好的自然人性。使人的"本质与表象成为两样完全不同的东西。"① 因此，要恢复人的本性，必须回到自然人性，从儿童做起，按照儿童的天性进行自然教育。这种教育包含了两个方面的基本要求：其一，要远离不合理的社会环境，避免各种社会环境影响儿童；其二，要按照儿童的自由天性，按照儿童自然的身心发展规律进行教育。"我们不要促使他们去为别人的目的效劳，而要开导他们把自身当作目的，并且根据这种观念去行动。只有当他们在这个意义上获得了内在自由以后，才可以进入社会，而且也只有这样，他们才能沿着正确的道路为社会做出贡献；因为唯有自由的人才是真正的公民。"② 这样，正是在卢梭的政治哲学思想的推动下，自然公民道德教育模式不得不

---

① ［法］卢梭：《论人类不平等的起源和基础》，黄小彦译，译林出版社 2019 年版，第 75 页。

② ［德］卡西尔：《卢梭·康德·歌德》，刘东译，三联书店 2002 年版，第 39—40 页。

正式登场了，而这一新的教育模式的提出，就实现了一场公民道德教育模式的转换：从理性公民道德教育转向自然公民道德教育。

二、人学前提

人是教育的出发点和最终归宿。如何理解人，就将如何理解培养人的教育。从深层次上讲，一种教育模式的背后往往隐藏着一种人学观，不同的人学观决定着不同的教育模式。人学观的变革往往影响甚至决定着教育模式的变革。卢梭之所以能够实现教育模式的转换，一个很重要的原因，就在于他提出了一种新的人学观——自由人学观，从而在人学上实现了一场变革：从理性人学转向自由人学。下面我们对此作一考察。

西方传统人学的基本观念认为人是理性的动物，而卢梭则认为决定人之为人的根本特性不是理性，而是自由。"人与动物之间的种差与其说是由智力决定的，还不如说是由其自由行为人的资质所决定的。自然操控所有的动物，兽类服从这种操控。人类感受到了这种操控，但是人类自认为具有接受或抗拒的自由，他的精神的灵性恰恰表现在这种自由的意识之中。"[①] 这其实是转换了人学的基石：从理性转向自由。"他（指卢梭——笔者注）提出要以一种新的对人的定义来取代传统的定义，在新的定义看来，不是理性而是

---

① ［法］卢梭：《论人类不平等的起源和基础》，黄小彦译，译林出版社 2019 年版，第 38 页。

自由成为了人的特质。"① 可以说，这一转向开辟了人学研究的新纪元，得到了后世诸多哲学家的普遍关注，对后世哲学思想的发展产生了深远的影响。"一个简单的事实是：康德、黑格尔和费希特的全部政治哲学实际上就是建立在把自由作为人的实质这一观念的基础上的，而首先提出这个观念的是卢梭。"② 那么，卢梭自由人性论的含义是什么？它与古希腊理性人性论之间的逻辑演进轨迹是怎样的？这是我们下文予以考察的内容。

（一）卢梭自由思想的理论渊源

理解卢梭自由人性论的关键在于理解他的自由思想，因为"自由乃是卢梭整个思想的根本原则"。③ 只有充分理解了自由，才能够真正理解卢梭的自由人性论思想。这样，对卢梭自由思想的考察就构成了我们研究的起点。

卢梭自由思想是古希腊以来自由思想发展的必然结果。不仅在问题的提出上，而且在问题的解决上，卢梭自由思想与其前的自由思想都有着内在的紧密关联。自由从一开始就不仅是人们的一种思想、观念或理想，更是人们身体力行的活动和在活动中建立起来的

---

① ［美］列奥·施特劳斯：《自然权利与历史》，彭刚译，三联书店 2003 年版，第 285 页。

② ［英］鲍桑葵：《关于国家的哲学理论》，汪淑钧译，商务印书馆 1995 年版，第 233—234 页。

③ ErnstCassirer, *The Question of Jean-Jacque Rousseau*, Bloomington: Indiana University Press, 1963, p.21.

规则、习惯或制度。人们对自由的意识和思考，始终是与人们能动的活动以及活动所遵循的规则联系在一起的，因而，自由从一开始就包含着相互对立的两个方面，即人的能动的、自发的、不受规定的一面和人要以自己的规范加之于自然界、做出必然的立法和规定的一面。这两个方面自古希腊开始就体现在"努斯"和"逻各斯"这两个核心概念上，正是它们构成了推动人自由发展的根本矛盾。卢梭对自由的思考就处在这样一个传统之中。

最早对自由作出论述的哲学家是赫拉克利特。在赫拉克利特那里，自由包含了两方面的含义：一是不受奴役，即人身的自由状态；二是按照法律（逻各斯）自主行事，即自由不是为所欲为，而是在遵从法律（逻各斯）前提下的自由。因而，自由概念一开始就内在的包含了积极和消极两种意义、能动性和规定性两条原则。亚里士多德将前人的自由观纳入其伦理学和政治学体系之中。在伦理学中，把自由与目的性学说结合了起来，认为人的行动与动物行动的不同之处在于人可以自由选择行动的目的，即他是自愿去为恶或行善的。这样，亚里士多德就把自由与目的性统一了起来，从而奠定了自由从属于理性的传统，这一传统对后来自由思想的发展产生了深远影响。

洛克对自由思想进行了比较全面的研究。洛克认为自由乃是人因天禀理性而具有的一种能力和力量，它既要以理智和意志为前提，又不属于理智和意志，而是一种单独的特殊能力，即按照理智和意志的判断来决定自己做什么或不做什么的能力。

在洛克看来，由于侧重点不同，自由又表现为两种形式：一是思想自由；二是行动自由。前者是内在观念运动的自由，指"在最后判断以后，我们的心又完全处于中立状态，不受丝毫决定，则这种中立状态不但不是智慧本质的优点和所长，而且它会成了一种极大的缺点"，①是一种消极、中立的自由；后者则是外在身体运动的自由，指"人心有一种能力，来暂停动作，不急来满足，不急来实现它的任何欲望"，②是一种积极、能动的自由。由此可见，洛克对自由的研究在前人的基础上推进了一步，但他把自由当作在理智和意志之外的另一种"能力"，以试图摆脱自由本身究竟是合规律性（认识）的，还是自发性（行动）的这一内在矛盾，其结果是把"自由"变成了一种没有实质性内涵的空洞名词，其"积极"意义（行动）和"消极"意义（认识）依然对立。这一对立的解决是在卢梭手里完成的。

（二）卢梭自由人性论思想解决的根本问题及其含义

卢梭从一个新的途径，即从感觉和情感入手，对自由的含义作出了新的探索。③他不仅探讨了两种不同类型自由的特征，而且

---

① ［英］洛克:《人类理解论》（上册），关文运译，商务印书馆 2019 年版，第 251 页。

② ［英］洛克:《人类理解论》（上册），关文运译，商务印书馆 2019 年版，第 250 页。

③ 学界目前一般认为卢梭是法国自由主义传统的代表人物，即通常意义上"积极自由"思想的代表人物。我们认为，从卢梭自由思想的内在理念看，卢梭的自由思想既不属于"积极自由"的行列，也不属于"消极自由"的行列，而是它们在某种程度上的结合，这鲜明地体现在卢梭的人性论思想和教育思想中。

探讨了二者之间的关系，尤其重要的是，他把两种自由结合了起来，并将两种自由归结到人身上，确立了"自由是人的本质和本性的观念"。

卢梭认为自由也分为两种：一是"消极的自由"，指自然状态下人所享有的自由，也可称为"自然自由"（natural freedom）；二是"积极的自由"，指公民社会中人所享有的自由，也可称为"公民自由"（civil freedom）。"自然自由"是指人的一种独立存在状态，主要有两种表现：一是独立自主，不依赖他人。二是只做自己能做和乐意做的事情。可见，"自然自由"指的是一种状态，一种"当事人"——自然人本身意识不到的状态。在此基础上，卢梭又进一步分析了自然自由的"当事人"——自然人的基本特点：没有任何理性分析能力，只具有两种与生俱来的情感：首先是自爱（self-love）。卢梭认为自然人本性是善的，这种情感使自然人的每个个体都不会受到危害，正是因为"善是一种自爱之心的必然结果。这种自爱之心是一种取之不尽、用之不竭的力量，在所有的感觉当中必然会存在"①。其次是怜悯。② 这种怜悯之心并非是由社会性或后天的道德因素引起的，而是自然人人性中天然具有的，根源于人类一切社会美德的因子都潜伏其中，"人类一种天生不愿看到同类受苦的抵触

---

① [法] 卢梭：《爱弥儿》，孟繁之译，上海三联书店 2017 年版，第 353 页。
② 需要指出的是，卢梭对这两种情感之间关系的认识，在其思想的前后时期并不一致，在《论人类不平等的起源和基础》中，他认为这两种情感是人类在精神生活中先于理性而并存于心灵中两种性质不同的情感，而在《爱弥儿》中，他则把二者联系起来，认为怜悯心是从人的自爱心中产生出来的。

情绪。"①

通过上述分析，我们可以知道，就自然自由的特征来看，卢梭的自由观念是消极的。正如丹尼尔·库恩所指出的："卢梭对自由的理解就像他对教育的理解一样，在深层的意义上是消极的：自然自由避免自己成为别人意志的支配物，同时也避免别人成为自己的支配物。"② 但这种自由观念在卢梭思想的发展中，却具有至关重要的作用，它是卢梭思想发展的出发点。可以说，卢梭思想的根本宗旨就是通过各种途径去恢复人在自然状态中所具有的自由状态。因此，后世的研究学者认为卢梭的自由"事实上不是人在政治生活中可能获得的自由，而是他们在屈服于法律后丧失的自由"。③ 这里谈到的生存的自由即是消极意义上的自由。

与此同时，作为一位具有现实情怀的思想家，卢梭深知人类一旦离开自然状态，就再无回头路可走，而只能继续前行。因此，卢梭对于自然状态和自然人的描绘，并不是让人回到过去，而是希望我们从现存的状态来回顾、反省人类社会所走过的历程，并以之为标准和规范，重建一个理想社会，从而使人保持自然人所具有的那种独立状态。卡西勒理解了卢梭的意图，"确切些说，卢梭把自

---

① ［法］卢梭:《论人类不平等的起源和基础》，黄小彦译，译林出版社 2019 年版，第 52 页。

② Daniel E.Cullen, *Freedom in Rousseau's Political Philosophy*, DeKalb: Northern Illinois University Press, 1993, p.67.

③ Robert Wolker, "Rousseau's Two Concepts of Liberty", *in Lives, Liberties and the Public Good: New Essays in Political Theory for Maurice Cranston*, GeorgeFeaver& Fredrick Rosen (eds.), London: Macmillan, 1987, p.68.

然状态的概念作为一个标准和规范来使用"①。但伏尔泰却误解了卢梭，在收到卢梭寄给他的《论人类不平等的起源与基础》一书后，他回信给卢梭："从没有人用过这么大的智慧企图把我们变成畜牲。读了你的书，真的令人渴慕用四只脚走路了。"② 卢梭对此不无激愤的指出，"是否需要毁灭社会，消灭'你的'和'我的'之分，回到森林里与熊生活在一起？这是根据我的反对者的思维方式得出的结论，我既想，也愿意我的预防这种结论的产生，也想将得出的这种结论的耻辱留给他们。"③ 可见，卢梭虽然在语言描述上曾经表现出对自然自由的向往，但实际上他认为我们只能在社会状态中实现自由。这就是说，在卢梭看来，我们在公民社会中丧失的是自然自由，但人可以通过自己和其他人的意志共同立约而获得公民自由。

在卢梭看来，这种公民自由以自然自由为模型和标准，它所追求的目标是人的一种独立存在状态，其根本特征在于"自己服从自己制定的法律"。卢梭指出："有两种从属关系存在于这个世界上。物的从属是其中的一种，这是从属是属于自然的。人的从属是另外一种，这种从属是属于社会的。物的从属是不存在损害自由和产生罪恶之嫌的，因为它不包含善和恶的因素。但人的从属却可

---

① ［德］卡西勒：《启蒙哲学》，顾伟铭等译，山东人民出版社1988年版，第265页。

② 转引自勒克赛尔为卢梭这本书所写的"引言"部分，见［法］卢梭：《论人类不平等的起源和基础》，李常山译，商务印书馆1962年版，第31页。

③ ［法］卢梭：《论人类不平等的起源和基础》，黄小彦译，译林出版社2019年版，第116页。

以产生各种罪恶，因为它是杂乱而无序的。主人和奴隶之所以会毁灭彼此间的关系，就是因为存在后一种从属关系。"① 在卢梭看来，人应该竭力从"人的隶属"中解放出来，而回归于"物的隶属"。这显示了其理论中始终萦绕着的一种救赎情怀。如丹尼尔·库恩所言："卢梭的理想就是文明人之间避免彼此互相依赖，人们只是仅仅依赖于非个人或普遍的法律，而且每个人的情况都是如此。那么，在这种情况下，虽然文明人呼吸的不是自然状态下的空气，但却重新恢复了自然状态下的自由平等。"② 卡西勒也指出了卢梭思想中公民自由的含义："所有专制与武断的克服和消除，仅仅服从严格而不可克服的法律……我们可以肯定的是，我们放弃的是自然状态中人的独立性，但是我们是用真正的自由来代替，也就是说只有所有的人都服从法律，人才会成为最高意义上的个人——独立的个体。"③

卢梭认为，人的价值不仅取决于人所拥有的知识与才能，而是由于人具有的共同情感本性，所以人与人之间事实上是平等的。卢梭指出："基本公约不仅没有摧毁自然的平等，反而以道德的与法律的平等来代替自然所造成人与人之间的身体上的不平等；从而，虽然人与人之间在体力和智力上不相等，但由于公约和权利的保

---

① [法] 卢梭：《爱弥儿》，孟繁之译，上海三联书店 2017 年版，第 73—74 页。

② Daniel E.Cullen, *Freedom in Rousseau's Political Philosophy*, DeKalb: Northern Illinois University Press, 1993, p.50.

③ Ernst Cassirer, *The Question of Jean-Jacque Rousseau*, Bloomington: Indiana University Press, 1963, pp.55-56.

证，他们却是人人平等的。"① 由此看来，公民自由就其实质而言，就是个人意志在与其他意志的关系中通过（以公意形式）外在立法来实现自己的能动性和平等权利，即意志服从自己的外在立法。这样，人就摆脱了"人们之间互相的依附关系"，从而实现了一种理想的自由状态。正如丹尼尔·库恩所言："卢梭思想解决的根本问题是在一种理想的社会中重新建立个人的独立。"②

需要说明的是，卢梭已经意识到即使在理想的公民社会中，人与人之间也必然会发生其他各方面的联系，因此有时还需要一种"道德自由"（moral freedom）。道德自由的含义是"服从先前为自己制定的法律"。③ 在卢梭看来，这种"道德自由"（moral freedom）是必要的，但其实质却是一种"强迫的自由"，它是对自己的征服与压制。④ 这是因为道德有时要求个体做出奉献，在他看来，这种奉献虽然高尚但却是痛苦的："听从支使我们行善的偏好是善，但不是美德。美德这个词意味着力量。没有不伴随斗争的美德，也没有不取得胜利的美德。美德不仅仅在于表现为公正，更在于能战胜自己的情感，控制自己的心灵。"⑤ 卢梭举古罗马的布鲁图斯来说明

---

① ［法］卢梭：《社会契约论》，李平沤译，商务印书馆 2011 年版，第 28 页。

② Daniel E.Cullen, *Freedom in Rousseau's Political Philosophy*, DeKalb: Northern Illinois University Press, 1993, p.1.

③ 刘小枫、陈少明编：《卢梭的苏格拉底主义》，华夏出版社 2005 年版，第 95 页。

④ Arthur M.Melzer, *The Nature Goodness of Man: On the System of Rousseau's Thought, Chicago*: University of Chicago Press, 1990, p.102.

⑤ Rousseau, *The Social Contract and Other Later Political Writings*, New York: Cambridge University Press, 1997, p.208.

这一点，他认为布鲁图斯被认为拥有美德的原因是他为了国家而杀死自己三个叛国的儿子。可以说，他的美德在于爱国心战胜了爱子情。但他在生活中却并不幸福。所以，拥有美德的人是崇高的，但并不一定幸福。

而卢梭认为，在实际生活中，人不仅要崇高，而且也要幸福。因此，需要把公民自由和自然自由的益处结合起来。"在自己的国家里，我们就可以很好地统一自然状态和社会状态，很好地结合能够让人不犯罪的自由和培养节操的道德。"① 这样，自然自由和公民自由最终在人上面统一了起来，并确立了"自由是人的本质与本性的观念"。其中自然自由是标准和规范，公民自由是在一种理想平台上对自然自由的重建。这样，在卢梭那里，个人和社会、自由和法律、权利和义务之间存在的鸿沟也就消失了。社会限制不一定导致减少了自由，恰恰相反，限制成为自由的前提，这就与过去的自由思想有了很大的不同。"'规范'与'自由'决非是两个彼此排斥、彼此对立的概念。惟有有了前者，后者才有可能。我们再也不应该用驯服般的顺从来接受规定的观念；它值得我们予以重视。"②

(三) 卢梭实现的从理性人性论到自由人性论的转变

把握了卢梭的自由思想，就为理解其自由人性论思想奠定了坚实的基础。下面，我们将在这一基础之上，沿着这条自由之路，进

① [法] 卢梭：《爱弥儿》，孟繁之译，上海三联书店 2017 年版，第 74 页。
② [法] 爱弥尔·涂尔干：《道德教育》，陈光金、沈杰、朱谐汉译，上海人民出版社 2006 年版，第 43 页。

入卢梭人性论思想的深处。通过第二章的分析，我们已经知道，古希腊人性论是理性人性论，也就是说古希腊的人性论是把"人性问题和善恶判断合二为一。'知识即美德'，'美德即知识'。理性至上、德性至上，理性和德性成为人的本质规定。"①这一规定不是偶然的，而是因为当时人类进入文明社会不久，首先需要建立的就是社会生活规范和社会秩序，通过规范和秩序把人引导成为兼具自觉性与责任感的主体，这样社会才能够正常健康地发展。这就决定了当时对人性的追求只能到那些人类已经形成并被接受的美德中去寻找，所以理性人性论对于人的自然需要和感情持一种压制和排斥态度，人的本性被归结为欲望服从理智，个人服从社会。建立在这种人性论基础之上的教育范式就是理性教育，即是认为教育的主要任务是培养人的德性，从而把人培养成为一个遵纪守法的公民。

卢梭则认为理性并非人的自然本性，因为真正的自然人性需要同时满足两个条件：第一，它不能是在人类进入社会状态后产生的品质或特性；第二，它还必须能够与动物的本性区别开来。基于这两个条件，卢梭认为只有通过追溯人的自然状态，通过"自然人"和"社会人"的对比，剔除掉社会附加于人身上的一切附属物，才有可能把握到人的"自然人性"。正是沿着这条道路，经过反复考察，卢梭揭示出人与动物的根本区别不在于理性，而在于自由。"人与动物之间的种差与其说是由智力决定的，还不如说是由其自由

①　欧阳谦：《20世纪西方人学思想导论》，中国人民大学出版社2002年版，第4页。

行为人的资质所决定的。"①"自然独自操控了动物所有自己的活动，而人类作为自由的行为人促进自己的活动。前者根据本能取舍，后者则根据自由行为，这使得动物不会背离自然为其订立的规则，即便这么做于它有利，而人类经常背离这种规则，即便这么做有损于自己。"②

但是，随着社会发展和时代变迁，人的自然本性被逐渐遮蔽以至扭曲，从而失去了自己。卢梭认为当务之急在于恢复人的自然本性，而要达到这一目的，唯一的途径在于教育。而新教育无疑不能是建立在理性人性论基础上的古希腊教育模式，而只能是一种新型的教育模式，这就是卢梭在《爱弥儿》一书中提出的自然公民道德教育。

这一新型教育模式包括两个核心点：第一是要创造一个类似于自然状态那样的教育环境，让每个儿童得以按照自己的天性自然发展，从而避免受到不良社会风尚的影响，离开不合理的社会环境。"在整个教育过程中，爱弥尔都是自由的，但是内在的自由依靠对外在环境的控制。导师努力去创设一个环境以保证内在自由的实现，……我们的目标就是给爱弥尔创设一个类似于自然人生活的社会环境。"③第二是生活在自然教育环境下的儿童，在导师的引导

---

① [法] 卢梭：《论人类不平等的起源和基础》，黄小彦译，译林出版社 2019 年版，第 38 页。

② [法] 卢梭：《论人类不平等的起源和基础》，黄小彦译，译林出版社 2019 年版，第 37 页。

③ Daniel E.Cullen, *Freedom in Rousseau's Political Philosophy*, DeKalb: Northern Illinois University Press, 1993, p.61.

下，逐渐成长为一个具有独立、自主判断能力的成人。"不要要求学生为他人学习，而要要求他们为自己受教育。受教育者应被培养成为一个成人，但他应该成为一个'自然的'成人，而不是一个'人为的'成人。"①

由此可见，自然公民道德教育模式的根本目的在于通过"恢复"人的自然本性而使受教育者成长为一个"理想的"成人。这就与古希腊理性公民道德教育模式仅仅强调人对社会的服从以及社会对人的塑造有了本质性的区别。至此，我们就可以说，卢梭在人性论上所实现的变革为公民道德教育模式的转换，即从理性公民道德教育转向自然公民道德教育，奠定了坚实的基础。

第三节 理论内涵与实践机制

一、理论内涵

通过以上几节的阐述，我们较为系统的把握了卢梭自然公民道德教育思想的时代条件、思想背景、哲学基础以及人性论前提，这为我们进入他的自然公民道德教育模式内部奠定了基础，扫清了外围。下面我们将在此之上展开对卢梭的自然公民道德教育模式核心

---

① [德]卡西尔：《卢梭·康德·歌德》，刘东译，三联书店2002年版，第39—40页。

理念的探讨。

（一）理论内涵

把握卢梭自然公民道德教育模式的基本前提是理解这一思想的理论内涵。因此，我们的首要工作就是考察卢梭自然公民道德教育思想的理论内涵。

具体而言，我们将从内、外两个层面对卢梭的自然公民道德教育思想予以考察。内在层面主要着眼于最为核心的基本理念；外在层面则侧重于实现这一理念的具体方式或手段。在这二者之中，内在层面处于主导和支配地位，决定着整个教育范式的基本走向。下面，我们首先考察其内在理念层面。

卢梭自然公民道德教育主张以自然教育的方式培育未来理想社会公民的德性，而不是以理想教育的方式培养既定社会所需要的公民德性。因此这种教育模式的出发点是要"把儿童生而具有的自然性和无限制地自由发展作为教育目的。"[1] 日本学者小原国芳准确地把握住了这一点，他把卢梭自然公民道德教育思想的内涵概括为：（1）把儿童的自然性视为善。（2）教育的第一原理是自由。（3）尊重儿童的个性，注重对教材、教学科目的自由选择。（4）诅咒所有人为的手段，谋求废除命令、赏罚等一切人为的手段。[2]

---

[1]　［日］小原国芳：《小原国芳教育论著选》上卷，由其民等译，人民教育出版社 2017 年版，第 361 页。

[2]　参见 ［日］小原国芳：《小原国芳教育论著选》上卷，由其民等译，人民教育出版社 2017 年版，第 365 页。

我们认为，从基本思路上看，小原国芳的概括是正确的。但需要强调指出的是，卢梭自然公民道德教育的基石是人的天赋本性，不是由于这一天赋本性在现实生活中常遭到的"外力"扭曲，从而影响儿童的正常发展。而这正是卢梭主张"回到儿童本身"的本真含义，而"回到儿童本身"其实就是回到人的自然本性，运用合乎儿童自然本性的方式进行教育，使儿童得以"自然"的成长。

下面我们再看卢梭自然公民道德教育的外在层面——教学方式与内容。就教学方式和内容来看，他主要强调两点：第一是事物教育。所谓事物教育，就是在教育过程中尽可能排除一切人为因素的介入，因此它不是借助于教师，而是借助于事物本身对孩子进行教育。卢梭认为，在教育过程中"如果你使物成为孩子唯一依赖的东西，那么在教育他的时候，你就可以按照自然秩序进行。倘若他有做错的地方，你如果想要制止，只需要给他制造一些有形的障碍，或者让他承受做错的后果。他是每时每刻都记得这些后果带来的惩罚的。"[①] 可见，这种教育主要强调教育要"按照自然的秩序"来进行。

第二是消极教育。法国著名思想家和教育家爱弥尔·涂尔干曾经对积极教育和消极教育的含义做出过界定：在教育过程中"如果情感和观念能够得到传播，那么教育就是积极的。……任何情感和观念都没有得到传播。教师对学生敬而远之。保持距离。不提供任

---

① ［法］卢梭：《爱弥儿》，孟繁之译，上海三联书店 2017 年版，第 74 页。

何信息。因此是消极的。"① 由此可见，积极教育与消极教育的基本区别就在于是否有"情感和观念"得到传播。这里的"情感和观念"是一个特定的称谓，其实质上是指一切外在的信息和观念。按照卢梭自然公民道德教育的理念，一切外在、人为的因素都要被排除在外。因此，他的这一教育理念无疑等于消极教育的范畴。卢梭强调："在最开始的那几年，只应该进行消极的教育。这种教育的目的，在于避免让罪恶侵入他的心灵，让错误的看法渗入他的思想，而非以道德和真理加于学生。"②

以上通过对内、外两个层面的考察，我们可以对卢梭自然公民道德教育思想的理论内涵作一基本的归纳和总结：自然公民道德教育实质是一种以培养未来理想社会公民的德性为目的，以事物教育和消极教育为内容方式，以基于社会契约理论而建立的理想民主社会的政治认同为基础，立足于人的自然本性而进行的一种道德教育模式。

（二）内涵的核心理念："回到儿童本身"

通过以上论述，我们对卢梭自然公民道德教育模式的理论内涵有了一个基本的认识，这为我们进一步的研究奠定了基础。下面，我们将在此基础上，对这一理论内涵予以合乎逻辑和实际的展开。简而言之，就是对卢梭自然公民道德教育模式的核心内涵予以进一

---

① [法] 爱弥尔·涂尔干：《道德教育》，陈光金、沈杰、朱谐汉译，上海人民出版社 2006 年版，第 345—346 页。
② [法] 卢梭：《爱弥儿》，孟繁之译，上海三联书店 2017 年版，第 87 页。

步的深度探讨。

与对理论内涵的考察相对应，这一研究同样是通过内、外两个层面来进行的。我们还是首先从内在层面入手。通过以上研究，我们知道卢梭所倡导的公民道德教育模式在教育学意义上讲，其实质是一种自然教育，或者更确切地说，在卢梭的教育思想中，如何理解"自然"就成为把握卢梭自然公民道德教育思想的一个关键。

下面我们对"自然"这一概念予以考察。①

纵观卢梭的这个思想体系，可以发现，卢梭没有对"自然"概念做过清晰的界定，他仅仅以比喻的方式说明："对于自由生长的植物而言，尽管它会保持人们强制它倾斜生长的方向，但不代表它的汁液也不按原来的方向流动。当这种植物能够继续发育，它直立生长的情况又会恢复。"②这里的意思是说，自然就是事物原本就有的天性，不会因为受到外力的强迫而作出改变。简言之，在卢梭看

① 这里需要说明的是，在 18 世纪的法国启蒙思想界，"自然"和"人的天性"是思想家普遍关注的观念。至于为什么这一时期的思想家对这两个观念感兴趣，笔者没有进一步探究，仅仅引述勃·姆·别尔纳狄涅尔的观点聊备一说："援引天性的说法之所以得到如此广泛的流行，是因为它由于其含糊不清而极为方便。从很古的时候起，就有很多思想家，由于希望证明在他们看来是最自然的东西，曾经援引过那些包罗万象的同时又是那样神秘天性的。天性概念的不明确性，使它可以暗含着各种内容。"参见勃·姆·别尔纳狄涅尔：《卢梭的社会政治哲学》，焦树安等译，中国社会科学出版社 1981 年版，第 58 页。我们认为，卢梭的思想中对"自然"和"人的天性"概念的使用也是这样。所以我们首要的工作是使这两个概念从一种朦胧和含混中清晰地凸显出来。
② ［法］卢梭：《爱弥儿》，孟繁之译，上海三联书店 2017 年版，第 4 页。

来，自然指的是人与生俱来的天性。"只用适合天性的习惯来定义自然这个名词。"①

自然表现在人身上的情况相对来说复杂一些，"人的天性"在卢梭思想中有两个含义：首先，从儿童整体角度来看，所有儿童都共同具有天然禀赋的生理和心理特征。这是大自然赋予儿童的自然权利，固然，在教育活动中必须受到尊重；其次，就个体来说，儿童之间存在特殊性。也就是说，儿童的身心发展潜能是不同的。下面，我们结合儿童的自然权利思想再作一具体说明。

这里说的儿童的自然权利，简单来说，是指儿童自然成长权利。对于这一点，不同的思想家具有不同理解。但他们的共同点是认为自然权利和自然法密不可分，二者之间都同样具有神圣性。启蒙思想家格劳修斯对自然权利的界定是："自然法是正当理性的命令，它指示任何与合乎本性的理性相一致的行为就是道义上公正的行为，反之，就是道义上罪恶的行为。由此可知，这种行为如果不是被作为造物主的上帝所命令的，就必然是被它所禁止的。"② 而洛克则认为，通常自然权利的内容同时就是自然法的内容。洛克进而把人的自然权利归结为四方面：生命、自由、财产与惩罚权。其中突出强调个人权利，这是自然法思想的突出特征。

在洛克思想基础上，卢梭强调指出，自然权利其实就是人天赋具有的权利。具体到教育活动中，就是指对儿童天性的尊重，即是

---

① [法]卢梭：《爱弥儿》，孟繁之译，上海三联书店 2017 年版，第 4 页。
② [荷]格劳秀斯：《战争与和平法》，坎贝尔英译，何勤华等汉译，上海人民出版社 2013 年版，第 23 页。

指让儿童自由活动、自由思想，自由发展。有两个方面的表现：一是对"类"来说，要"把儿童当作儿童"，在教育过程中，尊重儿童成长进程中的年龄阶段特征与心理状况；假如"对一生中很重要的儿童时期以'大人'的要求来约束它，是对孩子的最大犯罪，是对人性的最大犯罪。"[①] 二是对"个体"来说，要关照到不同儿童之间身心发展潜能的差异，尊重儿童的个性，使其按身心发展潜能的不同而发展自己的个性。具体来说就是：

第一，从"类"的角度来说，卢梭认为对儿童进行教育必须尊重儿童"特有的看法、想法和感情"，决不能做"用我们的看法、想法和感情去代替他们的看法、想法和感情，那简直是最愚蠢的事情。"这就是说，在教育活动中"用成年人的眼光来看待成年人，用孩子的眼光来看待孩子"，[②] 这就是说，教育必须要按照儿童发展的阶段特征，依照儿童成长进程中的年龄特征与心理状况来进行道德教育，否则其结果将是事倍功半。"对于一个孩子而言，当他还没有成年，大自然只希望他像一个儿童。如果我们让这个顺序发生错位，可能造成的结果就是：创造出一些还没有完全成熟的果实。这些果实不能称得上肥美，也很难说得上甘甜，甚至还会迅速地腐烂。我们获得的成果将会是：塑造出一些年幼的博士，以及一些垂垂老矣的儿童。"[③] 这其实就是确立了儿童教育的中心地位。正如日

---

① [日] 小原国芳：《小原国芳教育论著选》上卷，由其民等译，人民教育出版社 2017 年版，第 353 页。

② [法] 卢梭：《爱弥儿》，孟繁之译，上海三联书店 2017 年版，第 65 页。

③ [法] 卢梭：《爱弥儿》，孟繁之译，上海三联书店 2017 年版，第 82 页。

本学者小原国芳所说的，在卢梭教育思想中，"教育的王国是在儿童之中"①。

第二，就"个体"来说。卢梭强调儿童之间的个性差异是很明显的，教育必须考虑到这些差异，并根据儿童之间的差异来确定对应性的教育方案。美国教育家约翰·杜威曾经指出，卢梭的"自然"概念尽管是一个不乏含糊和隐喻性的名词，但它使人类认识到儿童的天赋能力具有差异性："凡是考虑儿童天赋能力的原则的人，没有人不对不同的儿童天赋能力各异这样的事实感到惊异。这种差异不仅是关于能力的强度，甚至在能力的质量和组织方面，也各人不同。"② 依此看来，公民道德教育方案不能脱离儿童之间的个性差异来制定实施。

对自然的具体理解也就决定了卢梭自然公民道德教育思想的基本定位，也决定了不同的教育目的。在卢梭名著《爱弥儿》中，卢梭强调，教育首先需要确定的是培养"人"，还是培养"公民"。"因此，在教育成一个人的时候，必须要决定是仅仅要把他教育成一个人，还是要把他教育成一个公民，我们无法同时教育这两种人决定了这一点。"③"人"与"公民"二者之间的区别是："对于一个自然人而言，他的生活目的可以是完全为了自己，并且也只需要把自己

① [日] 小原国芳:《小原国芳教育论著选》上卷，由其民等译，人民教育出版社 2017 年版，第 352 页。

② [美] 约翰·杜威:《民主主义与教育》，王承绪译，人民教育出版社 2001 年版，第 122—123 页。

③ [法] 卢梭:《爱弥儿》，孟繁之译，上海三联书店 2017 年版，第 5 页。

当成一个统一的个体，和他产生关系的对象，只有他自己和他的同胞。而一个公民则不同，一个公民只能算是一个依赖于分母的分数单位，这个公民和总体，也就是他和他的社会关系，决定了公民这一身份价值。"① 当然这思想放在卢梭思想体系中，我们可以说卢梭所谓的"人"其实是他未来的理想社会"公民"。但另外强调这一区别，却在根本意义上决定了一种道德教育模式的转向。

如果说，古希腊理性公民道德教育模式选择的是后者——既定社会的公民的话，那么卢梭的自然公民道德教育模式选择的就是前者——未来理想契约社会中的公民。"我教育出来的人，对于文官、教士或者律师这些职业，我承认他们哪一种都不属于。但他人的身份是固定不变的。一个人只有知道了做人要具备哪些要求，才知道怎样去把人做好。也只有这样，当处于紧急情况当中，他才能对每一个人都尽到做人的本分。"② 对后者的选择决定了古希腊理性公民道德教育培养的是作为"共同体一部分"的公民；对前者的选择则决定了自然公民道德教育的性质是一种理想公民的教育，其目的在于培养独立、自由发展的理想社会公民。而这又如何可能呢？这就涉及卢梭自然公民道德教育的外在规定。

（三）内涵的外在规定："自然教育原则"

通过以上考察，我们知道了卢梭自然公民道德教育的根本目的

---

① ［法］卢梭：《爱弥儿》，孟繁之译，上海三联书店 2017 年版，第 5 页。
② ［法］卢梭：《爱弥儿》，孟繁之译，上海三联书店 2017 年版，第 9 页。

在于未来契约社会的理想公民，即卢梭所说的真正意义上的人。所谓真正意义上的人，乃是在尊重人的天赋的基础上教育出来的理想社会人，而要实现这一目的，必须借助于相应的方式和手段。这些相对具体的教育方式和手段就构成了卢梭自然公民道德教育模式的外在规定。当然，这些规定在此仍是一些原则性的规定。

从根本上讲，教育目的决定教育方式，对于以尊重儿童天性为前提的自然公民道德教育模式而言，适宜的教育只能是"把学生从社会习俗的非自然中解放出来，引导他们回到自然的单纯和质朴中"①。对此，我们可以从正反两个方面予以认识。

从正面来说，自然公民道德教育要求避免道德的说教和强制的命令，遵照儿童天性，让儿童按其天性率真、乐观发展。这一要求体现在具体的教育实践上，就是进行事物教育。这是因为"惟有事物能够产生必然性的感受。惟有事物服从必然的规律。"②在事物教育中，儿童感受到的是一些必然的限制，服从的是必然的约束。"要让他明白一个道理，时间越早越好，这就是：有一副铁石一般的锁链挂在他那不可一世的脖颈上，它是大自然加上去的；没有人可以免于受到它的约束，它是沉重的生活所必需的。"③

也就是说，这种约束不是来自他人的制约，而是来自个人的局

---

① Ernst Cassirer, *The Question of Jean-Jacque Rousseau*, Bloomington: Indiana University Press, 1963, p.120.
② 〔法〕爱弥尔·涂尔干：《道德教育》，陈光金、沈杰、朱谐汉译，上海人民出版社 2006 年版，第 335 页。
③ 〔法〕卢梭：《爱弥儿》，孟繁之译，上海三联书店 2017 年版，第 83 页。

限性。"自己绝不能任意妄为，别人并不需要都服从他。"① 这也就是说，事物教育实质上可以最大限度尊重儿童的天性，这是因为在教育过程中，"让他（学生）认为只有自己才是自己的主宰，但事实上真正作主的人是你。这种方法甚至可以左右他的意志。"②

从反面来说，自然公民道德教育要尽量排除干扰，进行"消极教育"。这里说的"消极教育"，是指在教育活动中，要尽可能避免"外力"对儿童施加影响，传播情感与观念。可见，消极教育的核心要义是：不进行教育。

之所以强调"不进行教育"，主要是在卢梭认为看来，"在最开始的那几年，只应该进行消极的教育。这种教育的目的，在于避免让罪恶侵入他的心灵，让错误的看法渗入他的思想，而非以道德和真理加于学生。"③ 这也就是说，在最初的儿童教育中，主要不是传授知识，而是"不让这株正在成长的幼苗受到伤害，最懂得如何避免让人类的各种舆论攻击到它"④。卢梭认为，儿童一旦受到错误观念的影响，这将成为他以后错误和恶习的根源，而且这种影响一生都难以消除。"因为，在到达明白事理的年龄之前，精神的存在和社会的关系对他而言是没有任何概念的。我们只要让第一个错误的观念在他的心里扎下根，产生错误和恶习的源头就会出现在他身上。这最开始的一段路程，使我们尤其需要注意的地方。应该尽量

---

① ［法］卢梭：《爱弥尔》，孟繁之译，上海三联书店 2017 年版，第 83 页。
② ［法］卢梭：《爱弥儿》，孟繁之译，上海三联书店 2017 年版，第 127 页。
③ ［法］卢梭：《爱弥儿》，孟繁之译，上海三联书店 2017 年版，第 87 页。
④ ［法］卢梭：《爱弥儿》，孟繁之译，上海三联书店 2017 年版，第 2 页。

让可以感受得到的事物对他施加影响，这样一来，他的所有观念就会仅仅局限于感觉，放眼望去，无论从哪方面，他能看到的只有身边的物质世界。否则就可能产生以下结果：他完全不听命于你；以一些错误的观念去理解你讲的精神世界，从而让你即使投入一生的精力，也没有办法消除这一点。"①

当然，卢梭自己很清楚，生活在现实生活中的儿童是不可能完全避免一切社会观念的影响的。"一个身处社会当中的孩子，要想让他在不对人和人的关系以及人类行为中的对错有任何认识的前提下，把他从出生一直带到十二岁，我认为是做不到的。"② 如此，那么消极教育岂不仅仅成了浪漫玄想呢？卢梭认为，绝对固不可能，但可以相对避免。那么如何相对避免呢？卢梭提出两个基本原则，一要尽可能晚，二要尽可能少。"对于这些不可或缺的观念，应该尽可能让他了解的晚一些。当不得不让他了解这些观念的时候，应该只告诉当时需要的观念。"③ 由此可见，卢梭的这一教育思想其实质是一种理想性追求，也就是说，是卢梭"把儿童生而具有的自然性无限制地自由发展作为教育目的"内在要求的外在表现。

二、实践机制

通过以上研究，我们对卢梭自然公民道德教育模式的核心理念

① ［法］卢梭：《爱弥儿》，孟繁之译，上海三联书店2017年版，第80页。
② ［法］卢梭：《爱弥儿》，孟繁之译，上海三联书店2017年版，第92页。
③ ［法］卢梭：《爱弥儿》，孟繁之译，上海三联书店2017年版，第92页。

有了一个较为系统的认识，下面，我们从内到外，具体考察这一核心理念是如何通过实践运行机制的层面予以"实现"的。概括来说，卢梭自然公民道德教育模式的实践运行机制大致包括两个方面的内容，我们下面分别予以阐述。

（一）教师作用与新型师生关系的构建

从根本意义上讲，道德教育就是一种师生之间进行知识传授和能力培养的活动，教师和学生是活动开展的"两极"。卢梭看到了这一活动的复杂性和易变性，恰恰正是这种困难使得教师的作用更加突出了出来。这是因为教师不仅要完成"人的教育"，而且要引导使教育活动的要素之间相互协调，尤其是使"人的教育"与"自然的教育""事物的教育"的规律取得一致性，从而增加了教师完成任务的难度。但只有完成这项任务，才能培养出未来契约理想社会的公民。那么，在具体的教育活动中，又将如何进行呢？

上文已述，在古希腊理性公民道德教育模式中，教师是处于主导地位的，是一个循循善诱的引导者角色。它不仅操纵教学方式，而且也决定着学生的学习方式，如果用一个简单模型来概括，那即是"教师—学生"，也就是说，教师引导学生通过理性能力去实践德性。在这一简单模式中，教师主动，而学生被动。卢梭认为这一教育模式确立的前提是认定学生天赋具有理性，但卢梭则认为，这一假定不能成立，因为事实上儿童不具有理性能力。"一种良好教育的优异成绩就是造就一个有理性的人，正因为这个缘故，人们就企图用理性去教育孩子，这简直是本末倒置，把目的当作了手段。"① 因此，理性公民道德教育模式缺乏基础，这就决定这一模式在实践中必然约束甚至压抑学生的"天性"，因此必须予以变革。

卢梭主张，合理的自然公民道德教育模式是"学生—事物—教师"。在这一模式中，直接起作用的不是教师，而是事物，儿童直接受到的不是教师的教导，而是事物在其中所传递的必然规则。当然，这并不是说教师可以无事可做，相反是给他们提出了更高要求。所谓更高要求，是说教师不仅需要"教给孩子们以行动的准绳"，而且也要"促使它们自己去发现这些准绳"。因此达到这一要求，教师要发挥作用，但又不能让儿童感觉到教师的作用，是让他们感觉到是他们自己在发挥作用。"让他（学生）认为只有自己才是自己的主宰，但事实上真正做主的人是你。"②

卢梭的这一思想意味着，教师必须发生一个"位移"，也就是要从"台前"转向"幕后"。要通过事物这一中介来展开与儿童的"说话"。"教师是事物的教师；在事物的背后，是事物的合法教师。"③ 表面上看起来，是事物自己在"表达"，但其实它传递的是教师的意图；儿童好像在自由自在地活动，但其实仍然处于教师的引导下。可见，在自然公民道德教育模式中，由于引进了事物这一中介，教师的作用就从直接转向了间接。"教师可以不通过秩序而通过使事

---

① ［法］爱弥尔·涂尔干：《道德教育》，陈光金、沈杰、朱谐汉译，上海人民出版社 2006 年版，第 335 页。

② ［法］卢梭：《爱弥儿》，孟繁之译，上海三联书店 2017 年版，第 127 页。

③ ［法］爱弥尔·涂尔干：《道德教育》，陈光金、沈杰、朱谐汉译，上海人民出版社 2006 年版，第 339 页。

物为他运转起来，把自己的意志强加给学生。"① 通过这一转向，儿童感觉到了"自主"和"自由"，因此积极性大为增强。但这也同时给教师提出了更高要求，因为这就要求教师必须具备相当的素质才能完成任务，那么，教师应具有怎样的素质呢？

在卢梭看来，教师需要具备两方面的素质。一是教师必须具备高尚品德和良好教养。二是教师要了解学生，精通教育艺术。卢梭认为，学生是教育的出发点和目的，因此只有了解他们，教育才有可能取得良好效果。与此同时，教师还必须精通教育艺术，能够找到最合适的方式培养学生兴趣，从而调动学生学习的积极性和主动性，取得良好教育效果。"要知道，让学生喜欢上你所教的东西，就是教育的真谛！你既然要让他喜欢上你教的东西，那么就不应该用你的话禁锢他的思想，让他唯一能做的就是听你的话。"②

与教师的作用紧密相关的是师生的关系。如上面所述，古希腊理性公民道德教育的师生关系是教师—学生。在这一模式中，只有两个"元素"，这就决定了二者之间的关系是"面对面"。在自然公民道德教育模式中，由于引入了事物这一中介，师生关系由二元变成了三元，学生直接面对的不再是教师，而是事物这个"中介"。因此，师生关系不再是直接关系，而是间接关系了。

卢梭认为，这一转向具有重要意义。在古希腊理性公民道德教育面对面的关系中，无论是强调以教师为中心（即是强调教育过程

---

① ［法］爱弥尔·涂尔干：《道德教育》，陈光金、沈杰、朱谐汉译，上海人民出版社 2006 年版，第 339 页。

② ［法］卢梭：《爱弥儿》，孟繁之译，上海三联书店 2017 年版，第 307 页。

中，教师是教学的中心，"教"决定"学"），还是强调以学生为中心（即是强调在教育过程中，学生是教学的中心，"学"决定"教"），但在最基础层面上看，二者是一致的，即都是师生"面对面"。而在自然公民道德教育模式的关系中，教师和学生，直接面对的都是物，而不是人。因此，如果说在理性公民道德教育模式中，教育是人对人的教育，结果产生的就是人对人的隶属，那么在自然公民道德教育模式中，教育则是物对人的教育，结果产生的是人对物的隶属。

卢梭认为，这两种隶属性质不同。人对人的隶属具有明显的社会烙印，人对物的隶属则是纯自然的。"有两种从属关系存在于这个世界上。物的从属是其中的一种，这是从属是属于自然的。人的从属是另外一种，这种从属是属于社会的。物的从属是不存在损害自由和产生罪恶之嫌的，因为它不包含善和恶的因素。但人的从属却可以产生各种罪恶，因为它是杂乱而无序的。主人和奴隶之所以会毁灭彼此间的关系，就是因为存在后一种从属关系。"① 在卢梭看来，真正合乎儿童本性的是物的隶属。这是因为，物的隶属才能够引导儿童依照其自由"天性"而自由成长。这其实就是卢梭主张的自然、事物教育的内在原因。新的问题是，这将如何实现？问题是这一新型师生关系如何实现？

卢梭提出了两个选择。其一，选择好教育场所。在自然公民道德教育中，既然教师处在"幕后"，那么这就要选择一个合适场所，让事物自然"说话"，从而避免教师和学生之间进行直接对话，这

① ［法］卢梭：《爱弥儿》，孟繁之译，上海三联书店 2017 年版，第 73—74 页。

样才能保证教育的效果。但选择一个理想环境，却并不容易。因为这一场所不但要能满足教师调控周围环境的需要，而且又能使学生生活在事物的包围中。经过权衡，卢梭认为理想教育场所是乡村，这是因为"老师能够更好地处理自己要给孩子的东西，也是在乡下的一个好处。和城市里相比，在乡下，老师的名誉和言谈举止，能让他获得更高的威信。在乡下他能帮助到每一个人，因而在每一个人眼中他都是应该尊重的。并且在学生面前，他们也想表现一下如何对待老师。"①

其二，选择出发点。卢梭认为新型师生关系的出发点是儿童的天性及其需要，只有从这一天性和需要出发，才有可能使新型师生关系落到实处，教育才能产生理想的效果。对此，卢梭再三强调："如果他的需求很确切，而且只能选择讲出来，这时，你就要把他的需求弄清楚，并在第一时间予以满足；但是不应该在他一哭泣的时候就给他东西，那样就会让他产生一种认识：他的哭泣得到了你的鼓励；相较于和你温和地索要，硬取更能达到目的。"② 在强调儿童的需要的同时，卢梭也对需要进行了严格限制，他认为需要不是任性，不是为所欲为。"按照他的需求给他物品应该绝对要禁止，在给他东西的时候，应该要看他是否真正需要。"③"同时还应该让他认识到：对于这种需求，不应该从人的任性方面去理解，而应该从事物的角度去看；自己绝不能任意妄为，别人并不需要都服从

---

① [法] 卢梭：《爱弥儿》，孟繁之译，上海三联书店 2017 年版，第 90 页。
② [法] 卢梭：《爱弥儿》，孟繁之译，上海三联书店 2017 年版，第 75 页。
③ [法] 卢梭：《爱弥儿》，孟繁之译，上海三联书店 2017 年版，第 74 页。

他。"① 总的来看，卢梭认为有了理想的教育场所和恰当的出发点，才能构建新型师生关系。

（二）教育方法变迁与教育内容选择

首先需要说明，我们这里所说的"教育方法"，是从最基本层面讲的，它指在教育过程中采取的基本程序和内在根据。具体到本文中，我们认为，古希腊理性公民道德教育模式和自然公民道德教育模式具有两种基本方法：一种是理性教育，这一方法确立的前提是认为学生具有理性，认为教育进程是从抽象到具体，从理性到感觉。古希腊理性公民道德教育模式是代表。这一方法认为人和动物的基本区别在于人的理性能力，而这一能力是人天赋的、不可剥夺的权力，人正是借助理性能力去认识事物的。

第二种是感觉教育，这一方法确立的前提是儿童最初仅仅具有感觉能力，教育的进程是从具体到抽象，从感觉到理性。自然公民道德教育是代表。这一教育方法认为人的理性能力是后天形成的，而不是先天就具有的。真正的天赋能力是人的感觉能力，理性是在人的感觉经验基础上，通过各种感觉间的相互作用，从而逐渐形成。正是基于这一判断，卢梭认为儿童最初接受的教育只能是感觉教育。"应该尽量让可以感受到的事物对他施加影响，这样一来，他的所有观念就会仅仅局限于感觉。"②

---

① ［法］卢梭：《爱弥儿》，孟繁之译，上海三联书店 2017 年版，第 83 页。
② ［法］卢梭：《爱弥儿》，孟繁之译，上海三联书店 2017 年版，第 80 页。

必须指出，卢梭所说的感觉与 18 世纪法国其他唯物主义者所说的感觉不是一回事。卢梭的感觉就是从主观到客观，而 18 世纪法国唯物主义者对感觉的解释路径是从客观到主观。由此，卢梭认为 18 世纪法国唯物主义者的"感觉"其实是"观念"。"如果是先想到客体，然后才想到自身，那么就是观念，反之就是感觉，即先注意到自己获得印象，随后才想到造成这种印象的客体。"①

那么，感觉如何发展成理性呢？卢梭的答案是：通过感觉之间的比较而形成观念，人类的理性就是观念的联合。"有一种被我称为观念的混合感觉，在比较接连发生或同时发生的几种感觉的过程中，以及在判断这些感觉的过程中产生。"②"我们说人的智力，就是通过比较这种观念得出来的。我们说一个人看问题太感性或者太孩子气，也就是说这个人是以一种简单的观念在组合集中感觉。反之，我们说一个人能够理性地看问题或者像一个大人，也就是说这个人能够复杂地看待几个简单的观念。"③理性依靠观念，观念依靠感觉。因此，教育的路径是通过人的感觉，培育出观念，通过观念而发展理性。这样，卢梭就真正打破了古希腊理性公民道德教育模式天赋理性的观念，从而得出了理性是由后天感觉经验培育而来的结论，并由此提出了一种新的教育方法。

---

① ［法］卢梭：《爱弥儿》，孟繁之译，上海三联书店 2017 年版，第 365 页注。
② ［法］卢梭：《爱弥儿》，孟繁之译，上海三联书店 2017 年版，第 245 页。这里需提及的是卢梭这里的"观念"与上文说的"观念"有些差异，但这种差异并不影响卢梭根本思路的一致性。
③ ［法］卢梭：《爱弥儿》，孟繁之译，上海三联书店 2017 年版，第 181 页。

随着这一新的教育模式的确立，卢梭又根据儿童的年龄阶段对教育内容做出了安排，不同年龄阶段的教育内容简表如2—1所示：

表2—1　不同年龄阶段的教育内容简表

儿童年龄	教育内容
婴孩期(0—2岁)	感觉刚刚发展，理性尚未萌芽，教育以身体的养护和锻炼为主，主要通过合理的饮食、衣着、睡眠和游戏等方式，养成健康的体魄。
儿童期(2—12岁)	身体活动能力和语言能力都有了较大发展，感觉能力提高，但理性仍处于"睡眠期"。教育主要培养儿童感觉能力，包括儿童的触觉、视觉、听觉、味觉、嗅觉，同时继续培养儿童的健康身体。
青年期(12—15岁)	理性开始发展，好奇心已经开始产生。教育主要是知识教育。
青春期(15—20岁)	情欲开始萌动，开始意识到社会关系。要开始进行道德教育和宗教教育，引导学生形成良好的德性，同时进行爱情观方面的教育。

总之，从政治与教育之间的关系入手，以教育是培养公民还是培养未来契约社会的理想公民为标尺，我们可以发现，无论是在教育理念上，还是在教育实践上，卢梭都提出了一种新的道德教育模式，实现了教育模式的转换。不过，这种模式也存在着内在的缺陷，其对于理想公民的教育需要理想社会环境的支撑，而理想社会的形成又需要理想公民的出现，从而陷入了一个基本的"怪圈"：一方面，理想的人的教育需要理想的社会环境；另一方面，理想社会环境的实现又取决于理想教育所培养的理想的人。这又如何实现呢？

卢梭给出的方案是（人为）"制造"一个教育环境，使儿童免受外界环境影响，培养理想的公民，然后再由这些理想中的公民来建设一个美好的社会。可这又怎么可能呢？我们认为，自然公民道德教育的方案颇富浪漫色彩，充满了天才的想象，但在实际现实中是难以实施的。原因正如马克思指出的："教育者本人一定是受教育的。"①

退一步讲，假如我们可以"制造"一个这样的环境，教育出来的人也会是"一种本原的、先验的、前社会的或前历史的存在物"，②就像人类历史上出现的"狼孩""熊孩"一样，这样的"存在物"绝不会成为理想社会的公民。因此，自然公民道德教育具有一定的空想性。这主要源于卢梭对于自然的公民道德教育模式的构建过于依赖其抽象的人性论，而忽视了人的现实性和社会性，从而具有了空想的乌托邦色彩。只有把人从观念、词句的统治下解放出来，把握现实的历史的人，才有可能进一步促进公民道德教育模式的实践转向，真正地实现人的自由全面发展——而这就引出了马克思所创建的社会公民道德教育模式。

---

① 《马克思恩格斯文集》第 1 卷，人民出版社 2009 年版，第 500 页。
② ［意］德拉·沃尔佩：《卢梭和马克思》，赵培杰译，重庆出版社 1993 年版，第 9 页。

第三章　马克思：社会的公民
道德教育模式

马克思认为："人们每次都不是在他们关于人的理想所决定和所容许的范围之内，而是在现有的生产力所决定和所容许的范围之内取得自由的。"① 从辩证唯物主义和历史唯物主义的哲学立场出发，马克思把自然公民道德教育的基石从"乌托邦"拉回到了现实，并最终在人的现实生活世界中找到了坚实根基：社会实践。这一转向的发现使公民道德教育模式又一次发生了范式论意义上的转换，从而形成了建立在马克思哲学基础上的社会公民道德教育模式。②

---

① 《马克思恩格斯全集》第 3 卷，人民出版社 1960 年版，第 507 页。
② 本书将马克思的社会公民道德教育模式放在西方公民道德教育的历史视野中进行阐释，并不否定马克思的公民道德教育理论是对西方以往公民道德教育理论的扬弃和超越。由于本章是将马克思的公民道德教育模式放在西方公民道德教育演进的一个阶段，侧重阐释马克思的公民道德教育理论产生并立足于西方公民道德教育的进程。正如列宁在指出马克思主义对西方文明超越的同时，也强调指出马克思主义是人类优秀文化特别是西方文化的产物，马克思主义"绝不是离开世界文明发展大道而产生的一种故步自封、僵化不变的学说。恰巧相反，马克思的全部天才正在于他回答了人类先进思想已经提出的种种问题"（《列宁专题文集》（论马克思主义），人民出版社 2009 年版，第 66 页）。

第一节　时代背景与思想条件

一、时代背景

（一）新的阶级关系的出现

18 世纪，伴随着圈地运动、海外贸易和殖民扩张的进行，英国传统的手工业生产无法满足市场的需要，因此对商品生产提出了更高的技术要求。以哈格里夫斯发明的珍妮纺纱机和瓦特改良的蒸汽机为标志，英国开始了从手工业生产转向大机器生产的技术变革。这种技术变革很快就由英国传播到整个欧洲，进而影响到整个世界。在这个过程中，"蒸汽和机器引起了工业生产的革命。现代大工业代替了工场手工业"，① 由此形成了人类历史上的第一次工业革命。随后，平版印刷术、蒸汽轮船、蒸汽机车等的发明，将西欧各国的生产力提高到了前所未有的程度，实现了人类社会从传统农业社会向现代工业社会的转变，并加速了资本主义的发展和封建主义的消亡，在世界范围内开启了延续至今的工业化、城市化和现代化进程。同时，"大工业建立了由美洲的发现所准备好的世界市场。世界市场使商业、航海业和陆路交通得到了巨大的发展。这种发展又反过来促进了工业的扩展，同时，随着工业、商业、航海业和铁路的扩展，资产阶级也在同一程度上得到发展，增加自己的资本，

---

① 《马克思恩格斯文集》第 2 卷，人民出版社 2009 年版，第 32 页。

把中世纪遗留下来的一切阶级排挤到后面去".① 因此工业革命的爆发极大地促进了生产力的发展,生产力的发展则带来了世界历史的形成和阶级之间关系的转变。

资本主义的发展和在生产过程中新兴资产阶级的崛起,从根本上撼动了封建社会的社会关系,促进了封建社会的消亡。但是,新兴资本主义社会不是消除了阶级对立,而是"用新的阶级、新的压迫条件、新的斗争形式代替了旧的"②。由此,资产阶级与无产阶级的对立取代了奴隶主与奴隶、地主与农民之间的对立,成为社会中的主要矛盾,并由此带来了社会关系和意识形态的急剧变革。马克思对此进行了极其精彩的描述:

"资产阶级在它已经取得了统治的地方把一切封建的、宗法的和田园诗般的关系都破坏了。它无情地斩断了把人们束缚于天然尊长的形形色色人的封建羁绊,它使人和人之间除了赤裸裸的利害关系,除了冷酷无情的'现金交易',就再也没有任何别的联系了。它把宗教虔诚、骑士热忱、小市民伤感这些情感的神圣发作,淹没在利己主义打算的冰水之中。它把人的尊严变成了交换价值,用一

---

① 《马克思恩格斯文集》第 2 卷,人民出版社 2009 年版,第 32—33 页。

② 《马克思恩格斯文集》第 2 卷,人民出版社 2009 年版,第 32 页。阶级首先是一个历史范畴。阶级的存在仅仅同生产发展的一定历史阶段相联系。生产力有了一定发展但发展还不充分时才有阶级存在。其次是一个经济范畴。统治阶级和被统治阶级在社会经济生活中占据不同地位,由于生产资料的私人占有形成为剥削和被剥削的经济关系。再次是一个政治范畴。统治阶级和被统治阶级构成针锋相对的两个利益集团,为了各自的经济利益进行政治的斗争。

种没有良心的贸易自由代替了无数特许的和自力挣得的自由。总而言之，它用公开的、无耻的、直接的、露骨的剥削代替了由宗教幻想和政治幻想掩盖着的剥削。""资产阶级抹去了一切向来受人尊崇和令人敬畏的职业的神圣光环。它把医生、律师、教士、诗人和学者变成了它出钱招雇的雇佣劳动者。""资产阶级撕下了罩在家庭关系上的温情脉脉的面纱，把这种关系变成了纯粹的金钱关系。"①

工业革命带来的技术进步帮助资产阶级打破了时空的限制，构造了世界范围内的经济联系，进而把一切民族都卷入资本主义的生产方式中。这一方面加速了世界范围内封建社会的解体，另一方面却也制造了世界范围内的无产阶级，从而使整个社会、整个世界都逐渐分裂为了资产阶级与无产阶级之间的对立。

虽然无产阶级中的一部分来源于传统的小工业家、小商人、手工业者、农民等中下等阶层，但是作为无产阶级主体的工人阶级却是资本主义工业革命的直接产物。工人由于不占有任何生产资料，只能向资产阶级廉价出卖自身的劳动力，通过使资本增值来获得自身的生存。随着分工的细化和机器生产的推进，工人的劳动日益丧失其独立价值，只能沦为机器的附庸，并受到工业资本家的严密监视。工人生产的商品愈多，工人自身的价值便愈廉价。"劳动所生产的对象，即劳动的产品，作为一种异己的存在物，作为不依赖于生产者的力量，同劳动相对立。"②"只有作为工人才能维持自己作

---

① 《马克思恩格斯文集》第 2 卷，人民出版社 2009 年版，第 33—34 页。
② 《马克思恩格斯文集》第 1 卷，人民出版社 2009 年版，第 156 页。

为肉体的主体，并且只有作为肉体的主体才能是工人"，工人成为
"自己的对象的奴隶"。① 由此带来了劳动与人的双重异化，从而导
致工人在"合法的"雇佣劳动名目之下遭受着不公平的严酷剥削。
随着工业的发展和资产阶级的壮大，作为其产物的无产阶级也得到
了相应的壮大，二者之间的阶级矛盾日益激化，导致了阶级冲突和
阶级斗争的不断激化。

现实的阶级对立表明人与人之间存在着阶级的差别，个人并非
是被肉体出生所决定的，社会也并非是毫无区别的一堆原子所聚合
而成的匀质社会，这撕破了启蒙时期对于自然理想公民的幻想，凸
显出自然公民道德教育的虚幻性质。这样一种时代状况迫使人们把
目光转向现实的人、具体的人、历史的人，从社会关系的角度来重
新界定人的本质，并在此基础上形成新的以社会性为核心的公民道
德教育模式。

(二) 新的科学发现的产生

19 世纪上半叶，随着生产力和生产关系的发展，自然科学和
社会科学方面也获得了突破性的进展，为人们进一步认识人的本
质、了解物理的世界、把握自然的规律提供了可能。

在自然科学方面，最有代表性的是恩格斯所总结的三大发现。

首先是细胞学说的提出。德国植物学家施莱登和动物学家施旺
依据前人对动物细胞和植物细胞的研究，提出了比较系统的细胞学

---

① 《马克思恩格斯文集》第 1 卷，人民出版社 2009 年版，第 158 页。

说，指出一切动物和植物的组织都是由细胞发育而来，细胞是生物结构的基本单位，从而揭示了细胞和生物结构的一致性，深化了人们对于生命结构的科学认识，并在更深远的意义上为进化论的提出奠定了生物学的基础，也为自然辩证法的提出提供了自然科学方面的依据。

其次是能量守恒定律的发现。德国物理学家迈尔和英国物理学家焦耳先后发现了机械能与热量之间的相互转换原理，从而证实了能量之间的转换以及总体上的守恒。他们的发现使人们对于客观世界的认识能够从表象深入到背后隐藏的自然规律，并且能够通过精心设计的科学实验来精确地证实所得出的科学结论，从而使人摆脱了各种抽象观念对于客观世界的错误解释，为现代物理学的发展奠定了坚实的基础。

再次是进化论的提出。英国博物学家达尔文在世界范围内进行长期的科学考察，并对各地不同种类的动植物进行细致地观察和研究，在此基础上形成了生物进化的思想，并于1859年出版了《物种起源》一书。他明确地指出，包括人在内的所有物种都是进化而来的，物种进化的主要机制就是自然选择，即所谓的"物竞天择，适者生存"。达尔文的进化论系统地、科学地解释了人和其他生物的由来，为人们把握人的本质提供了一个正确的思想基础，从根本上扫清了宗教等对人及人的本质的解释带来的思想谬误。

在社会科学方面，主要是法国复辟时期历史编纂学家提出的阶级斗争学说和英国古典经济学家阐释的经济学理论。

前者与法国大革命有着密切的关联。在法国大革命的过程中，路易十六被送上了断头台，波旁王朝灭亡。随着革命的不断激化，吉伦特派、雅各宾派先后掌权，但最终却以拿破仑建立法兰西第一帝国告终。在拿破仑被英法联军赶下台后，波旁王朝成功复辟，反过来对法国大革命进行理论和实践上的攻击。为了维护大革命的合法性和合理性，梯叶里、米涅、基佐、梯也尔等资产阶级历史学家提出了阶级斗争学说。他们认为，阶级斗争是历史发展的内在动力，阶级冲突源于利益的冲突，法国大革命源于封建贵族阶级与民主资产阶级之间的经济和政治斗争，因而既是合理的，也是必然的。复辟时期历史学家的这些论述揭示出了历史唯物主义的重要内容，得到了马克思和恩格斯的肯定，并为唯物史观的提出发挥了积极作用。

此外，亚当·斯密、大卫·李嘉图等英国古典经济学家还提出了关于市场和劳动价值的新型论述。斯密揭示了市场在资本主义经济发展中的基础性作用，并详细地阐释了劳动价值论的一般原理。斯密指出了资产阶级、无产阶级和地主阶级的区分，并对工资、利润等进行了系统的分析。而李嘉图不仅分析了工资、利润与工人之间的联系，而且揭示了它们之间的对立关系，从而建立了一个以劳动价值论为核心的经济学理论。这就为马克思关于劳动的科学阐释完成了必要的预备性工作。

由此可见，无论是自然科学还是社会科学方面的新发现，都进一步深化了人们对于自然、对于世界、对于社会以及归根结底对人本身的认识。尤其是细胞学说和进化论揭示出了人的生物学来源和生理学构成，破除了历史上对于人的错误认识。无论是古希腊时期将人的始因托付于神灵，还是启蒙时期将人的本质概括为自然，都是出于形而上学层面的理论推想，缺乏客观依据，无法依据经验的方法得到证实，从而只能沦为抽象的玄想。这种种迷思都在于对人的理解缺乏科学的基础，没有去冷静、细致地分析客观世界，而只是在思维中臆造一个虚幻的世界。但是，这些迷雾终于随着自然科学的发展而渐渐散去，细胞学说的创立和进化论的提出为认识人、理解人、把握人提供了客观的、可证实的自然科学基础，为唯物主义的人的概念提供了可靠的生物学依据。

　　同时，能量守恒定律则揭示出了现实物理世界中隐藏着的内在客观规律，使人们得以超越传统形而上学的思路，更加准确地研究客观世界，更加深入地理解人与世界之间的关系。它使得更深层次地改造自然成为可能，促使人的主体性和主观能动性增强到了前所未有的程度。而法国复辟时期历史编纂学家的阶级斗争学说和英国古典经济学家的劳动价值理论，则有助于使人们进一步看到人所具有的历史性和现实性，了解到人与劳动、人与社会、人与人之间的本质联系，从而有助于从那种关于人的模糊幻象中摆脱出来，促使人们意识到应当把握到人所具有的社会本性，并且应当以人的社会性为核心来构建一种更加合理的公民道德教育模式。在这个意义上，这些新的科学发现就与新的阶级关系一起构成了马克思社会公民道德教育模式创立的时代背景。

二、思想条件

　　众所周知，马克思的理论的思想来源包括康德、费希特、谢林、黑格尔和费尔巴哈代表的德国古典哲学，亚当·斯密和大卫·李嘉图代表的英国古典政治经济学，欧文、圣西门和傅立叶代表的英法空想社会主义，法国启蒙学者的思想和法国复辟时期历史学家的阶级斗争学说等。其中，前三个思想来源是最主要的，对马克思理论的产生起了关键性作用。与之相关联，康德关于道德教育的论证、斯密关于道德与利益关系的阐释、空想社会主义关于劳动和集体的论述，也为马克思社会公民道德教育模式的产生提供了重要的思想条件。

首先，康德关于道德教育的论证，表明了针对公民的道德教育既是可能的，也是必要的，为马克思社会公民道德教育模式的提出准备了理论前提。自古希腊以来，道德教育就面临着两个基本的理论问题：道德教育何以必要？道德教育何以可能？柏拉图的理念论、卢梭的自然状态都是对这两个问题的一种解答。而康德在《道德形而上学的奠基》中通过"双重世界"的划分，更进一步地回应了这两个问题。在康德看来，人作为有理性的存在者，不仅属于感觉的世界，还属于知性的世界。"作为知性世界的成员，我的一切行为都会完全符合纯粹意志的自律原则；仅仅作为感官世界的部分，我的一切行为都会必然被认为完全符合欲望和偏好的自然法则，从而符合自然的他律。"①

如果人像上帝那样，完全只属于知性世界，那么他的所有行为

---

① ［德］康德：《道德形而上学的奠基》（注释本），李秋零译注，中国人民大学出版社 2013 年版，第 77—78 页。

都会自然而然地与实践法则完全一致，根本不会受到经验和欲望的影响，这时的道德教育是可能的，但却是不必要的；如果人像动物那样，完全只属于感觉世界，那么他的所有行为都必须服从自然因果性，完全处于欲望和经验的支配之下，毫无自由可言，这时的道德教育是必要的，但却是不可能的。反之，恰恰因为人同时属于感觉世界和知性世界，但又不完全属于感觉世界或知性世界，所以道德教育既有必要，也有可能。

不过，在解决了道德教育的必要性和可能性之后，还有一个问题：道德教育何以值得追求？简单来说，就是如何能让人们愿意甚至乐意接受道德教育？这似乎才是道德教育在现实中的难点所在。因为"在生活的事情上，不能被感情所接受的东西终归无效。"[①] 仅仅论证"某物是好的"，并不足以保证人们都会选择某物，因为世人可能会出于种种考虑，而对某些好的东西视而不见。所以，我们不仅要证明道德教育具备必要性和可能性，还要证明道德教育对心灵具有足够的吸引力。康德同样注意到这一点，因此，他特别强调"对纯粹德行的那种描述甚至在主观上，也比由娱乐的哄骗和一般我们可以归入到幸福里面去的一切东西所可能造成的所有那些引诱，或者甚至比由痛苦和灾难在某个时候所可能造成的所有那些威胁，都能够对人的内心拥有更多威力"，[②] 虽然这和人们的主观感觉相反，但是人的天性便是如此。如若不然，那就不可能产生意向的

---

① 赵汀阳：《论可能生活》（修订版），中国人民大学出版社 2004 年版，第 241 页。
② ［德］康德：《康德三大批判合集》（上），邓晓芒译，人民出版社 2009 年版，第 161 页。

道德性。既然后者可能产生，就证明人的本性会愿意甚至乐意接受道德教育，以求接近纯粹德行的圆满图景。

这是一个由果及因的回溯论证，但是论证效力比较弱。第一，一个很简单的逻辑规则：原因 A 可能导致结果 B，但是结果 B 的出现并不必然能推出原因 A 的存在。康德在《纯粹理性批判》中对形式逻辑作了一番全面而系统的整理，绝不可能犯下这么简单的逻辑错误。唯一的解释就是，他根本不将其视为一种论证，而是认为自己在表述一种事实，而事实是不需要论证的。第二，即使人性中有产生意向的道德性的可能，也不代表道德法则就能对人心有更大的支配力。因为人心既有行善的期盼，也有为恶的渴望，无私和自私、残忍和怜爱都是人之常情的一部分，如果仅仅执其一端来作为自己的理论依据，那就难免以偏概全，甚至是不合法的论证。因此，康德关于这一点的论述难免有点一厢情愿。不过，他通过指出人的双重性，从而解决了"道德是否可教"的传统难题，为针对公民的道德教育和马克思的社会公民道德教育模式的提出提供了理论前提。

其次，斯密关于道德与利益关系的论述，表明了人具有道德人和经济人的双重属性，揭示了道德的唯物性和人的现实性本质。这一点主要体现在他的两部著作之中：《道德情操论》①和《国富论》。

---

① 《道德情操论》既是斯密的第一部著作，也是他的"最后"一部著作。1759 年，斯密出版了《道德情操论》的第一版，受到广泛欢迎。从 1761 年到 1790 年，该书先后又再版了五次。1790 年，《道德情操论》第六版出版，在这次再版过程中，斯密对书中内容进行了较大幅度的修订，并于这一版出版三个月后

在《道德情操论》中，斯密以同情作为道德和他的伦理学体系的出发点。在这本书的开始，他开门见山地指出："无论人们会认为某人怎样自私，这个人的天赋中总是明显地存在着这样一些本性，这些本性使他关心别人的命运，把别人的幸福看成是自己的事情，虽然他除了看到别人幸福而感到高兴以外，一无所得。这种本性就是怜悯或同情，就是当我们看到或逼真地想象到他人的不幸遭遇时所产生的感情。"[①] 由此可见，斯密这里试图把同情作为基础以阐释人的行为的合理性，并在此基础上建立起道德奖惩、道德评判、道德赞同、道德品质等一套完整的伦理学体系。由于同情总是指向他人的，而且总是指向对他人的关怀、理解和救助，所以，这样的伦理学总体上呈现出一种利他主义的气质。

而在 1776 年首版、1778—1786 又先后三次修订的《国富论》中，斯密则呈现出一种看似不同的面貌。斯密把社会分为四个不同的发展阶段：狩猎时代、放牧时代、农业时代和商业时代。愈往后，社会发展的层次愈高，也就愈加要求人们之间的相互帮助和相互合作。但是，现实中的情况却是，人们往往很难保有持续帮助他人的激情，出于善良的同情无法带来持之以恒的善行。唯一的出路在于通过人们自己的私利来实现彼此间的合作。斯密举了很多通俗的

去世，从而使得它成为斯密生前的"最后"一部著作。参见罗卫东：《情感、秩序、美德——亚当·斯密的伦理学世界》，中国人民大学出版社 2006 年版，第 10—12 页。

① ［英］亚当·斯密：《道德情操论》，蒋自强等译，商务印书馆 2015 年版，第 5 页。

例子来阐明这一点："我们每天所需的食料和饮料，不是出自屠户、酿酒家或烙面师的恩惠，而是出于他们自利的打算。我们不说唤起他们利他心的话，而说唤起他们利己心的话。我们不说自己有需要，而说对他们有利。社会上，除乞丐外，没有一个人愿意全然靠别人的恩惠过活。而且，就连乞丐，也不能一味依赖别人。诚然，乞丐生活资料的供给，至部出自善人的慈悲。虽然这种道义归根到底给乞丐提供了他所需要的一切东西，但没有，也不可能，随时随刻给他提供他所需要的东西。他的大部分临时需要和其他人一样，也是通过契约、交换和买卖而得到供给的。他把一个人给他的金钱，拿去购买食物，把另一个人给他的旧衣，拿去交换更合身的旧衣，或交换一些食料和寄宿的地方；或者，先把旧衣换成货币，再用货币购买自己需要的食品、衣服和住所。"① 自利代替了同情，成为社会经济体系的根本性支撑。

以自利的人取代充满道德关怀的人，使斯密的理论具有更多的现实性。虽然不可否认，有很多善良的人存在，然而在物质利益的刺激下，自利和他利常常充满了矛盾和张力。要成为具有道德的人，除了会从情感上关心他人，具有同情之心外，还需要在现实中做出利他的行为，假如仅仅付诸人性的善良，显然无法保障最终结果的令人满意。从人性恶出发，斯密通过经济学的论证，为我们提供了另一幅道德世界的图景，即自利并不可怕，相反，私利即公

---

① ［英］亚当·斯密：《国民财富的性质和原因的研究》上卷，郭大力、王亚楠译，商务印书馆 1983 年版，第 14 页。

益。自利在斯密时代，并不等同于我们今天所理解的唯我主义和利己主义，而是指个人对物质以及利益的追逐。西方社会在中世纪奉行神学人生观，摒弃对现实物质利益的追求，认为富人进入天堂比骆驼穿过针眼还难。然而在近代，随着资产阶级的产生和发展，对物质利益的追求逐渐成为一种普遍现象，但这种行为在基督教神学人生观看来，是一种恶。曼德维尔率先通过《蜜蜂的寓言》，论证了追求私利并不可怕，正是人的贪婪和享受欲望推动着人类社会的进步。斯密在《国富论》受曼德维尔的这种论证逻辑影响，证明了自利最终实现了社会的和谐。其实现的机制是通过分工和看不见的手。斯密生活的时代处于资本主义的工场手工业时期，不仅存在社会分工，而且在工场内部也存在较为细致的分工。在分工的作用下，每个劳动者的生产不再仅仅是满足自己的需要，更主要的是为了满足他人的需要，并且唯有在满足他人需要的前提下，才能满足自己的需要。这就促使劳动者在生产时要考虑到他人的存在和他人的需要。一旦产品生产出来后，他的产品就成为需要体系（黑格尔语）中的一部分。通过他人需要的满足，作为私人劳动者的劳动转化为社会劳动，私人的自利行为被社会化，个人的社会存在得以实现。整个社会就在这种和谐的分工合作中得以存在和运转。

然而要实现自利即公益的转化，需要一定的条件。斯密在《国富论》中对此进行了大量论证。其中最重要的条件就是自由放任市场的存在。在他看来，每个理性的经济人都只知道生产什么，每个投资者都知道如何将自己的资本投向最有利的领域，而不需要有政治家进行指导和控制。整个社会在"看不见的手"的作用下和谐运转。对于斯密而言，要让市场秩序自由放任的作用得以发挥，让"看不见的手"起作用，就需要让政府充当"守夜人"的角色，即仅仅在社会公共产品的供给、安全秩序的维护等方面起作用，而不能像重商主义那样，过多地干预经济秩序。

《道德情操论》中的利他主义倾向与《国富论》中的利己主义倾向之间的差异构成了所谓的"亚当·斯密问题"（Adam Smith Problem）或者"斯密悖论"（Smith Paradox）。在很多学者看来，这个问题实际上只是一个"伪问题"，所谓利他与利己之间的冲突仅仅是对这两部著作的误读而产生的假象。例如，有学者指出，两部著作从本质上来说是一致的，这种一致性表现在：其一，两部著作的写作和修订时间相互交错，意味着它们所呈现的内容是斯密在相同的阶段里产生的思想；其二，二者都是从人的利己本性出发的，《道德情操论》中也谈到了基于个人利益的"自爱"，自爱与同情总是相伴而行的，不能割裂开来；其三，这两部著作中都包含着对"看不见的手"的论述。[①]《国富论》中的论述已经广为人知，《道德情操论》中也用它来解释个人对于财富的追求如何能够带来人类福利的扩大，从而实现利他与利己的统一。从这种视角来看，《道德情操论》和《国富论》都是从利己出发的利他，试图达到主观利己与客观利他的统一，只不过前者是针对个人，后者则是针对更大范围内的市场、社会和国家。就此而言，斯密实际上表明了人同时具

① 冯景源：《解开"亚当·斯密问题"和"卡尔·马克思问题"的钥匙》，《东南学术》2018年第1期。

有同情心和利己心，从而具有道德人和经济人的双重维度。更重要的是，斯密从利己和社会合作的角度来解释道德，就深刻地揭示了道德的唯物性和人的社会性，从而为从抽象的人到现实的人的转变提供了道德心理学上的依据，这为马克思的社会公民道德教育模式的提出奠定了方法论前提。

再次，空想社会主义者关于劳动和集体的论述，强调了劳动的内在价值以及个人利益与集体利益的统一，为人的自由全面发展提出了初步的理论设想。空想社会主义在西方历史悠久。早在古希腊时期，柏拉图在《理想国》《克里底亚篇》《法篇》中就曾以不同的形式提到过对于某种理想城邦的设想，并且在《理想国》中提到过废除私有财产和培养集体主义精神。[①]16 世纪的托马斯·莫尔则继承柏拉图关于大西洲的幻想，在《乌托邦》一书中创建了一个幸福的乌有之乡。"乌托邦"采取公有制，为了维护集体的生存和发展，每个成员都要参加劳动，不存在游手好闲、贪图享受的贵族、地主等封建阶级。"没有一个闲人，大家都辛勤地干他们的本行，但又不至于从清早到深夜工作不停，累得如牛马一般"，[②]他们的劳动是自觉自愿从而是自由的。在劳动之余，民众还有充分的机会去享受闲暇，从事科学艺术研究和休闲活动，以实现人的全面发展。而且，乌托邦的民众关心公共福利，会把集体的利益放在个人的利益之上，并在对集体的奉献中实现自身的

---

① 　[古希腊] 柏拉图：《柏拉图全集 6》（增订版），王晓朝译，人民出版社 2017 年版，第 114 页。

② 　[英] 托马斯·莫尔：《乌托邦》，戴镏龄译，商务印书馆 2020 年版，第 55 页。

价值。在这个意义上，它被莫尔认为"不但是最好的国家，而且是唯一名副其实的国家。"①

17世纪初，意大利思想家康帕内拉提出了类似的思想。在《太阳城》一书中，康帕内拉设想了一个实行一切公有的理想国家。太阳城的人民由于不具有对私有财产的依恋，所以对作为集体的公社具有更加浓烈和纯粹的热爱之情。民众必须根据各自的特长承担相应的劳动，"凡是精通技艺和手艺的人，凡是能很熟练地应用它们的人就会最受人重视和尊敬"，②即使身体有缺陷的人也要竭力为公社做出力所能及的贡献，以在集体的利益中实现个人的价值。不过，莫尔和康帕内拉总体上还局限于对某种理想国家的美妙幻想。尽管他们对于想象的国家的各个方面进行了巨细靡遗的描绘，但却缺乏对人类社会本身的理论考察。但是，他们对于劳动光荣、个人与集体相统一、人的全面发展等方面的强调，却为后来的圣西门、傅立叶等人所继承。

18世纪初，法国思想家圣西门、傅立叶和英国思想家欧文先后从不同的角度提出了对资本主义制度的批判与对未来社会的设想，构成了所谓的三大空想社会主义者。例如，圣西门提出，"一切人都应当劳动，都要把自己看成属于某一工场的工人"，③"每个

① [英]托马斯·莫尔：《乌托邦》，戴镏龄译，商务印书馆2020年版，第114页。
② [意]康帕内拉：《太阳城》，陈大维、黎思复、黎廷弼译，商务印书馆1980年版，第12页。
③ [法]昂利·圣西门：《圣西门选集》第1卷，王燕生、徐仲年、徐基恩译，商务印书馆2011年版，第24页。

人在社会关系方面只应把自己看成是劳动者社会的一员"。① 在此基础上，道德家应当"探索组织社会的方法"，努力使社会成员获得最大程度的"精神幸福和物质幸福"，以实现人的全面发展。而为了达到这个目标，就应当"促使学者致力于国民教育工作，让他们通过教学传播关于支配自然现象的规律和可以按照人们的意志改造自然的方法的知识，特别是让他们证明，可使个人获得最大幸福的办法是尽量为他人造福。"② 欧文更是进一步指出，"任何性格，从最坏的到最好的性格，都像顺应自然规律那样万无一失地可以由社会赋予所有的人"，③ 从而以唯物论的方式揭示了公民道德教育的可能性和必要性。傅立叶则针对儿童和青少年的教育进行了具体的设计，其中就包含道德方面的教育。④

　　三大空想社会主义者的观点虽然有其自身的局限性，但与莫尔和康帕内拉相比，更具有思想的深度，并得出了一些具有启发性的结论，比如，每个人都应当劳动；劳动不应成为带来痛苦的东西，而应成为促进人全面发展、实现人自身价值的本质要素；个人利益建立在集体利益的基础上，等等。这些论点在马克思那里得到了批

---

① ［法］昂利·圣西门：《圣西门选集》第 1 卷，王燕生、徐仲年、徐基恩译，商务印书馆 2011 年版，第 171 页。

② ［法］昂利·圣西门：《圣西门选集》第 2 卷，董果良译，商务印书馆 2011 年版，第 14—15 页。

③ ［英］罗伯特·欧文：《欧文选集》第 3 卷，马清槐、吴忆萱、黄惟新译，商务印书馆 2014 年版，第 6 页。

④ ［法］傅立叶：《傅立叶选集》第 2 卷，赵俊欣、吴模信、徐知勉、汪文漪译，商务印书馆 2016 年版，第 1—93 页。

判性的继承，并促进了马克思关于人的全面自由发展观点的形成。因此，它与康德关于道德教育的论证、斯密关于道德与利益关系的论述一起，构成了马克思社会公民道德教育模式创立的思想条件。

第二节　哲学基础与人学前提

一、哲学基础

马克思社会公民道德教育模式的哲学基础主要体现在两个方面：辩证唯物主义和历史唯物主义，这也是马克思主义哲学的主要内容，接下来将分别进行论述。

（一）世界观基础：辩证唯物主义

辩证唯物主义主要围绕着物质与意识之间的关系而展开。从辩证唯物主义的立场来看，物质是第一性的，意识是第二性的，物质决定意识，意识对物质有反作用。所谓物质，是一种标志客观实在的哲学范畴，人们就可以通过自身的感觉感知到物质，但是却无法对物质起到决定作用，因为物质的存在不依赖于人的感觉，而是仅仅能够在人的感觉中得到反映。需要注意的是，这里的物质概念不能等同于自然科学中的物质概念。后者是指各种具体的物质形态，被呈现为各种特殊的可感事物；前者则是指作为一切现实存在共性的客观实在。正如水果是对苹果、樱桃、香蕉等不同具体水果的抽象概括一样，物质也是对不同客观事物的抽象概括。意识是与物质相对应的哲学范畴。意识是物质世界在人的大脑中的主观映像，是物质世界发展到一定阶段的产物。人脑是意识所依存的物质器官，语言是意识发挥功能的必要手段。意识的内容来源于客观的物质世界，在此基础上，人脑可以通过感觉、经验、概念、判断、推理等各种形式来对这些内容进行加工、整理、分析和概括。因此，虽然意识的内容是客观的，但是意识的形式是主观的。而且，后者保障了意识具有一定程度的主观能动性，能够在物质世界中发挥主动性和建设性的作用。这种作用使得意识能够使物质世界得到正确地反映，能够认识客观实在的本质和规律，并基于此对人的实践活动进行适当的指导，进而通过人的实践活动改造客观世界。这样一来，辩证唯物主义就与传统的唯心主义哲学划清了界限。

在确定物质与意识关系的基础上，辩证唯物主义进一步指出物质并非静止和孤立的，而是处于不断的运动之中，呈现出普遍联系和永恒发展的状态。所谓运动，是指一切事物的变化发展过程。物质与运动是不可分离的，运动是物质的根本属性。"运动，就它被理解为物质的存在方式、物质的固有属性这一最一般的意义来说，涵盖宇宙中发生的一切变化和过程，从单纯的位置变动直到思维。"[①] 换而言之，物质是运动着的物质，运动是物质的运动，没有不运动的物质，也没有脱离物质的运动。正是在这个意义上，运动才构成了物质的"存在方式"和"固有属性"，因而是无条件的和

---

① 《马克思恩格斯文集》第9卷，人民出版社2009年版，第513页。

绝对性的。不过，这并不意味着物质完全不具有静止的状态。相反，静止也是物质的一种存在状态，但却是有条件的和相对性的。例如，依据某个特定的参照系，我们可以说某个事物是相对静止的；当某个事物仍然处于量变而非质变的过程之中时，我们可以说它的性质是相对稳定（静止）的。而且，无论运动还是静止都是发生于时间—空间之中的。空间是事物存在的广延性和结构性，时间则是事物存在的持续性和顺序性，二者结合而形成的时空统一体构成了运动着的物质的存在形式。因此，对于事物的认识既不可以脱离其所具有的运动，也不可以脱离它的运动所属于的时间—空间。物质、运动、时间—空间结合在一起，才能构成对物质存在形式的完整描述。

基于物质运动的绝对性，辩证唯物主义提出了普遍联系和永恒发展的观点。这里所说的联系是指事物之间以及事物内部诸要素之间的相互影响、相互依存和相互制约。事物之间的联系既具有客观性和普遍性，也具有多样性。它不依赖于人的意志进行转移，广泛地存在于物质世界的一切方面，既包括自然、物理等方面的联系，也包括经济、文化等方面的联系。例如，自然界中的岩石看似静止孤立，却由于剥蚀、海浪、河流、冰川等的作用而时刻处在与空气、水流的相互作用之中；作为有机体的人看似可以独立自存，却既要与外部的自然和社会环境发生联系，也要与内部的身体器官和有机组织发生联系。不过，事物的运动和联系并非任意的、无方向的，而是处于永恒的发展之中。这里的发展不是指一般的运动和变化，而是指事物由简单到复杂、由低级到高级的前进、上升运动。

运动的绝对性意味着事物的变化是没有极限的，发展的永恒性则意味着事物的进步是没有极限的。因此，发展具有明确的指向，符合历史进步方向的运动才能够被称为发展，任何客观事物的存在都是一个过程，一切事物都处于永恒的运动和发展之中。因此，从普遍联系和永恒发展的视角来看，就能比较全面地认识到整体与部分、内容与形式、本质与现象、原因与结果、必然与偶然、现实与可能等对应范畴之间的真实关系，从而与机械唯物主义划清界限。

由于事物的运动和发展都是无限的，那么人是否能够认识这样的无限成为了某些人的忧虑所在。他们认为，"我们只能认识有限的、暂时的、变换着的东西，只能认识等级上不同的东西和相对的东西，[因为我们把数学概念转用到自然上，只能根据从自然物本身得到的尺度来判断自然物。我们不知道任何无限的东西或永恒的东西，任何固定不变的东西，任何绝对的差异。我们准确地知道一小时、一米、一公斤的意思是什么，但是]我们不知道时间、空间、力和物质、运动和静止、原因和结果是什么。"[①]这种忧虑实际上是把具体和抽象分割开了，忽略了二者的对立统一关系。作为抽象事物的时间是蕴含在作为具体事物的一小时之中的，一小时是对时间的表现和反映。对于抽象事物的认识来源于对具体事物的认识，二者在本质上是一致的。正如恩格斯所指出的："只有研究单个的物和单个的运动形式，才能认识物质和运动，而我们通过认识

---

① 耐格里的观点，转引自《马克思恩格斯文集》第9卷，人民出版社2009年版，第500页。

单个的物和单个的运动形式，也就相应地认识物质本身和运动本身。"① 因此，人不仅能够认识事物的运动和发展，还能够通过发挥主观能动性来把握运动和发展中的一般规律，即对立统一规律、质量互变规律和否定之否定规律。由于规律是事物及其发展过程中所固有的本质的、必然的、稳定的联系，所以，通过对规律的把握能够使人更加全面准确地认识客观实在的本质以及运动趋向，更有把握地进行实践活动。因此，辩证唯物主义对这三大规律的揭示从不同的角度完整地表明了事物运动发展的根本动力、变化状态和整体道路，从而与不可知论划清了界限，并为正确认识人的物质性、现实性和具体性奠定了理论基础和方法论依据。

（二）历史观基础：历史唯物主义

虽然 1837 年马克思在阅读黑格尔著作时就写道："康德和费希特在太空飞翔，对未知世界在黑暗中探索；而我只求深入全面的领悟在地面上遇到的日常事物。"② 然而在当时的德国，突破意识形态层层迷雾回到日常事物并不容易。正如阿尔都塞所言，它需要经历一个由意识形态退回到现实的过程。在道德观上概不例外。青年马克思在康德和黑格尔的影响下，曾相信道德能够超越于日常生活，具有自足性。然而随着理论的发展，马克思逐渐突破意识形态的遮蔽，初步确立了唯物史观的基本思想，在《德意志意识形

---

① 《马克思恩格斯文集》第 9 卷，人民出版社 2009 年版，第 500—501 页。
② 《马克思恩格斯全集》第 40 卷，人民出版社 1982 年版，第 651—652 页。

态》中予以哲学的阐述，并在马克思政治经济学的研究中予以完善。正是在唯物史观的指导下，马克思确立了与思辨哲学迥然不同的道德观。

1.道德的被决定性以及相对能动性

《德意志意识形态》中阐述的社会存在决定社会意识，社会意识能动地反作用于社会存在，以及经济基础决定上层建筑，上层建筑能动地反作用于经济基础，为我们分析和处理道德问题提供了基本的方法论。

道德属于社会意识以及上层建筑的范畴，它的存在依赖于社会存在和经济基础。在《德意志意识形态》中，马克思和恩格斯分析了历史的产生和实质。他们指出，人类历史的第一个历史活动就是生产满足这些需要的资料，即生产物质生活本身。但这又是以人的需要为前提的。因此需要的产生是人类的第一个历史活动。这里出现的两个"第一个历史活动"，好像不够严谨，但这是与人类历史最初的特点有关。人刚告别猿时，人类还处于畜群状态，生产还受到需要的支配，也就是说，对于刚产生的人类，需要和生产密不可分。逻辑上说，物质生产是人的第一个历史活动。与此同时，人口的增殖对于人类历史作用非常重要，因为只有人，才有人的历史。这与人类物质生产的内部结构和条件有关。人类的物质生产是在许多人的共同活动之中进行的。共同活动一方面说明人类只能借助于一定的社会关系，在一定的社会形式之中才能进行生产，但人类在物质生产中同时又生产出社会关系。这些社会关系在需要的改变和生产方式的发展中，不断地取得新的形式。在考察了历史最初四个因素之后，马克思恩格斯指出，"人还具有'意识'"。① 意识的发展同样具有一定的过程。最初，人仅仅意识到与他人、他物的狭隘联系，以及自然所具有的无穷威力。此阶段，人与动物的区别在于他的本能是被意识到的本能，因此这个阶段的意识被马克思恩格斯称为"动物式意识""纯粹的畜群意识"。② 然后是随着生产效率的提高，需要的增长以及人口的不断增多，部落意识开展发展和提高。随着物质劳动和精神劳动的分工，意识获得相对的独立性，能够脱离具体事物抽象地进行想象和推理，道德在这个阶段形成。

由此马克思恩格斯总结道："从市民社会出发阐明意识的所有各种不同的理论产物和形式，如宗教、哲学、道德等等，而且追溯它们产生的过程。这样做当然就能够完整地描述事物了（因而也能够描述事物的这些不同方面之间的相互作用）。这种历史观和唯心主义历史观不同，它不是在每个时代中寻找某种范畴，而是始终站在现实历史的基础上，不是从观念出发来解释实践，而是从物质实践出发来解释各种观念形态。"③ 一方面，这段论述科学定位了道德，社会存在决定社会意识，道德属于社会意识形式，因此它需要通过物质实践来解释，在经济基础与上层建筑的关系中，道德属于上层建筑，要从市民社会出发来解释。另一方面，它也交代了马克思主义道德观与思辨哲学道德观的差异。在《德意志意识形态》中，马克思恩格斯开篇就交代了思辨哲学的运思逻辑："他们按照自己

① 《马克思恩格斯文集》第 1 卷，人民出版社 2009 年版，第 533 页。
② 《马克思恩格斯文集》第 1 卷，人民出版社 2009 年版，第 534 页。
③ 《马克思恩格斯文集》第 1 卷，人民出版社 2009 年版，第 544 页。

关于神、关于标准人等等观念来建立自己的关系。"① 就是说，思辨哲学家们不是从物质生产实践出发来解释道德观念以及它所产生的影响，相反，他们从理想的道德标准出发，来建构历史，"历史总是遵照在它之外的某种尺度来编写的；现实的生活生产被看成是某种非历史的东西，而历史的东西则被看成是某种非历史的东西，而历史的东西则被看成是某种脱离日常生活的东西，某种处于世界之外和超凡世界之上的东西。"② 对于思辨哲学的这种颠倒逻辑，马克思恩格斯强调唯物史观对道德的理解遵循着相反的逻辑，即从物质实践出发来解释道德，从"人间升到天国"。③

在 1859 年《〈政治经济学批判〉序言》中，马克思对社会基本矛盾及其规律作了总结："人们在自己生活的社会生产中发生一定的、必然的、不以他们的意志为转移的关系，即同他们的物质生产力的一定发展阶段相适合的生产关系。这些生产关系的总和构成社会的经济结构，即有法律的和政治的上层建筑竖立其上并有一定的社会的经济结构，即有法律的和政治的上层建筑竖立其上并有一定的社会意识形式与之相适应的现实基础。"④ 这段话总结了社会基本矛盾的三个要素：生产力、生产关系（经济基础）、上层建筑三个层次，以及由这三个层次形成的两对矛盾：即生产力与生产关系的矛盾，经济基础和上层建筑的矛盾。这三个要素、两对矛盾构成了

① 《马克思恩格斯文集》第 1 卷，人民出版社 2009 年版，第 509 页。
② 《马克思恩格斯文集》第 1 卷，人民出版社 2009 年版，第 545 页。
③ 《马克思恩格斯文集》第 1 卷，人民出版社 2009 年版，第 525 页。
④ 《马克思恩格斯文集》第 2 卷，人民出版社 2009 年版，第 591 页。

历史唯物主义最重要的理论基础。

这段论述为我们提供了观察和分析道德问题的基本方法。一方面，道德不具有独立性，它是被决定的；另一方面，道德又具有能动的反作用。"政治、法、哲学、宗教、文学、艺术等等的发展是以经济发展为基础的。但是，它们又都互相作用并对经济基础发生作用。这并不是说，只有经济状况才是原因，才是积极的，其余一切都不过是消极的结果，而是说，这是在归根到底不断为自己开辟道路的经济必然性的基础上的相互作用。"① 马克思的这段话阐明了道德具有相对独立的发展规律，甚至在它赖以立足的经济基础不存在后，特定道德还会在新的社会形态中存在。马克思在《哥达纲领批判》中所论及的资产阶级法权就是这种情况。等价交换这种平等的权利被马克思称为"资产阶级权利"，② 它是商品交换中以平均数的形式存在，但是，就它的内容来讲，是一种不平等的权利，因为它对不同的人使用同一尺度，所导致的只能是结果的不平等。然而为何在社会主义阶段还存在资产阶级权利呢，"这些弊端，在经过长久阵痛刚刚从资本主义社会产生出来的共产主义社会第一阶段，是不可避免的。权利决不能超出社会的经济结构以及由经济结构制约的社会的文化发展"③。刚刚从资本主义社会过渡来的社会主义社会，由于不是在社会主义基础上发展而来，它在经济、道德和精神方面难免还带有它脱胎而来的旧社会的痕迹。这种现象虽然根源在

---

① 《马克思恩格斯文集》第 10 卷，人民出版社 2009 年版，第 668 页。
② 《马克思恩格斯文集》第 3 卷，人民出版社 2009 年版，第 434 页。
③ 《马克思恩格斯文集》第 3 卷，人民出版社 2009 年版，第 435 页。

于社会发展还没有实现社会财富的充分涌流以及个人的全面发展，然而也说明道德具有相对的独立性以及与经济基础变革而言的滞后性。

长期以来，唯物史观常常被解读为经济决定论。恩格斯在1890 年写给约·布洛赫的信中指出："根据唯物史观，历史过程中的决定性因素归根到底是现实生活的生产和再生产。无论马克思或我都从来没有肯定过比这更多的东西。如果有人在这里加以歪曲，说经济因素是唯一决定性的因素，那么他就是把这个命题变成毫无内容的、抽象的、荒诞无稽的空话。"①"归根到底"是关键词，它一方面指出了物质因素在历史发展中的决定性因素，但同时又指出不能直接简单地根据经济关系去说明当时社会抽象的一切思想。在特定历史阶段，道德可能对历史起着推动作用或是阻碍作用。例如，功利主义在其产生时期和发展前期，不仅适应了资本主义经济发展的需要，而且推动了资本主义经济发展；但是，随着资本主义的发展和功利主义原则的极端化，日益成为社会进步的障碍。

2. 道德的历史性

唯物史观以物质生活资料的生产和再生产为基础，破除了观念和词句在历史上的统治地位。物质生活资料的生产和再生产具有内在的辩证法本性。一方面，它是在既定的条件下进行的，在物质条件方面，它包括从前代遗留下来的生产力、资金、技术等；在精神文化方面，则包括文化传统、道德规范等；在交往方面，包括既定

---

① 《马克思恩格斯文集》第 10 卷，人民出版社 2009 年版，第 591 页。

的交往结构和生产关系。这些既定的条件构成了物质生活资料的生产和再生产得以展开的平台，使特定时代的物质生产实践取得特定的属性。另一方面，人们又将改变他们所继承的既定生产条件，并改变环境。在《德意志意识形态》中，马克思恩格斯指出，不是人类对自主活动的追求才不断推动着人类历史前进，人类将经历物质生活和自主活动截然两分，到牺牲自主活动实现物质生活的社会，再到自主活动与物质生活统一的未来社会。① 由马克思恩格斯对历史内部结构的剖析，我们可以看出，唯物史观内在地包括着辩证法的因素，即对现存事物不仅要从肯定方面来理解，同时也从它的否定方面来理解。

　　以唯物史观为基础来实现马克思主义道德教育，就需要理解道德现象产生的既定条件、道德存在的合法性根源以及道德不断被扬弃的过程。在谈论施蒂纳将利己主义与自我牺牲对立起来的观点时，马克思恩格斯指出："共产主义者不向人们提出道德上的要求，例如你们应该彼此互爱呀，不要做利己主义者呀等等；相反，他们清楚地知道，无论利己主义还是自我牺牲，都是一定条件下个人自我实现的一种必要形式。"② 脱离道德现象产生的物质条件，抽象地给予好与坏的价值评价，马克思恩格斯认为这是一种道德说教，空洞无力。恰当的做法应该是将它放置到人类历史发展的过程中，看到这种道德现象产生的现实根源，例如功利主义的产生，它是资本

---

① 参见《马克思恩格斯文集》第 1 卷，人民出版社 2009 年版，第 519—582 页。
② 《马克思恩格斯全集》第 3 卷，人民出版社 1960 年版，第 275 页。

主义发展的需要，是资本主义商业中经济关系的反映，"在私有制的统治下，这种商业与其他一切活动一样，必然是经商者收入的直接源泉；就是说，每个人必定要尽量设法贱买贵卖。因此，在任何一次买卖中，两个人总是以绝对对立的利益相对抗；这种冲突带有势不两立的性质，因为每一个人都知道另一个人的意图，知道另一个人的意图是和自己的意图相反的。因此，商业所产生的第一个后果是：一方面互不信任，另一方面为这种互不信任辩护，采取不道德的手段来达到不道德的目的"①。虽然恩格斯的批判否定了商业竞争，但正是通过市场竞争，对个人利益的追逐不仅实现了个人的利己目的，同时也实现了他人利益。利己主义是社会生产力还不够发达的必然结果，一部分人的发展必然以另外一部分人的不发展为代价。

在《德意志意识形态》中，马克思恩格斯阐述了功利主义的历史发展。辩证分析了其产生的历史必然性，指出作为资产阶级的道德，功利主义的提出与发展完善同资产阶级的发展壮大具有同步性，同时也指出功利主义的过渡性和不合理性。

爱尔维修、霍尔巴赫以及霍布斯、洛克分别代表着功利主义发展最初阶段。爱尔维修和霍尔巴赫代表着功利主义在法国发展的最初阶段，"这种理论，按其实际内容来说，只不过是君主专制政体时期的著作家所使用的表达方式的另一种说法而已"②。他们提出了

---

① 《马克思恩格斯文集》第 1 卷，人民出版社 2009 年版，第 60—61 页。
② 《马克思恩格斯全集》第 3 卷，人民出版社 1960 年版，第 481 页。

将一切关系归结为利益关系的要求，为资产阶级发展经济呼吁权利。爱尔维修从经验主义的感觉论出发，从肉体感受性的角度来把握人，由此将人的趋乐避苦规定为道德的出发点，趋乐避苦是人们行为的唯一动力和原则，能够带来幸福的东西都是利益，利益支配着我们的一切价值判断。他认为，如果肉体世界服从运动的规律，那么精神世界服从利益的规律。追求利益与幸福，即自爱，是人的本性。"无论在任何时候，任何地方，无论在道德问题上，还是在认识问题上，都是个人利益支配着个人的判断，公共利益支配着各个国家的判断。"① 这里所谓的"利益"，指的是社会现实生活中，人们关于衣食住行等生活方面的物质要求，及爱情、荣誉、权力等精神追求。利益是人人都具有的欲望，是一种普遍的"人性"。② 虽然爱尔维修认为人们对个人利益的追求是合理的，然而并非所有追求个人利益的行为都在道德上具有合理性，为此他提出了两个限制条件：其一是不给他人带来痛苦，其二是促进公共利益。二者并不矛盾。公共利益是绝大多数人个人利益的总和，促进公共利益的行为能够给人们带来持久的个人利益。反之，社会公共利益的真实性与正当性是通过能够保障个人利益和促进个人幸福来证明的。但是当二者之间发生冲突时，爱尔维修认为"为了整体的利益，为了人民的利益而克制个别人和个别集团某些与公共利益相抵触的利益，也

---

① 北京大学哲学系外国哲学史教研室编译：《十八世纪法国哲学》，商务印书馆1963年版，第458页。

② 赵丽欣、李冰：《公共利益是判断利益是否具有合理性的标准——论爱尔维修利益观中的个人利益与公共利益》，《学术界》2013年第11期。

是正义的"①。为了解决公共利益与私人利益之间的矛盾，爱尔维修认为应该通过教育，使人认识到公共利益与个人利益的一致性；建立完善的奖惩机制，通过让个人从美德中得到好处，使他们自觉地像追求个人利益那样追求公共利益，实现个人利益与公共利益的统一。

霍尔巴赫同样将趋乐避苦规定为人的本性，这种本性无所谓善恶。只有当这种本性产生了特定结果时，才具有善恶的区分。"当它们给我们带来我们自己的幸福以及我们同类的幸福时，它们就是可嘉的"；"当这些同样的感情并不给我们带来幸福，而使我们自己或者我们的同伴痛苦时，它们就是有害的、值得蔑视和憎恨的。"②这种结果实际就是功利，功利成为判定行为善恶的根据。霍尔巴赫综合人的肉体感受性与理性，认为肉体感受性决定着人对幸福的追求，理性则为这种追求提供合适的手段。理性的出场，就避免了个人对自己幸福以及自我保存的追求陷入极端利己主义。由于人不能单独生活，必须生活在社会中，因此在理性的指导下，个人力图使个人幸福与他人幸福统一起来。然而，这种对他人幸福的促进，反过来促进个人幸福。"人凭着本性，就不仅应当爱自己，而且还应当爱一切协助他取得幸福的东西；由此可见，人为了自己的利益，应当爱其他的人，因为他们是他的存在、他的保存、他的快乐所必

---

① 〔苏联〕赫·恩·蒙让：《爱尔维修的哲学》，涂纪亮译，商务印书馆1962年版，第375页。

② 北京大学哲学系外国哲学史教研室编译：《十八世纪法国哲学》，商务印书馆1963年版，第644页。

需的。"① 霍尔巴赫将个人利益作为目的，他人利益作为手段，由此论证个人利益与他人利益的统一。

对于爱尔维修和霍尔巴赫所代表的功利主义思想，马克思将其归结为资本主义还在争取发展权利阶段的学说，"在他们的学说里，它仅仅是另一种表达方式，它主要是一种想把一切关系归结为剥削关系的愿望，想从人们的物质需要和满足这种需要的方式来解释交往的愿望。"② 由于法国资本主义发展的相对落后，他们此时期的学说主要表现为一种哲学体系，忽略了实证的经济学内容。功利主义发展的英国阶段对此进行了弥补。③ 霍布斯和洛克立足于当时较为发达的资本主义国家，看到了荷兰和英国资本主义经济在国内外的迅速发展：工场手工业的建立，海外贸易和殖民地的开拓。因此，他们能够将功利主义与经济学实证的内容建立直接的关系。

霍布斯将社会这个复杂的系统分解为个人的集合，其中每一个人又构成一个系统，他的目的在于自我保存，这种自然主义的个人天性趋乐避苦，有利于自我保存的就是善的，不利于自我保存的就

---

① 北京大学哲学系外国哲学史教研室编译：《十八世纪法国哲学》，商务印书馆 1963 年版，第 650 页。

② 《马克思恩格斯全集》第 3 卷，人民出版社 1960 年版，第 481 页。

③ 从时间意义上，爱尔维修和霍尔巴赫显然要晚于霍布斯和洛克，然而爱尔维修和霍尔巴赫立足于法国资本主义，霍布斯和洛克立足于英国的资本主义，马克思恩格斯此时显然是以一种逻辑的先后进行论述。马克思恩格斯在论述功利主义发展史时，还存在另一条线索，即从经济学发展的历程来把握功利主义的发展，因此爱尔维修、霍尔巴赫代表着功利主义发展的法国阶段，此时他们的功利主义忽略了与经济的联系，霍布斯和洛克则代表着功利主义的英国阶段，将功利主义与经济相联系，特别是洛克，更为典型。

是恶的。自然使人的身心两方面能力相当，由此，每个人也就获得了相等的自然权利。依据这种对等权利，每个人都有运用自己的力量保全自我的自由。在自然状态中，为了实现这种自我保存，人与人相互争夺，处于一种狼的关系状态，人人自危，不得安宁。订立契约进入社会状态并没有改变人趋乐避苦和实现自我保存的本能。在社会状态下，道德产生的原因是利己的个人意识到只有通过公共福利，个人利益才能得到实现，即"如果你要想得到 X 你就必须做 Y"①。对公共福利的关心不仅从属于对自己利益的关心，而且仅仅是实现自己利益的手段。霍布斯由此将欲望和利益置于道德的中心，提出了一种极端利己主义的动机观，然而在理性的约束下，这种极端利己主义动机观能够转向功利主义。"既然道德行为的标准要从行为所产生的是否有利于他人的外在后果中去寻找，那么，一个行为产生的有用性越多，其功利所惠及的范围越大，它就越符合道德的标准。至此，'最大多数人的最大幸福'的标准已经呼之欲出了。"②

洛克从经验主义出发，认为我们的道德观念来自感官经验。自然使人期望幸福，避免悲惨，由此引申出道德规范。激起人们的快感和减少人们的痛苦的是善；使人痛苦并减少人们的快感的则是恶。"事物所以有善、恶之分，只是由于我们有苦、乐之感。所谓

---

① ［美］阿拉斯代尔·麦金太尔：《伦理学简史》，龚群译，商务印书馆 2003 年版，第 187 页。
② 舒远招、朱俊林：《系统功利主义的奠基人杰里米·边沁》，河北大学出版社 2005 年版，第 46 页。

善就是能引起（或增加）快乐或减少痛苦的东西；……所谓恶就是能产生（或增加）痛苦或减少快乐的东西。"① 利益和道德紧密联系在一起，人们对各种道德原则的理解和接受是和人们对此所能带来的获利相联系的。对于个人，最首要的利益是财产所有权。由于每个人是他身体的所有者，因此他身体的劳动和双手的工作是属于他，劳动能够创造财富并且是财富的唯一来源。个人的独立要以个人财产权为保障，个人的权利以财产权为基础，"无私产即无私权"，人们组成社会，建立政府的原因是保护包括个人财产权为基础的各种权利。②

霍布斯和洛克立足于英国资本主义，前者反映了英国资本主义原始积累时期的矛盾和冲突，后者则反映了英国资本主义逐渐发展起来，要求经济权利和政治权利。特别是洛克，他将功利主义与现实的经济利益关系联系起来，使功利主义逐渐摆脱意识形态的虚幻性，转向现实的资本主义经济生活领域。

葛德文和边沁是功利主义发展的第二个阶段的代表人物。"剥削理论在英国通过葛德文，特别是通过边沁获得了更进一步的发展；随着资产阶级在英国和法国日益得势，边沁把法国人所撇开的经济内容又逐渐地捡起来了。"③ 葛德文的功利主义也是以抽象的人性论为基础的。他认为人"仅只是一个能感受刺激的生物，知觉的

---

① [英]洛克：《人类理解论》上册，关文运译，商务印书馆 2019 年版，第 214 页。

② [英]洛克：《政府论》下篇，叶启芳、翟菊农译，商务印书馆 2018 年版，第 77 页。

③ 《马克思恩格斯全集》第 3 卷，人民出版社 1960 年版，第 482 页。

感受者"，^①因此趋乐避苦是人的本性，由此决定道德就是求善避恶，"快乐和痛苦，幸福和灾难构成整个道德研究的根本对象"^②。道德的标准是功利，人们的道德行为必须符合功利，能够带来利益的，就是善的、道德的，相反则是恶的，不道德的。道德虽然来源于人们对苦乐的追求，但是衡量人们行为善恶的道德标准并不决定于个人的快乐，而决定于绝大多数人的快乐。一个行为只有当能够增进他人和社会的幸福的效用时，才称得上是道德行为。一个人道德价值的大小取决于他对公众的普遍幸福增进的多少，一个人对公众的普遍福利的贡献越大，其道德价值也就越大，实现"最大多数人的最大幸福"，这就突破了自私自利的道德，将利己与利他结合起来。利他不仅能够实现功利的最大化，而且能够带来精神上的快乐。

边沁是系统功利主义的奠基人，他不仅全面系统阐述了功利主义的基本原理，并且致力于将功利主义运用和贯彻到政治哲学、立法伦理、私人伦理等各个领域。从抽象的自然人性出发，边沁理论的出发点仍然是人的趋乐避苦的本性，"自然把人类置于两位主公——快乐和痛苦——的主宰之下。只有它们才指示我们应当干什么，决定我们将要干什么。是非标准、因果联系，俱由其定夺。"^③

---

① ［英］威廉·葛德文：《政治正义论》第 2、3 卷，何慕李译，商务印书馆 1980 年版，第 363 页。

② ［英］威廉·葛德文：《政治正义论》第 1 卷，何慕李译，商务印书馆 1980 年版，第 135 页。

③ ［英］边沁：《道德与立法原理导论》，时殷弘译，商务印书馆 2000 年版，第 57 页。

由此，边沁规定了他的功利主义所具有的两个维度。首先，功利由人性决定。"功利原理是指这样的原理：它按照看来势必增大或减少利益有关者之幸福的倾向，亦即促进或妨碍此幸福的倾向，来赞成或非难任何一项行动。我说的是无论什么行动，因而不仅是私人的每项行动，而且是政府的每项措施。"① 功利是行动的一种性质。其次，功利原则还是一个价值原则。对于边沁来说，功利原则虽然是基于人的自然天性的事实断定，然而它同时也是一个价值规范。"既然人都是趋乐避苦的，那么人的任何行动都应当尽量趋向于利益有关者即这一行动所涉及的人的幸福。"②

在处理个人利益与共同利益的关系上，边沁采取的立场是一种合理利己主义：个人利益是最重要的，每个人都具有自利的动机，在没有损害他人利益的前提下，每个人都有追求和实现自己利益的自由。立法对此不仅不能干预，而且还需要维护这种自由和权利。然而这并不意味着个人可以不择手段不顾他人追求个人利益。作为生活在共同体中的个人，个人利益的实现离不开共同体，个人在追求个人利益的同时，需要考虑到他人和共同体的利益，这样的利益才能是正确理解的个人利益。

边沁的功利主义反映了资本主义的发展，即在法国大革命和大工业发展起来以后，资产阶级逐渐成为在社会中占统治地位的

---

① ［英］边沁：《道德与立法原理导论》，时殷弘译，商务印书馆 2000 年版，第 58 页。

② 舒远招、朱俊林：《系统功利主义的奠基人杰里米·边沁》，河北大学出版社 2005 年版，第 71 页。

阶级，因此代表他们利益和要求的经济发展成为社会的关键领域，"我们第一次在边沁的学说里看到：一切现存的关系都完全从属于功利关系，而这种功利关系被无条件地推崇为其他一切关系的唯一内容"①。但是政治经济学的发展逐渐证明，剥削关系不是由个人所决定的，而是由生产所决定的，相反，个人只能被动地接受这种关系。由此功利主义的发展进入到第三个阶段，即将政治经济学与功利主义完全结合在一起，穆勒的学说实现了这一点。

穆勒（又被译为密尔）不仅正式提出"功利主义"的概论，而且通过对边沁学说的修正，发展完善了功利主义。他对边沁学说的修正具体体现在三点上。

其一，区分快乐和幸福，完善功能原则，避免功利主义的简单化和庸俗化。边沁将苦乐等同于善恶，但没有区分不同质的快乐，仅仅在量上对快乐进行比较。穆勒则引入了质的区分，有高级快乐和低级快乐，肉体物质上的快乐以及竞赛上的享乐。例如，做一个不满足的苏格拉底比做一个满足的傻子好。其二，将道义论引入功利主义，一定程度上消弥功利主义和道义论的对立。边沁侧重从结果上来判断功利的大小。同时穆勒通过从质上区分快乐，就将诸如良心、情感和自尊心等引入，对各种可欲的道德进行选择。"为了使追求快乐成为道德善的行为，他进一步提出区分意志与欲望的必要性，并要求把追求快乐上升为追求道德善的意志自由行为。"② 为

---

① 《马克思恩格斯全集》第 3 卷，人民出版社 1960 年版，第 483 页。

② 舒远招、朱俊林：《系统功利主义的奠基人杰里米·边沁》，河北大学出版社 2005 年版，第 161 页。

了实现这种转变，就需要培养人们的善良意志，使人自觉地将追求美德当成快乐，将美德缺失当成痛苦。通过对美德本身的欲求，穆勒将道义论引入到功利主义。其三，更加强调功利主义的利他主义。边沁并没有否认个人利益与公共利益的相容，并提出了最大多数人的最大幸福。自我牺牲也是功利主义的内在需要。它能给人带来高尚的精神快乐，更有效地实现个人的幸福。他不仅分析了人类自我牺牲的必要性，而且通过联想心理规律以及法律、社会制度、教育和舆论的影响力，论证了人类所具有的一种将个人幸福与人类幸福联系起来，自我牺牲的能力。

以葛德文、边沁、穆勒发展完善的古典功利主义是资本主义经济关系的伦理意蕴和道德哲学。马克思恩格斯在对资本主义批判的过程中，多次论及功利主义，揭示了功利主义产生的根源与实质，分析了其社会影响，剖析了其失当之处。

在《德意志意识形态》中，马克思恩格斯揭示了功利主义产生的现实根源以及实质，指出伴随着资本主义经济的发展，利益的重要作用显现，在商业经济和市场竞争关系中，一切封建的、宗法的和田园诗般的关系都破坏了，被冷酷无情的现金交易和赤裸裸的利害关系所取代，"公开的、无耻的、直接的、露骨的剥削代替了由宗教幻想和政治幻想掩盖着的剥削"①。功利主义正是对这种现实人际交往关系的反映，体现了以商品生产和市场竞争为基础的资本主义剥削关系。"把所有各式各样的人类的相互关系都归结为唯一的

---

① 《马克思恩格斯文集》第 2 卷，人民出版社 2009 年版，第 34 页。

功利关系，看起来是很愚蠢的。这种看起来是形而上学的抽象之所以产生，是因为在现代资产阶级社会中，一切关系实际上仅仅服从于一种抽象的金钱盘剥关系。"①

需要指出的是，马克思恩格斯虽然批判了功利主义，但是他们并没有否认功利主义的积极性。在《德意志意识形态》中，马克思恩格斯一再强调功利主义的现实根源，并指出功利主义所具有的启蒙性质。他们指出："在18世纪，资产阶级所理解的解放，即竞争，就是给个人开辟比较自由的发展的新活动场所的唯一可能的方式。在理论上宣布符合于这种资产阶级实践的意识、相互剥削的意识是一切个人之间普遍的相互关系，——这也是一个大胆的公开的进步，这是一种启蒙，它揭示了披在封建剥削上面的政治、宗法、宗教和闲逸的外衣的世俗意义。"②

总的看来，功利主义要求用资产阶级的道德取代封建道德，为资产阶级在经济领域开疆拓土提供了意识形态的合法性论证。资产阶级政治经济学作为功利主义的经济科学，它们将所有的政治的、法律的关系都归结为经济的关系，并表明社会现存关系与经济基础之间的联系，反映了西方社会在18世纪的变化：经济话语取代了宗教话语和政治话语，成为社会的主导话语。在其方法论上，与马克思的两个划分方法具有一定的相似性，在资产阶级合法地位变化的同时，为科学的唯物史观产生提供了理论的资源。而且，随着政

---

① 《马克思恩格斯全集》第3卷，人民出版社1960年版，第479页。
② 《马克思恩格斯全集》第3卷，人民出版社1960年版，第480页。

治经济学的发展，它揭示了剥削关系并非是个人的恶所造成的，而是由整个生产所决定的，这在一定程度上为资产阶级对剩余价值的追逐提供了合法性论证，"经济学内容逐渐使功利论变成了替现存事物的单纯的辩护，变成了这样的说教：在目前条件下，人们彼此之间的现有的关系是最有益的、最有公益的关系"①。

与唯物史观强调的道德的历史性不同，思辨哲学忽略道德的历史性。他们将道德抽象化，使道德成为人类历史的主宰者，人类历史表现为道德观念的变迁史。忽略道德与现实的关联，这就使他们停留于纯粹观念的领域，用三种手段来克服观念的统治。"一个人说，我们要教会他们用符合人的本质的思想来代替这些臆想，另一个人说，我们要教会他们批判地对待这些臆想，还有个人说，我们要教会他们从头脑里抛掉这些臆想。"② 这分别是费尔巴哈、鲍威尔、施蒂纳的逻辑，他们都停留在黑格尔主义的哲学基地上，将词句当成现实本身，以为通过对词句的反抗，就能摆脱包括道德观念在内的观念对人的统治。思想世界内部的暴动和革命，不管其如何惊天动地，却对现实没有丝毫影响。然而只要道德所赖以立足的现实依然存在，这种道德观念就能够存在。所以马克思恩格斯强调，要摆脱旧道德观念的统治，就需要将观念内部的矛盾，归结为现实生产力与生产关系的矛盾，用现实的手段进行现实的革命。

对于马克思的道德观，学界历来争议颇多。有观点认为马克思

---

① 《马克思恩格斯全集》第 3 卷，人民出版社 1960 年版，第 484 页。
② 《马克思恩格斯文集》第 1 卷，人民出版社 2009 年版，第 509 页。

没有道德观，他反对停留于抽象的道德漫谈，也有观点认为马克思的道德观是一种解放道德观。这些争论忽略了马克思考察道德问题的独特方法论。一方面，社会在特定历史阶段，由于分工与私有制的存在，导致特殊利益与普遍利益之间存在不一致性，特殊利益相互反对，为了维持和实现特定群体，特别是特定阶级的特殊利益，实现社会的有序运转，不使社会在利益冲突中解体，道德的存在有着必要性，然而由于统治阶级凭借着在物质上的统治地位，他们的道德在社会中具有优先性地位，甚至成为全社会普遍推行的道德。另一方面，统治阶级的道德并不具有永恒性，在生产力与生产关系、经济基础与上层建筑的矛盾运动中，统治阶级的道德逐渐丧失统治合法性，最后被更为合理的新道德所取代。因此，我们不能笼统地对马克思是否有道德观进行定性分析，而是要把握马克思考察道德问题与思辨哲学把握道德问题的差异。

二、人学前提

（一）教育的对象：从抽象的人到现实的人

公民道德教育的对象是人，这就决定了它必须以关于人本质的理解作为基点。但是，古希腊的理性公民道德教育模式和启蒙时期的自然公民道德教育模式却都是从抽象的人出发的。这种抽象的人的概念来源于人们的精神活动，本质上是人的思维的产物。"思想、观念、意识的生产最初是直接与人们的物质活动，与人们的物质交往，与现实生活的语言交织在一起的。人们的想象、思维、精神交往在这里还是人们物质行动的直接产物。表现在某一民族的政治、法律、道德、宗教、形而上学等的语言中的精神生产也是这样。"①不过，虽然"人们是自己的观念、思想等等的生产者"，但是传统的思想家们却往往认为这些被生产者在存在序列上优先于生产者本身，观念的人不仅比现实的人更完善，而且比现实的人更真实，前者取代后者成为公民道德教育的基点。

在古希腊时期，这种观念的人主要体现为理性的人。最初的时候，荷马、赫西奥德等诗人认为人源于神灵的创造，是神灵的后裔。但是，随着文明的发展和民智的增长，这种神话愈来愈少有人相信。自然哲学家认为人是各种自然元素的聚合，这些元素或者是水，或者是气，或者是火，或者是土，或者是原子。然而，这些学说本质上仍然是一些抽象的理论假说，缺乏科学的实证，都不免流于玄想。因此，古希腊对于人的理解，最终成为主流的依旧是苏格拉底—柏拉图—亚里士多德提出的理性的人。他们坚持理性主义的思想传统，致力于从理性的角度来理解人的由来、人的本质、人的价值和人的目的。他们虽然明智地抛弃了诗人的神话说和自然哲学家的元素论，但却依然要在人的灵魂中放入某种先天的、神圣的、固有的成分，即灵魂中的理性部分或亚里士多德意义上的努斯。这就导致他们忽视了现实的人、具体的人，甚至使人的观念不可避免地带上一层神学的色彩。

在启蒙时期，这种观念的人则主要体现为自然的人。卢梭虽然

① 《马克思恩格斯文集》第1卷，人民出版社2009年版，第524页。

深入发掘了情感在道德教育中的重要性，打破了古希腊以理性为核心的公民道德教育模式，但却无形中从一种抽象走向另一种抽象，从理性的人走向自然的人。在《爱弥儿》中，卢梭明确指出教育首先是关于人（本身），而不是其在社会中所扮演的"角色"的教育，只有这样教育出来的人才是未来契约社会中的理想公民。在卢梭看来，人首先是作为一个人，而不是一个"角色"来存在的，相对于"人"（本身）而言，"角色"是第二位的，因此，真正的教育应当是人的教育，而非角色教育。"我教育出来的人，对于文官、教士或者律师这些职业，我承认他们哪一种都不属于。但他人的身份是固定不变的。一个人只有知道了做人要具备哪些要求，才知道怎样去把人做好。也只有这样，当处于紧急情况当中，他才能对每一个人都尽到做人的本分。这样，他的地位就不会因为命运而发生改变，从而能够很好地保持。"① 可见，在卢梭看来，教育的基点在于人（本身）。

那么，这种人的教育应当如何进行呢？这就涉及如何理解人的问题。从更为深层的意义上可以说，对人的理解往往影响乃至决定着教育模式的选择。卢梭认为人先天拥有一个善良的本性，然而在后天社会环境的影响和作用下，人的这一善良本性逐渐被"污染"，人也就随之变坏了。"上帝创造出来的东西本来都是好的，但是一经过人手就完全改变了性质。"② 教育的工作就是要尽可能避免后天

---

① ［法］卢梭：《爱弥儿》，孟繁之译，上海三联书店 2017 年版，第 9 页。
② ［法］卢梭：《爱弥儿》，孟繁之译，上海三联书店 2017 年版，第 1 页。

社会环境对人之善良本性的"污染"，因此，理想的教育应当在与社会隔绝的状况下进行。但在现实世界中，完全与社会隔绝是不可能的，因此，只能退而求其次，在教育过程中尽量减少与社会的接触和交往。比较理想的做法是在社会环境相对简单的农村进行"消极教育"。"在最开始的那几年，只应该进行消极的教育。这种教育的目的，在于避免让罪恶侵入他的心灵，让错误的看法渗入他的思想，而非以道德和真理加于学生。"①

在教育的对象问题上，马克思继承了卢梭的路线，同样认为教育应当首先是人的教育，而非"角色"教育。但在对人的理解问题上，马克思则与卢梭具有根本的不同。在马克思看来，人不拥有任何超越历史和时代的先验本性，卢梭所认同的人的先天的善良本性只能是一个理论的预设。因为人的存在本身就是历史的产物和结果，"一旦人已经存在，人，作为人类历史的经常前提，也是人类历史的经常的产物和结果，而人只有作为自己本身的产物和结果才成为前提"②。卢梭从一个理论预设——先天的善良本性来理解人，所得到的只能是一个抽象的人，而从抽象人出发选择的教育模式无疑是也只能是一个乌托邦。

马克思深刻地看到了卢梭自然公民道德教育思想内在的乌托邦性质，并抓住这一思想背后的根源——人的抽象观念，以此入手，开辟了一个新天地。这一新天地的根基同样是人，只不过不再是古

① ［法］卢梭：《爱弥儿》，孟繁之译，上海三联书店2017年版，第87页。
② 《马克思恩格斯全集》第26卷，人民出版社1974年版，第545页。

希腊或卢梭式的抽象人，而是历史唯物主义视域中的现实人。应当说，"现实的人"不仅构成马克思教育思想的出发点，而且是马克思整个历史唯物主义的出发点。"全部人类历史的第一个前提无疑是有生命的个人的存在。因此，第一个需要确认的事实就是这些个人的肉体组织以及由此产生的个人对其他自然的关系。……任何历史记载都应当从这些自然基础以及它们在历史进程中由于人们的活动而发生的变更出发。"①"我们不是从人们所说的、所设想的、所想象的东西出发，也不是从口头说的、思考出来的、设想出来的、想象出来的人出发，去理解有血有肉的人。我们的出发点是从事实际活动的人。"②

现实的人不是抽象的"类"，而是具有个性的个人。现实的人是在一定的历史条件下进行物质生产、思想活动和社会交往的人。以往的哲学不是把人当作现实的人，而是当作抽象的人，马克思则把人看作是现实的人。人是现实存在的人，现实存在的人进行着现实的活动。人的现实活动即人的实践，包括物质生产、社会交往和科学探索。因此，人作为自然存在物，具有自然属性；人作为社会存在物具有社会属性；人作为有意识的存在物，还有精神属性。人是自然属性、社会属性与精神属性的统一体。古希腊的理性公民道德教育模式与启蒙时期的自然公民道德教育模式都仅仅是从人的属性中的某一点出发来构建整个的人的概念，而没有全面地把握到人的性质

---

① 《马克思恩格斯文集》第 1 卷，人民出版社 2009 年版，第 519 页。
② 《马克思恩格斯文集》第 1 卷，人民出版社 2009 年版，第 525 页。

的全部内容，因此没有充分地看到人的具体性、社会性和现实性。

在《德意志意识形态》中，马克思集中论述了其现实的人的思想。为了更为准确地把握这一思想，摘要于下：

我们开始要谈的前提不是任意提出来的，不是教条，而是一些只有在臆想中才能撇开的现实前提。这是一些现实的个人，是他们的活动和他们的物质生活条件，包括他们已有的和由他们自己的活动创造出来的物质生活条件。因此，这些前提可以用纯粹经验的方法来确认。①

但是，这里所说的个人不是他们自己或别人想象中的那种个人，而是现实中的个人，也就是说，这些个人是从事活动的，进行物质生产的，因而是在一定的物质的、不受他们任意支配的界限、前提和条件下活动着的。②

它从现实的前提出发，它一刻也不离开这种前提。它的前提是人，但不是处在某种虚幻的离群索居和固定不变状态中的人，而是处在现实的、可以通过经验观察到的、在一定条件下进行的发展过程中的人。③

各个人的出发点总是他们自己，不过当然是处于既有的历史条件和关系范围之内的自己，而不是意识形态家们所理解的"纯粹的"个人。④

---

① 《马克思恩格斯文集》第 1 卷，人民出版社 2009 年版，第 516—519 页。
② 《马克思恩格斯文集》第 1 卷，人民出版社 2009 年版，第 524 页。
③ 《马克思恩格斯文集》第 1 卷，人民出版社 2009 年版，第 524 页。
④ 《马克思恩格斯文集》第 1 卷，人民出版社 2009 年版，第 571 页。

　　仔细分析这些文字，我们可以看出，马克思在集中阐述自己的人学思想时，运用的往往是"不是……，而是……"，或者"是……，而不是……"这样的"转折"句式，这清楚地表明，马克思是在批判的基础上建立自己的人学观的。那么，马克思批判的是什么呢？从那些否定性的"不是"中可以知道，马克思所批判的是那些"想象中的""口头说的、思考出来的、设想出来的、想象出来的""虚幻的离群索居和固定不变状态中的""'纯粹的'"人。这样的人，恰恰就是卢梭所肯定的拥有先天的善良本性的抽象人。同样，从那些"是"中不难发现，马克思所肯定的乃是"从事实际活动的""可以通过经验观察到的""处于既有的历史条件和关系范围之内的""现实的"人。

　　在马克思看来，"现实"人的最根本的特性就在于他们始终置身于现实的社会关系之中，因为"人的本质不是单个人所固有的抽象物，在其现实性上，它是一切社会关系的总和。"① 这样，马克思就把人与社会紧密地联系在一起，从而把人的教育植入整个社会发展的系统之中。于是理想教育场所的选择，就不再着眼于尽可能与世隔绝，而是相反，自觉融入现实社会，作为社会的一个有机组成部分而存在。这与卢梭对于理想教育场所——社会关系相对简单的农村的选择无疑具有根本的不同。

　　因此，教育的对象由抽象的人转向现实的人，必然要关注现实人所生活的世界。在《德意志意识形态》中，马克思和恩格斯一再

---

① 《马克思恩格斯文集》第 1 卷，人民出版社 2009 年版，第 501 页。

强调现实的个人这个历史前提，但是他们所说的"现实的个人"不是没有条件的，现实的个人离不开他们所立足的现实，正是这种和他们合而为一的现实使他们生成为现实的个人："这里所说的个人不是他们自己或别人想象中的那种个人，而是现实中的个人，也就是说，这些个人是从事活动的，进行物质生产的，因而是在一定的物质的、不受他们任意支配的界限、前提和条件下活动着的。"① 现实至少包括以下三方面内容：

一是个人现实的生产生活。马克思恩格斯指出："可以根据意识、宗教或随便别的什么来区别人和动物。一当人开始生产自己的生活资料，即迈出由他们的肉体组织所决定的这一步的时候，人本身就开始把自己和动物区别开来。人们生产自己的生活资料，同时间接地生产着自己的物质生活本身。"② 马克思认为人是怎样的，恰恰就是由他们的物质生产生活来决定的。

二是使生产生活得以进行的条件。生产生活是在一定的前提条件下进行的，"每个个人和每一代所遇到的现成的东西：生产力、资金和社会交往形式的总和"③，这些现成的东西构成生产得以进行的条件，没有这些条件，生产者的生产力只是潜在的，而不是现实的。因此，他就不拥有构成自己现实的生产生活。当然，这些前提条件本身也是生产的结果。

三是交往。使生产生活得以可能的那些前提条件本身是生产

---

① 《马克思恩格斯文集》第1卷，人民出版社2009年版，第524页。
② 《马克思恩格斯文集》第1卷，人民出版社2009年版，第519页。
③ 《马克思恩格斯文集》第1卷，人民出版社2009年版，第545页。

的结果，但是这种生产不是鲁滨逊式的孤立活动，它以交往为前提。第一，交往和生命的生产是一体的："生命的生产，无论是通过劳动而生产自己的生命，还是通过生育而生产他人的生命，就立即表现为双重关系：一方面是自然关系，另一方面是社会关系，社会关系的含义在这里是指许多个人的共同活动。"① 可见，没有共同活动，没有交往，就没有生命，反之亦然。第二，交往是一种生产因素。在《德意志意识形态》中，马克思提出了生产诸力（produc-tivkräfte）来替代李斯特那种追求财富增长的生产力（productionkraft）概念，强调生产力的动态生成以及全方面性，交往就是这样一个生产因素，它是动态的，本身就是生产力。现实存在着的人在共同活动中创造作为总和的生产力、生产关系，生产出物质财富、意识、语言等。可见，交往中的个人在生产生活中创造出生产得以可能的现实条件，在与这些条件的结合中，创造出新的现实，推动着历史发展。

马克思对现实个人内涵的规定启发我们，道德教育必须立足于道德教育对象的生活的世界。道德教育客体的生活世界构成了道德教育对象安身立命之所，就如同海德格尔所说的"在世之在"（In-der-Welt-sein），它与道德教育客体具有同构性。一方面，道德教育客体的生活世界是由他的实践活动、实践活动得以进行的条件（历史文化传统以及继承的生产力发展条件等）以及交往条件构成，另一方面，对生活世界的接近，同时也是对道德教育客体的接近。

---

① 《马克思恩格斯文集》第 1 卷，人民出版社 2009 年版，第 532 页。

（二）教育的目的：兼顾个人的自由全面发展与社会的和谐发展

通过以上论述，我们已经知道教育的对象是现实的个人，教育的目的在于人的发展，实现个人的全面发展和社会的和谐发展相统一。但是，对于"人的发展"的理解也是一个不断发展的过程。在古希腊，虽然柏拉图也认为人具有理性，理性是人的本质。然而，他们提出的德性教育最终却是分化为不同角色的教育。在柏拉图那里，虽然每个人都应当接受基于改良之后的文艺教育和体育训练，以实现身体和灵魂的均衡发展，但每个人所承担的社会角色是不同的，与其对应的德性也是不同的。柏拉图认为，有些人天生就适合充当统治者或护卫者，而有些人则天生就属于被统治者。教育的目的在于使人得到发展，但却不是同等自由的发展，而是要使其成为与自身的天性和等级相适应的人，并培养起与其相应的德性。因此，柏拉图借用一个神话表明，人像金银铜铁一样是有优劣之分的，应该按照他们的天性将其归属于不同的等级、培养起不同的德性。属于统治者的人应该培养其智慧的德性，属于护卫者的人应该培养其勇敢的德性，属于被统治者的人应该培养其节制的德行。不同等级、不同职业的人各自守好本分，就构成了城邦的正义。

相比于柏拉图，卢梭的自然公民道德教育模式的优点在于它发掘出了人本身的观念，并开始强调人的自然成长。以卢梭为例，人（本身）的自然成长指的是每个人按其身心规律"合乎自然"地发展，而"合乎自然"发展的关键是顺从人的自然天性，从而将其培养成身心健全、言行纯朴、热爱美德的自然人和理想公民。基于这个目的，根据对学生成长年龄阶段的划分，卢梭归纳出体育、感官教育、知识教育、道德教育、宗教教育和情感教育等具体教育内容，并让学生在不同的阶段接受不同的教育。卢梭一向坚称自然才是最好的，"上帝创造出来的东西本来都是好的，但是一经过人手就完全改变了性质"，[①] 仁慈的上帝不是已经给了人们"用良心去爱善""用理智去认识善""用自由去选择善"[②] 的能力了吗？因此，人性本善，卢梭的教育不是让儿童改变天性、成为绅士，而是通过适当的教育来尽力保护他们的天性不受社会和文明的腐蚀。

在教育目的的基本方向上，马克思继承了卢梭的基本思想，认为教育首先是人（本身）的教育，而非角色教育，教育的目的在于人（本身），而不是人所扮演的角色。这一观点与马克思的唯物史观存在着千丝万缕的联系。在马克思看来，资本主义的社会化大生产使社会分工越来越细，这在一定程度上促进了生产效率的提高，但另一方面也带来了人的异化。因为在这种条件下"任何人都有自己一定的特殊的活动范围，这个范围是强加于他的，他不能超出这个范围"[③]。这种范围的限制往往造成人的片面畸形发展，使其成为"单向度的人"。这种人的活动"对人来说就成为一种异己的、同他对立的力量，这种力量压迫着人，而不是人驾驭着这种力量"[④]。这就使人与角色的关系发生了颠倒。角色原本是人生存的一种方式，

---

① ［法］卢梭：《爱弥儿》，孟繁之译，上海三联书店 2017 年版，第 1 页。
② ［法］卢梭：《爱弥儿》，孟繁之译，上海三联书店 2017 年版，第 370 页。
③ 《马克思恩格斯文集》第 1 卷，人民出版社 2009 年版，第 537 页。
④ 《马克思恩格斯文集》第 1 卷，人民出版社 2009 年版，第 537 页。

但当人越来越受制于自己角色的时候，这种方式就凌驾于人本身之上，从而使人逐渐失去了自己，这无疑是异化的深化。

马克思认为，教育的目的正是要克服这种异化，以培养全面而自由发展的人。"共产主义者的目的是……把社会组织成这样：使社会的每一个成员都能完全自由地发展和发挥他的全部才能和力量"，① 未来的共产主义社会"将是这样一个联合体，在那里，每个人的自由发展是一切人自由发展的条件。"② 而且，"任何人都没有特殊的活动范围，而是都可以在任何部门内发展，社会调节着整个生产，因而使我有可能随自己的兴趣今天干这事，明天干那事，上午打猎，下午捕鱼，傍晚从事畜牧，晚饭后从事批判，这样就不会使我老是一个猎人、渔夫、牧人或批判者。"③ 可见，马克思认为理想的状态是每一个人既可以从事某种属于角色的活动，如"上午打猎，下午捕鱼，傍晚从事畜牧，晚饭后从事批判"，但又不局限于某一种角色，"不会使我老是一个猎人、渔夫、牧人或批判者"，亦即不要失去人（本身），这样的人才能够成为全面而自由发展的人。

这样，我们就对马克思关于人（本身）与角色之间关系的思想有了一个基本的把握。可以说，直到这里，马克思与卢梭在基本方向上还是一致的，即都强调教育应当是对人（本身）的教育，而非角色教育。这是二者的相同之处，也是二者共同超越古希腊理性公民道德教育模式的地方。但二者的共同点也仅止于此，二者的根本

---

① 《马克思恩格斯全集》第 42 卷，人民出版社 1979 年版，第 373 页。
② 《马克思恩格斯文集》第 2 卷，人民出版社 2009 年版，第 53 页。
③ 《马克思恩格斯文集》第 1 卷，人民出版社 2009 年版，第 537 页。

性差异在于卢梭强调自然教育，尽量避免外部世界和社会的影响。

卢梭认为存在三种教师：自然，人和事物。其中，自然最好，但不能由人决定；事物只能部分由人来决定；只有人这位教师是可以由人完全决定的。当孩子接受教育时，这三位教师越一致越好。可是，因为自然和事物不可控制，那么只有控制人的教育，使之与自然相一致。但是，卢梭在《爱弥儿》开篇即说："上帝创造出来的东西本来都是好的，但是一经过人手就完全改变了性质。"①卢梭也是人，他也无法避免这一点，但卢梭（自认为）因为懂得这个道理，所以他会自觉地让孩子的本性尽量与自然一致，努力减少人为干预对孩子自然本性的破坏。尽管在他教育的过程中，对孩子的本性也造成了一定破坏，但与别人相比程度更为轻微。

因此，虽然人为的干预是坏的，但是如果没有明智的人为干预，任凭孩子发展，结果会更糟。因为他可能受到社会制度、习惯、意见和权威的压迫和毒害，使天性扭曲得更厉害。父母和老师应该保护孩子免受这些压迫，尽管这也是一种人为干预，但却是"两害相权取其轻"。卢梭的教育设计亦是如此，所以从这个角度来说，关于卢梭教育方式的质疑也就可以得到解释了。卢梭的教育方式固然有很多人为因素的影响，但这点并不影响他的教育理论的自然主义性质，因为卢梭是想通过人为安排的"自然方式"来让学生成为理想的自然人，从而使其得到最大程度的"合乎自然"的发展。

马克思则认为，人的全面自由发展固然需要遵循人的生理和心

---

① ［法］卢梭：《爱弥儿》，孟繁之译，上海三联书店 2017 年版，第 1 页。

理发展规律，但它仅仅是实现人的全面自由发展的一个前提，而不是根本，更不是全部。因此必须在这一前提的基础上继续前进。前进的方向是现实的社会。马克思认为，究其根本，人是社会的存在，"人的本质不是单个人所固有的抽象物，在其现实性上，它是一切社会关系的总和。"① 因此，教育所要培养的不是"自然人"，而是"社会人"。

教育的目的是人本身还是角色的问题，其实质涉及的是个人与社会的关系问题，这历来是一切有关人的科学中争论不休的话题。道德教育也不例外。在道德教育目标上，究竟是实现主导意识形态的灌输还是实现个人自由全面的发展；在道德教育理念上，是个人主义优先还是集体主义优先；道德教育的实质究竟是利己主义还是自我牺牲。甚至黑格尔对道德与伦理的区分，实质也是个人优先还是社会优先的问题。

在《关于费尔巴哈的提纲》中，马克思提出了"人的本质不是单个人所固有的抽象物，在其现实性上，它是一切社会关系的总和"② 这样一个耳熟能详的命题。按照黑格尔的界定，本质和存在的统一就是现实性，它具有丰富的规定性。这种规定性在马克思看来，就是一切社会关系的总和（Ensemble）；只有通过与人纠缠在一起的社会关系，人才得以从抽象的人生成为现实性的人，假如人从这些社会关系的总和中脱身而遗世独立，那么，这样的人或者只

---

① 《马克思恩格斯文集》第1卷，人民出版社2009年版，第501页。
② 《马克思恩格斯文集》第1卷，人民出版社2009年版，第501页。

是抽象的思维物，或者是被异化的孤立原子式的抽象个人。这说明社会关系对于人的道德形成有着根本的决定作用。可见，只有处在社会关系中，人才生成为现实的人。

社会关系是实践活动得以展开的历史境域。人的活动是在一定的前提下实现的，"历史的每一阶段都遇到一定的物质结果，一定的生产力总和，人对自然以及个人之间历史地形成的关系"，[①] 这就是个人开展实践的前提条件。

社会关系不仅把人和动物从属性上根本区别开来，而且还使人与人区别开来。社会关系是人所特有的，"凡是有某种关系存在的地方，这种关系都是为我而存在的；动物不对什么东西发生'关系'，而且根本没有'关系'；对于动物来说，它对他物的关系不是作为关系存在的。"[②] 费尔巴哈通过类概念来区分人和动物，从这个层面上来说，马克思的社会关系概念具有类概念的作用；但是，除此之外，社会关系还能把人归于现实的历史情境中，使人与人区别开来。社会关系不是从孤立个人中抽象出来的共同性，而是人的实践活动所处、所生成的现实关系，它让人立足于现实中不同的群体组织，这些组织包括地域组织、血缘家庭、阶级、阶层等。马克思在《1857—1858年经济学手稿》中提出的人的三大发展阶段，实际就是从人所处的现实社会关系来界定人。马克思恩格斯不仅一般性揭示了社会关系，而且进一步分析了社会关系内部的有机结构，

---

① 《马克思恩格斯文集》第1卷，人民出版社2009年版，第544—545页。
② 《马克思恩格斯文集》第1卷，人民出版社2009年版，第533页。

即生产关系的基础性地位和决定性作用，生产关系最终又通过阶级关系表现出来，马克思在《资本论》中对无产阶级和资本家集团关系的分析就是这一理论运用的典型。可见，社会关系概念不仅从共时态将人与人区分开，而且还从历时态把人与人区分开，让人立足于具体的时空坐标轴，成为现实的个人。

社会关系使人生成为现实的个人，它是人之为人的根本规定。然而，社会关系并不是外在于人的幽灵，而是人自己活动的产物。人的丰富的社会关系生成于人的实践活动。

由此可见，马克思以关系论的思维突破了近代实体主义的思维，揭示了社会关系与个人的同构关系，社会关系是个人之间的关系，个人通过社会关系成为现实的个人。而囿于实体思维，则容易导致个人与社会关系的论争，提出诸如利己主义和个人牺牲相互矛盾的观点。

施蒂纳就是运用实体思维看待问题的典型。他认为"通常理解的利己主义者"是那种一心为己、斤斤计较和利益至上的人，近代早期的资产阶级市民阶层就属于这一群体，但"自我牺牲的利己主义者"则必须通过否定自己的"渺小"，纯洁思想，才能发展为"自我牺牲的利己主义者"。由此可见，施蒂纳从抽象的自我出发，独断地抓住事物的某一个方面，以事物的这一方面来反对事物的另一方面。这种形而上学的思维遭到了马克思恩格斯的批判。他们写道："对于我们这位圣者来说，共产主义简直是不能理解的，因为共产主义者既不拿利己主义者来反对自我牺牲，也不拿自我牺牲来反对利己主义者，理论上既不是从那情感的形式，也不是从那夸张的思想形式去领会这个对立，而是在于揭示这个对立的物质根源，随着物质根源的消失，这种对立自然而然也就消灭。"① 在这段论述中，马克思恩格斯指出了利己主义与自我牺牲的关系，它们并非是相互反对的；相反，它们是个人发展的不同历史形式。究竟个人发展采取利己主义的，还是自我牺牲的，并非是他个人所决定的，而是他所处的历史发展阶段所决定的。在取消了阶级对抗和利益冲突的共产主义社会，利己主义与自我牺牲将实现辩证的统一。个人的发展与社会的伦理要求并不矛盾。

这提示我们，个人的发展离不开他所处的社会。特别是在存在着阶级矛盾和利益冲突的社会中，个人是由生产关系和阶级关系决定的。在《资本论》中，马克思就强调不要个人来负责，资本家和地主都只是经济关系的人格化。因此，道德教育不仅具有实现人的自由全面发展的功能，而且还兼有社会职能，即用先进的社会主义核心价值观和道德观培养社会主义建设者和接班人。

但现实中存在着这样的观点，将个人自由全面发展与主导意识形态对立起来，或者立足于极端的个人本位，或者立足于极端的社会本位，没有看到现实的个人与社会关系的相互生成关系。这种非此即彼的观点，在理论上是不科学的；在实践上是有害的。譬如，极端的个人文本思想仅仅强调道德教育的个人功能，抵制道德教育所承担的社会职责，最终将导致道德教育方向的迷失。就目前中国而言，正确的道德教育理念应该立足于中国特色社会主义实践，将

---

① 《马克思恩格斯全集》第 3 卷，人民出版社 1960 年版，第 275 页。

受教育者个人的全面发展与整个社会的和谐有序统一起来。

由此可见，马克思正是牢牢地抓住了人的社会性这一根本特点，从而全面地超越了以理性为本位的古希腊道德教育模式和以自然为本位的启蒙时期道德教育模式，从而构建起了基于人的社会性的公民道德教育模式。

第三节　理论内涵与实践机制

一、理论内涵

从以上的哲学基础和人学前提出发，马克思社会公民道德教育模式的理论内涵主要包括三个方面：价值观的培养、自我认同与社会认同的统一、教育与自我教育的结合。

（一）价值观的培养

古希腊理性公民道德教育模式与启蒙时期自然公民道德教育模式的共同特点是基于某种固定不变的人性假设（如古希腊的理性概念、卢梭的自然概念等），并在此基础上构建道德理论和道德教育模式。但是，如前所说，这样的道德教育都是基于某种抽象的、想象的、虚幻的人的概念，忽略了人的社会性。马克思则从现实的、具体的、历史的人出发，把握到了人的现实性，深刻地认识到人的本质是社会关系的总和，而非某种普遍的先验属性。也就是说，"人处于生成之中，并没有先天所具有的本质规定，他是不完善的"①。后天的教育构成了人的完善的必要阶段。人既需要从教育中获得自身生存和发展所必需的知识、技能，也需要从中形成对于社会、自然和自身的正确认识。前者为人提供充分的获取生活资料的能力；后者为人充当处理社会关系的向导，并且在更根本的意义上，决定着个体的处理模式和处理方式。后者对一个人的发展更为重要，因为提高处理人与世界关系的能力，"不仅仅是外化的具体处理某件事情的能力，而是领悟人与世界关系的能力，这是把握人的本质的能力"②。因此，知识和技能固然是教育的题中应有之义，但更重要的是价值观方面的培养，即对人的情感、态度、意志、信仰等各个方面的综合塑造。

价值观的培养在马克思社会公民道德教育模式中具有核心性的地位。这一方面来自意识形态能动的反作用，另一方面来自人的多重属性。从物质与意识的关系来说，虽然物质决定意识，但是意识对物质具有重要的反作用，能够正确地反映物质世界、指导物质活动进而改造客观世界。意识包含两个方面：其一是关于自然的意识，即对自然存在的意识，集中体现为自然科学；其二是关于社会的意识，即对社会存在的意识，集中体现为人文社会科学。公民道德教育由于强调的是对公民的政治品质以及一般意义上的道德品质

---

① 舒志定：《人的存在与教育——马克思教育思想的当代价值》，学林出版社2004 年版，第 98 页。

② 舒志定：《人的存在与教育——马克思教育思想的当代价值》，学林出版社2004 年版，第 97 页。

的培养，所以主要与社会存在和社会意识相关。社会公民道德教育的目的就是要使人形成正确的、与社会存在相适应、能够促进社会存在发展的社会意识，而这一点就集中体现为价值观的培养。就人的多重属性而言，人不是一种单一的存在物，而是兼有自然属性、社会属性和精神属性。在这三重属性中，真正发挥支配作用的是精神属性，因为它是以为人的活动提供具体内容作为目的。而且，人虽然本质上是物质性的，但却能够在精神领域获得某种超越性，从而使其与其他动物区别开来。这种超越性就是基于人基于自身具有的精神属性，使其超越了低级的生命存在状态，并通过反思和批判把握自然、社会和人自身的本质所在。不过，由于这种精神属性从内容到形式都是社会的产物，并非先天就有的，因此需要后天的培养和引导——这也同样体现为价值观的培养。只有形成正确的价值观，人们才能够准确地把握自身的社会交往和社会关系所具有的性质，从而产生对于自我和社会的正确认知与认同，进而形成政治共同体所要求的良好的公民道德。

在马克思的理论中，人并非是一个抽象的概念。在物、利益与人的关系中，马克思强调人的重要性。他所谓的人，在外延中，涵盖了包括无产阶级在内的最大多数的人。在《莱茵报》中，马克思认为政治国家应该具有公共性，不能为了少数人的利益而置穷人的生存不顾，因而提出了"人民"的概念，认为要以人民的理性取代官僚的理性和有产者的理性。人民群众是物质生产实践的主体，他们通过每天的活动解决了人的衣食住行，创造了人类历史。在《神圣家族》中，马克思恩格斯批判了鲍威尔等人认为人类历史的"诞生地不是地上的粗糙的物质生产，而是天上的迷蒙的云兴雾聚之处"的错误观点。人民群众既是历史的剧作者，又是历史的剧中人。在唯物史观逐渐发展成熟后，马克思进一步通过政治经济学的批判性研究，对物质生产劳动在人类历史中的基础性地位进行论证，从而证明了人民群众是历史的真正创造者。因此，对人的关怀实质是对人民群众历史主体地位的信任，对人民群众生存和发展的关心。心怀人民，这是马克思强调社会道德教育最为核心和最为重要的内容。这要求对人民群众不仅在情感上要有爱，而且在实际中，要尊重人民群众，要虚心地向人民群众学习。

承认人民群众的历史主体地位，也是破解现实存在的各种拜物教思想的重要途径。形形色色的拜物教思想其实质是没有看到商品、货币和资本的本质是人与人之间存在的社会关系，将商品、货币和资本的自然属性社会化，使本身是对象化和物化结果的产品主体化，从而否定了人民群众的历史主体地位。马克思在《资本论》中通过劳动价值论和剩余价值论论证了人民群众，特别是物质生产劳动者对价值创造的根本性作用：他们不仅生产出了使用价值和价值，而且还生产出了社会关系本身。

因此，对于马克思而言，社会公民道德教育最为重要的在于培养公民的公共性精神，从对物的贪婪占有和拥有的意识中解放出来，这是其价值观教育的本真内涵。

（二）个人利益与社会利益的统一

马克思虽然并没有专门对道德教育问题展开系统论述，但是，他通过对现实不合理现象的批判和对功利主义思想的批判，提出了一个重要的问题，即道德教育要实现个人利益与集体利益的统一。

青年马克思接受了康德道德哲学中对人的价值肯定的观点，但他对康德道德哲学停留于应当、拒斥人的经验存在持批判态度；同时，他接受了黑格尔对人的社会历史存在的关注，将黑格尔对公共性伦理的关注引入到他早期的批判活动中，提倡公民以公共性的方式进行思考。在《第六届莱茵省议会的辩论（第一篇论文）》中，马克思用极具情感色彩的语言描述了特殊等级缺乏公共性的道德状况："在关于新闻出版的辩论中，特殊等级精神比在其他任何场合都表现得清楚、明确而充分。新闻出版自由的反对派尤其是如此，正如在一般自由的反对派中，特定领域的精神、特殊等级的个人利益、品格的先天的片面性表现得最为强烈、明显，露出一副狰狞的面孔。"① 缺乏公共精神，从个别等级的特殊利益出发，使他们面相丑陋。

在《黑格尔法哲学批判》与《论犹太人问题》中，马克思从公共伦理出发，对市民社会的利己主义本质进行了深刻把握和批判。许多资产阶级学者认为，现代市民社会摆脱了政治的纠缠，将人作为利己主义的个人解放出来，并发展出了自由、私有财产、平等、安全等一系列市民的平等权利。这些权利是否真的使市民摆脱了利己主义？答案是否定的，马克思通过对平等、自由等所谓的市民权利的细致分析，发现这些权利表明市民是"没有超出利己的人，没

---

① 《马克思恩格斯全集》第 1 卷，人民出版社 1995 年版，第 146 页。

有超出作为市民社会成员的人，即没有超出封闭于自身、封闭于自己的私人利益和自己的私人任意行为、脱离共同体的个体。在这些权利中，人绝对不是类存在物，相反，类生活本身，即社会，显现为诸个体的外部框架，显现为他们原有的独立性的限制。把他们连接起来的唯一纽带是自然的必然性，是需要和私人利益，是对他们的财产和他们的利己的人身的保护"①。

康德和黑格尔②虽然在推崇道德的个人层面和社会层面是有区别的，然而他们致思的逻辑却是一样的，即相信有一个先于和高于现实生活的道德伦理规范；该道德伦理规范具有自主性和自足性，并且能够裁判现实生活。康德和黑格尔均主张应然的标尺是先在的，然后可以将先在的标尺应用到现实，即"以道德规范现实"。黑格尔还将伦理与道德进行了区分；关于伦理，他指出伦理是抽象法的实现，存在着伦理性个人，要求个人服从国家，参与到公共生活中而成为人。青年马克思对人的价值的推崇，对公共性伦理的接受，同样是道德规范先行，而不是从现实生活出发来把握道德规范，进而考察道德规范与现实生活的关系。然而，随着对现实经济生活的观察和对政治经济学的批判性研究，马克思越来越认识到利

① 《马克思恩格斯文集》第 1 卷，人民出版社 2009 年版，第 42 页。
② 道德被康德看成纯粹理性的意志和精神，与人的需要、社会活动和关系没有关系，因此他的道德是一种停留于主观意识领域的"应该"，仅仅是一种善良愿望。（黑格尔：《法哲学原理》，范扬、张企泰译，商务出版社 2019 年版，第 42 页。）黑格尔与康德的区别，以及黑格尔对道德和伦理的区分，其中很重要的一点就在于康德立足于个人的视角，而黑格尔则在肯定康德看到个人主体性的基础上，更加强调道德的社会性的一面。

益在现实生活中的重要性。特别是在对功利主义的批判中，马克思评价它的提出者是提倡实现个人利益与集体利益的统一。①

　　社会公民道德教育的模式强调道德教育要实现人的自我利益与社会利益的统一。这是由它的哲学基础和人学前提决定的。这种统一至少体现在两个方面：第一，自我认同与社会认同的产生是相统一的。社会性是人的基本属性，只有处于社会关系中的人才有可能具有人的完整内涵。一个自小与世隔绝的人尽管具有人的自然属性，但却很难被看作真正意义上的人，因为他不具有人的社会属性和精神属性，后两者都是要在具体的社会交往和社会实践中形成的。一个人对自我的意识是与对他人的意识一起相伴而生的，因为人只有在与他者的对比中识别出自身，而这同时也就构成了个体对于作为整体他者的社会的最初认知。因此，在这个意义上，个人的自我认同与社会认同的产生是相统一的。第二，自我认同与社会认同的内容是相统一的。人的本质是社会关系的总和，后者不是先天就有的，而是在后天的社会交往和社会活动中逐渐形成的。个体既要从自身出发来认识社会，也要把自身放在社会关系中观照。关于自我的意识和关于社会的意识是相互交融、相互补充的，因而自我认同与社会认同的具体内容也是相互统一的。所以，马克思的社会公民道德教育模式不仅要致力于培养人们的价值观，还要求人们通

---

① 当然马克思也意识到，现实社会所存在的阶级矛盾和利益冲突，使功利主义的这种倡导纯粹变成了道德的说教。在现实中，实现最大多数人的最大利益最后演变为实现资本的利益，资本家剥削无产者。功利主义演变为极端利己主义以及拜物教。

过既有的价值观来对自身的实践活动进行恰当的指导，形成良好的人与人、人与社会的交往模式，从而把主体的自我认同和社会认同有机地统一在一起。

与理性公民道德教育模式和自然公民道德教育模式相比，社会公民道德教育模式是对个人利益和社会利益矛盾关系的一种更为完善的解答。理性公民道德教育模式强调社会利益的重要性，要求社会利益优先于个人利益，为了社会利益可以牺牲个人利益；自然公民道德教育模式则强调个人利益的至上性，要求个人利益具有优先性。但是，二者都有偏颇。就前者而言，被认为具有优先性的社会利益实质上往往会是那些属于特定阶级的特殊利益，它们往往将本阶级的利益披上普遍利益的外衣，使得自身利益获得道德上的合法性，而其他阶级的利益则被漠视或牺牲。之前的思想家未曾认识到理性公民道德作为一种意识形态所具有的阶级性质，马克思则揭示了这种道德的阶级性质并对其进行了强烈批判。就后者而言，则会不可避免地陷入利己主义。但是，无论心理利己主义，还是伦理利己主义，都面临着理论和现实的双重困境：从理论上来说，它不具有公共性且无法自洽；从实践上来说，它无法为人的实践活动提供真正有效的指导。许多人基于进化论为利己主义进行辩护，认为利己者是生存竞争的"适者"，斯宾塞甚至提出了"社会达尔文主义"，将利己主义原则应用于国际政治。这种观点似是而非，实质是错误的；即使依据生物学的观察，我们也会发现生物进化固然带有一定程度的个体利益至上的色彩，但是更重要的是互惠互利和相互合作；在社会进化中，互惠互利和相互合作的作用表现得更显著。因此，自我认同与社会认同的统一，能够帮助个体更好地处理个体利益与社会利益之间的关系，使其认识到二者的内在一致性，进而在对社会的奉献中实现自身的最大价值。

（三）教育与自我教育的结合

康德在论述道德的时候，提出了自律与他律的问题。自律就是服从"他自身所制定的，并且是普遍的规律"，一个在道德上自律的人不会感到受着外在的束缚，因为他"仅仅有责任按照他自己的、但就自然目的而言普遍地立法的意志而行动"①。他律则是意志"在它的准则与他自己的普遍立法的适宜性之外的某个地方，从而超越自己，在它的某个客体的性状中，寻找应当规定它的法则"②。二者相比，自律在道德中占据更为核心的地位，只有它才是"人的本性和任何有理性的本性的尊严的根据"③。康德对于自律的强调，凸显了内化在道德教育中的重要性，表明了道德的真义不在于被迫地服从外在的道德规范，而在于自愿、自觉、自主地从事道德的实践。在康德的基础上，马克思的社会公民道德教育模式进一步指出了道德教育同时具有教育与自我教育的双重维度，而且这种双重维度既

---

① ［德］康德：《道德形而上学的奠基》（注释本），李秋零译注，中国人民大学出版社2013年版，第54页。

② ［德］康德：《道德形而上学的奠基》（注释本），李秋零译注，中国人民大学出版社2013年版，第63—64页。

③ ［德］康德：《道德形而上学的奠基》（注释本），李秋零译注，中国人民大学出版社2013年版，第58页。

体现在教育者方面，也体现在受教育者方面。

从教育者方面来看，教育与自我教育的双重性能够解决由谁来担任道德教师的问题，后者又与德性是否可教的问题具有重要的关联。古希腊时期的智者自称自身已经获得了丰富的智慧，能够向学生们有偿传授各种各样的知识和技能，使其获得德性、功成名就。苏格拉底则对这一点提出了质疑，他指出德性是不可教的，其根本原因在于不存在合格的德性教师，因为无论那些自认为智慧的智者还是那些自认为有德性的公民都未曾拥有关于德性的真正知识，更不用说把德性知识教授给学生了。而且，即使假设某个人真的拥有关于德性的知识，那么也应当是来自于另一个人的教授，以此类推，那么第一个获得此类知识的人又是被谁教授的呢？于是最终只能归结于神。这种思路的谬误在于把道德知识看作了某种既成的、固定的事物，并且忽视了人所具有的主观能动性在认识世界过程中所具有的关键性作用——究其根源，仍然是由于局限在理性主义的抽象人性论之中。而从社会公民道德教育的角度来看，就不存在这样的问题，因为意识的主观能动性为人获得关于道德的真正认识提供了可能。同时，由于作为上层建筑的道德总是在随着生产力和经济基础的变化而变化，所以教育者对于道德的认识也处于不断的发展过程中。就此而言，教育者尽管在公民道德教育中充当引导者，但这并不意味着他对于公民道德的认识就是完备的，而是需要依据自身的社会交往和社会实践而不断地学习、思考，从而把教育与自我教育结合起来。

从受教育者一方来说，教育与自我教育相结合有助于促进他律与自律的统一，避免理论与实践的脱节。古希腊理性公民道德教育模式和近代理性公民道德教育模式均强调道德说教，试图以灌输的形式将道德理论注入学生的心灵之中，但往往收效均不佳。社会公民道德教育应当依靠个人对于自我实现的正确认识，而非依靠空洞的道德说教。因为空洞的道德说教不仅无助于真正公民道德的养成，反而会激起被教育者的逆反心理，进而产生对于教育内容的抵触和反抗。真正的公民道德教育应当从对人和社会的正确认识出发，使被教育者理解到人的本质，使其建立正确的自我认同和社会认同，把握个人利益与社会利益之间的内在一致性，从而对教育内容产生理智上的理解和情感上的亲近，并自觉地进行公民道德方面的实践活动。这既是社会公民道德教育的必然要求，也是它的本质特征。因为教育本身不应当成为外在的束缚，而应当成为使被教育者形成正确认识、使其获得自由和实现自我解放的重要途径，这就必然要求把教育与自我教育结合起来。

至此，我们可以看到，社会公民道德教育是马克思在辩证唯物主义和历史唯物主义的基础上提出来的一种公民道德教育模式。它强调教育的人性论基础在于人的本质是一切社会关系的总和，其出发点是社会，其主要内容是让人认识到社会生活发生和发展的实践基础，进而克服异化、实现自我解放，其根本目的在于使人实现合乎社会的自由全面发展，并最终使得"每个人的自由发展是一切人的自由发展的条件"。①

---

① 《马克思恩格斯文集》第2卷，人民出版社2009年版，第53页。

二、实践机制

在资产阶级统治的社会，道德与法律均具有鲜明的阶级属性，都是统治阶级意志的体现，本质上都从属于资产阶级的阶级利益。在阶级社会中，"个人利益总是违反个人的意志而发展为阶级利益，发展为共同利益，后者脱离单独的个人而获得独立性，并在独立化过程中取得普遍利益的形式，作为普遍利益又与真正的个人发生矛盾，而在这个矛盾中既然被确定为普遍利益，就可以由意识想象成理想的，甚至是宗教的、神圣的利益。"① 这样一来，统治阶级的阶级利益就披上了共同利益的外衣，并以道德的面目获得了价值上的优先性和规范性。在这种道德语境下，自我牺牲和利己主义貌似是对立的关系，但实质是内在一致的，都是维护统治阶级利益的手段。所以，共产主义者不向人们提出各种各样的道德要求和道德说教，更不否认和抛弃私人利益，因为他们清醒地认识到："'共同利益'在历史上任何时候都是由作为'私人'的个人造成的……所谓'普遍的'一面总是不断地由另一面即私人利益的一面产生的，它决不是作为一种具有独立历史的独立力量而与私人利益相对抗。"② 由此，马克思对资产阶级占统治地位下的道德和道德教育活动进行了严厉的批判，并在此基础上引申出以人的社会性为核心、以人的自由全面发展作为根本目标的社会公民道德教育模式的实践机制。这

---

① 《马克思恩格斯全集》第 3 卷，人民出版社 1960 年版，第 273 页。
② 《马克思恩格斯全集》第 3 卷，人民出版社 1960 年版，第 275—276 页。

一机制主要包含三个方面：以客观规律性与主观能动性相结合为基础的教育进路，以实践教育与理论教育相结合为重点的教育途径，以科学精神与人文精神相结合为核心的教育宗旨。

（一）以客观规律性与主观能动性相结合为基础的教育进路

从世界观意义上来说，马克思主义的基本原理是物质决定意识，意识对物质具有反作用。物质和意识之间的辩证关系反映到认识方面就是客观规律性和主观能动性之间的辩证关系。包含教育在内的一切事物都各有其存在和发展的规律，人类可以通过主观能动性认识事物，把感性认识上升到理性认识，从而准确地把握客观规律，并将其应用于实践之中。人的主观能动性表现在意识对物质的反作用上，表现在社会意识对社会存在的反作用上。意识能够帮助人们认识世界并且改造世界，这是人区别于动物的重要标志之一。规律的客观性和人的主观能动性的关系需要人们用唯物的、辩证的观点去思考和把握。首先，必须把规律的客观性放在第一位；发挥人的主观能动性必须以承认规律的客观性为前提，否则就容易陷入唯心主义的谬误。其次，在尊重客观规律的基础上，要充分发挥人的主观能动性，通过意识反作用于物质来为人类创立更多的物质财富和精神财富。

这一点反映在教育上，就要求我们尊重教育的客观规律，尤其要尊重学生身心发展的内在规律。在此基础上，还要充分发挥教师和学生的主观能动性，从交互主体性的角度来看待教育。正如马克思指出的，人在本质上是社会关系的总和，"各个人过去和现在始终是从自己出发的。他们的关系是他们的现实生活过程的关系。"①
因此，人与人之间的交往不是纯粹的主体与客体之间的交往，而是
具体的、现实的、历史的交往，是主体与主体之间活生生的交往，
从而具有鲜明的交互主体性。

教师和学生的交往也是如此。在教育过程中，既要坚持教师的
主导地位，也要重视学生的主体性。一方面，不能采取灌输的方
式，把学生贬低为纯粹的客体，忽视学生的内在需求和自我意识，
使学生缺乏对教育内容的自觉理解和深入把握，以致沦为马克思批
评过的"道德说教"；另一方面，也不能放弃教师的主导作用，单
纯强调学生的主体地位，忽视教师在内容引导和价值引领上的重要
地位，使教育者为被教育者所主宰，以致陷入"价值相对化"的误
区。教育者要允许学生在接受教育内容时表现出充分的独立性、创
造性和自觉性，同时也要对学生的知识经验、思维方式、情感意志
和价值观念进行正确的引导，使学生正确地把握人的社会本性，特
别是要认识到建立在人的社会性基础上的集体主义道德和劳动价值
理论，意识到人的最高目的不在于成为某种角色的人，而在于通过
将自身的发展与社会的发展相统一来实现自身的最大价值，从而成
长为一个全面自由发展的个体。

（二）以实践教育与理论教育相结合为重点的教育途径

在道德教育思想史上，还存在另外一种争论，即道德教育是让

---

① 《马克思恩格斯文集》第 1 卷，人民出版社 2009 年版，第 587 页。

人发挥出人所固有的禀赋和能力，还是通过道德教育对人性实现化性起伪，实现人性的再造，使其具有符合特定社会所要求的道德品质和能力。这两种观点实质上都承认存在某种人性，然后从这种人性出发进行道德教育；区别在于前者承认人性本善，后者承认人性本恶。马克思主义反对固定的人性论，主张实践人学观，认为人是其实践活动得以开展的条件，并在实践活动中得以形成。

在《1844年经济学哲学手稿》中，马克思指出"全部历史是为了使'人'成为感性意识的对象和使'人作为人'的需要成为需要而作准备的历史（发展的历史）"[①]。人并没有先验的本质，而是历史生成的结果。人的历史生成的过程就是人的对象化的过程；通过这个过程，人产生了新的需要，获得了新的能力，五官感觉得到发展。在《关于费尔巴哈的提纲》中，马克思在评判18世纪法国唯物主义者的环境决定论时指出："环境的改变和人的活动或自我改变的一致，只能被看做是并合理地理解为革命的实践。"[②] 实践活动不仅改造了自然，创造了社会关系，为人创造了一个安身立命的世界，而且人在外化自己能力的同时，发展出人的主体能力。

由此，马克思发现了人在实践活动中的历史生成性，这使他在"对黑格尔的辩证法和整个哲学的批判"中重新评价了黑格尔，指出"黑格尔理解到——尽管又是通过异化的方式——有关自身的否定具有的积极意义，所以同时也把人的自我异化、人的本质的外

---

① 《马克思恩格斯文集》第1卷，人民出版社2009年版，第194页。
② 《马克思恩格斯文集》第1卷，人民出版社2009年版，第504页。

化、人的非对象化和非现实化理解为自我获得、本质的表现、对象化、现实化。简单地说，他——在抽象的范围内——把劳动理解为人的自我产生的行动，把人对自身的关系理解为对异己存在物的关系，把作为异己存在物的自身的实现理解为生成着的类意识和类生活。"①"黑格尔的《现象学》及其最后成果——辩证法，作为推动原则和创造原则的否定性——的伟大之处首先在于，黑格尔把人的自我产生作为一个过程，把对象化看作非对象化，看作外化和这种外化的扬弃；可见，他抓住了劳动的本质，把对象性的人、现实的因而是真正的人理解为人自己的劳动的结果。"②

马克思和恩格斯认为他们与人道主义的区别在于："费尔巴哈在那里阐述道：某物或某人的存在同时也就是某物或某人的本质……可是，这千百万无产者或共产主义者所想的完全不一样，而且这一点他们将在适当时候，在实践中，即通过革命使自己的'存在'同自己的'本质'协调一致的时候予以证明。"③人道主义是从抽象的人出发，固守人的本质，将人的本质当作标尺观察历史。人类历史由此被分为本真的没有异化的历史、异化的历史以及回归本真人性的历史三个阶段。费尔巴哈则直接将存在等同于本质，取消两者之间的区别，因此当他谈论人时，仅仅关注人的自然属性，而不关注人类世界。马克思恩格斯则不同，他们强调实践对于人的本体意义，即人只有通过实践才能成为人。

① 《马克思恩格斯文集》第 1 卷，人民出版社 2009 年版，第 217 页。
② 《马克思恩格斯文集》第 1 卷，人民出版社 2009 年版，第 205 页。
③ 《马克思恩格斯文集》第 1 卷，人民出版社 2009 年版，第 549 页。

人类的实践并非是盲目进行的，而是与人类的认识活动相关，就像马克思在《资本论》中所指出的，最憨足的建筑师比蜜蜂高明的地方就在于：在建房子以前，已经在头脑中将房子建好了，蜜蜂则是在本能驱使下进行的。因此在强调实践的重要性时，还要看到实践与人类认识活动的辩证统一关系。就像马克思在《资本论》中所写道的："生产劳动同智育和体育相结合，它不仅是提高社会生产的一种方法，而且是造就全面发展的人的唯一方法。"①

人的自由自觉的活动有两种基本方式：一种是实践活动，即主体改造客体的活动；另一种是认识活动，即主体反映客体的活动。实践活动和认识活动密切相关，实践活动推动认识活动，认识活动促进实践活动。人是自然属性、社会属性与精神属性的统一体，相应地拥有三种活动：以物质生产为基础的生存活动、以物质生产和科学实验为基础的认识活动、以物质生产和社会交往为基础的社会活动。因此，人的存在是以实践为基础的。实践是人能动地改造世界的社会性的物质活动，既具有客观的物质性，也具有自觉的能动性，还具有社会的历史性。

就社会公民道德教育而言，这要求我们必须坚持以实践教育为基础、实践教育与理论教育相结合的教育方式。其重要性主要体现在四个方面：其一，道德实践是道德认识的来源。道德不是先天就有的，而是伴随着社会关系的发展而产生的。传统哲学家或者从抽象的概念出发来建构道德体系，或者从人性的特点出发来解释道德

---

① 《马克思恩格斯文集》第 5 卷，人民出版社 2009 年版，第 557 页。

实际，但却都没有看到道德本身所内含的社会性、现实性和历史性，更没有从认识隶属于某一特定阶级利益的道德教育推进到隶属于人本身的社会公民道德教育。因此，在教育的过程中，通过具体的道德实践能够促使公民更好地理解道德理论的内涵和意义，这样就不会在利己主义与自我牺牲之间随风摇摆。其二，道德实践是道德认识的动力。作为社会关系的反映，道德实践内在于人的现实生活之中，并随着社会关系的变迁而变化。不同的时代具有不同类型的道德实践，从而产生不同方面的道德问题，并为了解决这些问题而出现不同风格的道德理论。就个体而言，只有经过具体的道德实践，才能真正地意识到道德问题的现实存在，才能获得寻求科学、正确、合理的道德认识的内在动力，而非仅仅停留在概念上的循环阐释。其三，道德实践是道德认识的目的。公民道德教育要培养公民的政治认同、政治信念、政治立场以及一般意义上的道德素养。其最终目的是为了使公民具有参与和改善政治的能力、条件和素质，进而积极地参与政治生活，促进政治共同体的良好发展，在更高意义的道德实践中实现自身的价值。其四，道德实践是检验道德认识正确与否的标准。虽然道德是社会意识的集中反映，但是每个人的道德意识和道德认识不可避免地会存在客观和主观上的差异。有效的道德实践能够成为评判道德认识的合法标准，并从根本上防止道德认识的相对化和虚无化。

值得注意的是，马克思对实践在道德教育中重要性的强调，还在于他对现实所存在道德问题根源的认识。在《德意志意识形态》中，马克思恩格斯就一再强调道德对社会现实的依赖关系。"不顾生产这些思想的条件和它们的生产者而硬说该时代占统治地位的是这些或那些思想，也就是说，如果完全不考虑这些思想的基础——个人和历史环境，那就可以这样说：例如，在贵族统治时期占统治地位的概念是荣誉、忠诚，等等，而在资产阶级统治时期占统治地位的概念则是自由、平等，等等。"①与资产阶级意识形态家脱离社会实践和现实生活将道德观念抽象化的做法不同，马克思强调道德是由社会实践与人类社会发展水平所决定的。基于道德与实践的关系，马克思在其著作中多次分析资产阶级道德的现实根源和实践土壤，资产阶级的贪婪、弄虚作假、冷酷无情不是因为资本家作为个人的道德水平低劣，他们只是经济关系的人格化，不能对资本主义社会所涌现的种种道德丑闻负责任。相反，是资本对剩余价值的贪婪攫取本性，导致了资产阶级的拜金主义、利己主义等。

基于道德与实践的关系，马克思强调指出改造现存不合理世界是进行道德教育最佳的途径。"环境的改变和人的活动的一致，只能被看做是并合理地理解为变革的实践。"②马克思恩格斯认为："无论为了使这种共产主义意识普遍地产生还是为了实现事业本身，使人们普遍地发生变化是必需的，这种变化只有在实际运动中，在革命中才有可能实现；因此，革命之所以必需，不仅是因为没有任何其他的办法能够推翻统治阶级，而且还因为推翻统治阶级的那个阶级，只有在革命中才能抛掉自己身上的一切陈旧的肮脏东西，才能

① 《马克思恩格斯文集》第 1 卷，人民出版社 2009 年版，第 552 页。
② 《马克思恩格斯文集》第 1 卷，人民出版社 2009 年版，第 504 页。

胜任重建社会的工作。"①革命的实践不仅变革现实的生产关系，而且也促使人们"普遍地发生变化"。这也意味着道德教育的有效与否，取决于道德教育主体所立足的社会本身的存在状态和发展状况。因此，道德教育是一项系统的社会工程，它要求我们既要坚持道德教育本身的重要性，同时也要看到道德教育只是社会大系统中的一个子系统，行之有效的道德教育只能是全社会共同行动起来的大教育，这需要社会系统中各个行为主体协作行动，净化社会空气，形成良好的社会氛围。

此外，实践教育作为道德教育的方式之一，还意味着道德教育同时需要向人民群众学习。马克思所说的实践，不是亚里士多德和康德的道德实践，而是肯定了物质生产劳动的根本性地位、从而突出强调人民群众历史主体地位的社会实践。人民群众不仅创造了物质财富，他们也直接或间接地参与了精神财富的创造。"知屋漏者在宇下"。这就需要让受教育者与人民群众保持血肉联系，虚心向人民群众学习。

在理论教育方面，马克思不仅针对工人阶级等进行正向的理论教育，而且在不同历史时期针对当时种种错误的道德观念和道德现象进行驳斥，以澄清科学道德观与非科学道德观间的边界。例如，在《论犹太人问题》中，马克思对当时资产阶级法条所宣扬的自由、平等、人权和安全，通过逐一的批驳，澄清了这些价值观念的实质与危害，并通过经济学研究从资本主义生产方式的内在运行中分析

① 《马克思恩格斯文集》第1卷，人民出版社2009年版，第543页。

了这些价值观念产生的根源。在《德意志意识形态》中，马克思恩格斯对功利主义和利己主义进行了系统的分析和批判。在《哲学的贫困》和《1857—1858年经济学手稿》中，马克思对普鲁东从平等价值观念出发裁判现实的做法进行了批判。在《哥达纲领批判》中，马克思系统地批驳了拉萨尔主义的理论错误。通过这些理论活动，马克思阐述了科学的道德观念，清除了种种错误道德观念对工人运动的不良影响。

（三）以科学精神与人文精神相结合为核心的教育宗旨

科学精神关乎真理，人文精神关乎价值。科学求"真"，要求尽量客观真实地揭示出客观事物的本质，属于"实然"范畴；人文求"善"，探求事物在抽象层面的价值意义，属于"应然"范畴。以政治学和政治哲学为例，政治学研究的是现实政治的运作模式和机构设置，是属于对具体物象的关照，目的是在纷繁复杂的政治运动中把握事实的真相，是一种科学的"求真"精神，因而政治学被有的学者称为"政治科学"。而政治哲学则研究价值层面的抽象概念，如民主、自由、平等和正义等，更多注重政治"应该"向什么方向发展，是出于一种"求善"的人文精神关怀。

在道德教育中，马克思同样注重科学精神与人文精神的结合。例如，对于市民社会利己主义的批判。在1844年之前，马克思与其他的青年黑格尔派没有根本区别，都从人的社会性与类本质出发，对市民社会的利己主义进行了激烈批判。在1844年之后，马克思通过对政治经济学的研究，一方面改变了对利己主义单向度批判的态度，逐渐意识到利己主义并非是十恶不赦的，利己主义者在追求自己利益的过程中，在分工和市场机制的调节下，能够实现他人需要的满足和社会的和谐存在；另一方面他发现利己主义是一个历史性的存在，它不是从来就有的，而是人类社会发展到一定阶段特别是资本主义后而产生，在这种状况下，每个人自由全面的发展并没有实现，相反，它是一部分人的发展是以其他人得不到发展这种社会状况的反映。因此，利己主义的消亡，不能仅仅诉诸尖锐的道德指责，而只能靠生产力和社会本身的发展以及新的社会形态的建立，在这种社会形态中，每个人的自由发展是其他人自由发展的前提和条件。

正确的道德教育方式应该是既弘扬主体人的价值，同时又需要立足于现实社会发展和实践的展开；不能仅停留于一种应该的逻辑，以一种应然取代另外一种应然。唯有这样，道德教育才能具有真正的成效。

由此可见，建立在辩证唯物主义和历史唯物主义基础上的社会公民道德教育模式，无论在理论内涵还是在实践机制方面，都全面地超越了古希腊的理性公民道德教育模式和启蒙时期以卢梭为代表的自然公民道德教育模式。如果说在古希腊的理性主义背景下，理性公民道德教育模式把理性看作人的本质的核心要素，以理性的人作为出发点，致力于把人培养成为有德性的公民。那么在卢梭那里，自然公民道德教育模式则把自然的人看作本真意义上的人，并且充分发掘出了人性中的情感要素，使其与理性一起构成人的内在本质。同时，对人的本真存在场域的设想也从玄远的哲学世界置换到一个理想的自然社会之中。尽管后者仍然停留于抽象的理论层面，但已在无形中触及了人与社会之间的必然性关联。而且，更重要的是，卢梭的自然公民道德教育的出发点被确定为空想的人本身，目标就在于促使其成长（回归）到人所应有的理想自然状态，从而成为空想的自然的人。马克思与上述两种观点不同，充分强调人的社会本性，将传统哲学中的抽象的人拉回到人间，将现实的、具体的、历史的人作为其思想的全部核心。他将思想的生活转变为生活的思想，并将卢梭意义上的人的自由发展提升为人的全面自由发展与社会和谐存在的统一，既推进了个人的自由全面的发展，又实现了社会主导意识形态的灌输，从辩证唯物主义和历史唯物主义的高度重塑了基于社会本位的公民道德教育模式，以此使西方公民道德教育的模式日益完善。

结论和启示

至此，我们就可以对本书作一个总结。本书试图以政治与教育之间的关系为着眼点，通过对西方公民道德教育模式逻辑演进的分析，试图探讨其对于推进我国思想政治教育的启示。在认真研究和考察的基础上，本书认为西方公民道德教育模式经历了三个阶段的跃迁：古希腊理性公民道德教育、启蒙时期自然公民道德教育和马克思社会公民道德教育模式三个阶段，教育模式的这三个阶段的跃迁，首先是时代命题和现实的需要，实现转换的背后有其深刻的哲学基础和人学前提，在此基础上，理论内涵和实现途径都有了新的变化。

本书认为，从根本上看，西方公民道德教育立足的教育传统是"政治—教育"相互联结和统一的西方教育传统，只有从这一传统出发去考察西方公民道德教育，才有可能真正揭示其模式演变背后的原因及其理论内涵。我们的考察是从古希腊教育思想开始的，因为西方教育思想发端于古希腊，"古希腊思想家所设计的教育理想，是研究教育主题发展与演化历史的起点，切不可超越"[1]。依据"历

---

[1]　舒志定：《人的存在与教育——马克思教育思想的当代价值》，学林出版社2004年版，第2页。

史从哪里开始，思想进程也应当从哪里开始"① 的原则，对古希腊公民道德教育理论的考察构成了本书研究的逻辑起点和历史起点。

通过考察古希腊思想家及其后一直到洛克的公民道德教育思想，我们发现虽然在具体观点或主张上，不同的理论家有着不尽相同的认识，但在最为深层和核心的基本理念上，他们却表现出惊人的一致，即都主张进行通过理性教育的方式对孩子们进行公民道德教育，认为教育的出发点在于"城邦整个利益以及全体公民的共同善业"，② 教育的根本目的在于把孩子培养成为城邦所需要的合格"公民"。通过理性进行道德教育必然导致了以成人的标准来要求孩子，从而把孩子当成一个小"成人"的问题。在这一点上，不论是古希腊的思想家，如苏格拉底、柏拉图、亚里士多德，还是后来的洛克，都是一致的。他们都"一直在寻求一套统一的观念……这套观念可被用于证明或批评个人行为和生活以及社会习俗和制度，还可为人们提供一个进行个人道德思考和社会政治思考的框架。"③

任何一种教育模式的背后都有其相应的哲学基础和人性论前提。它们就像"一双看不见的手"在最终意义上决定着教育模式的基本内容和特征脉络。对于古希腊理性道德教育模式而言，其哲学基础是本体论哲学，这一哲学的最根本特征是追求事物的永恒存在

---

① 《马克思恩格斯文集》第 2 卷，人民出版社 2009 年版，第 603 页。
② ［古希腊］亚里士多德：《政治学》，吴寿彭译，商务印书馆 2017 年版，第 157 页。
③ ［美］理查德·罗蒂：《哲学和自然之镜》，李幼蒸译，商务印书馆 2003 年版，第 7 页。

和超验本质，以便求得绝对真理。教育根本上是人的教育，因此教育的根本前提在于其人学观念。可以说，不同教育观的背后隐藏着不同的人学观。通过考察从古希腊一直到洛克的人学观，我们发现从根本上看，他们都强调人之为人的根本在于理性。"操修理性而运用思想正是人生至高的目的。所以，我们首先应凭理性和思想，调节公民们的生育（婚配）和习惯的训练。"①"发展理性，正是发展整个的人性；发展整个的人性，舍去特别发展理性外则无它途。"②其基本特征在于："重精神轻肉体，重理性轻感性，重社会轻个人，重德行轻利欲，构成了他们一贯的人性思维模式。"③ 正是基于这样的人学观，我们把古希腊的公民道德教育模式界定为理性公民道德教育模式。

一直到启蒙时期，公民道德教育模式发生转换，虽然这一时期的道德教育仍然是强调公民教育，但这一时期，公民教育的含义发生了改变，公民不是既定的社会城邦的公民，而是未来理想契约社会的公民。正是这一教育目的的转变，导致启蒙时期公民道德教育的模式转换为自然公民道德教育模式。以启蒙时期最具有代表性的思想家卢梭为例，可以发现，这一教育模式的转换绝非偶然，而是

---

① ［古希腊］亚里士多德：《政治学》，吴寿彭译，商务印书馆 2017 年版，第401 页。
② 汪子嵩、王太庆编：《陈康：论希腊哲学》，商务印书馆 2011 年版，第81—82 页。
③ 欧阳谦：《20 世纪西方人学思想导论》，中国人民大学出版社 2002 年版，第15 页。

由多方面条件共同促成的。除了启蒙运动的时代条件外，卢梭在哲学基础和人性论前提上的突破至为重要。

从哲学基础方面看，主要包括三个方面：第一，从思维方式上看，卢梭颠转了古希腊理性公民道德教育背后的占主导地位的本体论思维方式，提出了一种新的哲学方法——历史辩证法。同时，卢梭还在启蒙哲学认识论思想的基础上，提出了自己的认识论思想，并以之作为自己公民道德教育模式的认识论基础。简单说来，卢梭认为我们的认识是从感觉经过情感和理性判断而形成的观念。感觉是认识的唯一根源和出发点。在卢梭看来，感觉主要指人的触觉、视觉、听觉、味觉、嗅觉五种感觉，只有被这五种感觉感知过、经验过的事物，我们才可以说形成"感性的理解"。[1] 然后再由这五种感觉组合成简单的观念，通过"第六种感觉"——"共通的感觉"以形成"理性的理解"。[2]

第二，从宗教思想基础上看，卢梭从根本上颠转了传统宗教的基础，并提出了一种新的宗教：自由宗教。在卢梭之前，乃至在卢梭所生活的18世纪，占主导地位的宗教是神义论，而神义论的根本要旨在于用理性推理或形而上学思辨的方法来证明上帝的至善和正义，并在此基础上把人世间的罪恶归结为人的"原罪"。这不仅表现在中世纪圣·奥古斯丁的"审美神义论"思想中，而且表现在

---

① 卢梭对"感性的理解"的界定是："把几种感觉组合成简单的观念"。[法]卢梭：《爱弥儿》，孟繁之译，上海三联书店2017年版，第181页。

② 卢梭对"理智的理解"的界定是："把几个简单的观念组合成复杂的观念"。[法]卢梭：《爱弥儿》，孟繁之译，上海三联书店2017年版，第181页。

18 世纪莱布尼兹神义论思想中。

与神义论把理性提高到至上地位的做法不同，卢梭始终把情感、良心作为信仰的首要条件，他把宗教看作属于每一个人内心的事情，从而实现了宗教基础的颠转。正如梯利所指出的：在卢梭那里，"道德和宗教不是推理思维的事，而是自然的感情问题。人的价值不在于他有智慧，乃在于他有道德的本性，这种本性本质上是感情：唯善良的愿望具有绝对的价值。卢梭强调情感作为精神生活因素的重要性，否定理性的发展能够使人完善"[①]。

卢梭找到了一个新的承罪主体——社会，从而把人从"原罪"的深渊中解救出来，并提出了一种新的人性论——性善论。"上帝创造出来的东西本来都是好的，但一经过人手就完全改变了性质。"[②] 正是这种新的人性论的提出为卢梭提出道德教育的自然模式，奠定了坚实的宗教哲学基础。

第三，从政治哲学的基础上看，公民道德教育的出发点和归宿是政治共同体，个人从属于共同体，"不能认为每一位公民属于他自己，而要认为所有公民都属于城邦，每个公民都是城邦的一部分，因而对每一部分的关心应当同对整体的关心符合一致"[③]。而在卢梭的自然公民道德教育模式中，教育的出发点和归宿则是理想的

---

① ［美］梯利：《西方哲学史》（增补修订版），葛力译，商务印书馆 2016 年版，第 428 页。

② ［法］卢梭：《爱弥儿》，孟繁之译，上海三联书店 2017 年版，第 1 页。

③ ［古希腊］亚里士多德：《亚里士多德全集》第 9 卷，苗力田等译，中国人民大学出版社 2016 年版，第 271 页。

契约社会，通过自然模式教育出来的理想公民正是构建他理想的契约社会的因子。

从人性论的前提看。在卢梭看来，人与动物的根本区别，或者说人之所以为人的根本，不是古典德性教育所主张的理性，而是卢梭所主张的自由。"人与动物之间的种差与其说是由智力决定的，还不如说是由其自由行为人的资质所决定的。自然操控所有的动物，兽类服从这种操控。人类感受到了这种操控，但是人类自认为具有接受或抗拒的自由，他的精神的灵性恰恰表现在这种自由的意识之中。"[①] 这样，就是实现了从理性人性论到自由人性论的转换。对于卢梭的这一突破，列奥·施特劳斯不无敏锐地指出："他（指卢梭——笔者注）提出要以一种新的对人的定义来取代传统的定义，在新的定义看来，不是理性而是自由成为了人的特质。"[②]

哲学基础和人性论前提上的突破为卢梭提出一种新的公民道德教育模式创造了条件。正是在这一条件的基础上，卢梭才把公民道德教育模式推进到自然教育阶段。

公民道德教育模式发展到马克思这里，又一次实现了公民道德教育模式的跃迁，马克思把自然公民道德教育的基石从理想社会的"乌托邦"拉回到了现实生活，并最终在人的现实生活世界中找到了根基：社会实践。实现这一跃迁的原因是马克思在深刻回答重大

---

① [法] 卢梭:《论人类不平等的起源和基础》，黄小彦译，译林出版社 2019 年版，第 38 页。

② [美] 列奥·施特劳斯:《自然权利与历史》，彭刚译，三联书店 2003 年版，第 285 页。

时代命题的过程中，不仅从内部即就其内容来说，而且从外部就其表现来说，都和自己时代的现实世界接触并相互作用。具体表现在马克思的哲学方法论和人学基础实现的变革上。

就哲学基础来说，主要是马克思创立的辩证唯物主义和历史唯物主义。在此基础上，马克思确立了与思辨哲学迥然不同的道德观：道德属于社会意识范畴，决定于社会存在并具有相对能动性，道德具有历史性。哲学方法论和新型道德观的确立，为马克思实现公民道德教育模式的跃迁奠定了方法论基础和观念前提。

就人学观念来看，马克思紧紧抓住西方公民道德背后的根源——人的抽象观念，从此入手，创立了一个新模式：这一新模式的人学根基同样是人，只不过不再是古希腊或卢梭式的抽象人，而是马克思历史唯物主义视域中的现实人。也就是说，现实的人构成了马克思教育思想的出发点，教育的目的则是推动人的发展，实现个人的全面发展和社会的和谐发展相统一。这揭示出个人的发展离不开他所处的社会，特别是在存在着阶级矛盾和利益冲突的社会中，个人是由生产关系和阶级关系所决定的。因此道德教育不仅具有实现人的自由全面发展的功能，而且还需要兼顾社会职能，如果仅仅强调道德教育的个人功能，抵制道德教育所承担的社会职责，它将导致道德教育迷失方向。

以上我们分析了公民道德教育模式实现的哲学基础和人学前提，在此基础上，三个阶段公民道德教育模式的内涵也就表现出不同的理论内涵，随之实施教育的实践方式也就有了根本的区别：

就古希腊的理性公民道德教育模式来说，理性公民道德教育模式是以政治与教育二者之间的关系为标尺，以教育的立足点是政治共同体或者个人为标准做出的一种对古希腊教育的理解和认识。它以理性至上的人性论原则为前提，以古希腊本体论哲学及其思维方式为指导，以对城邦民主政治的政治认同为基础，突出强调教育的根本目的是共同体的稳定与和谐，实现公民道德教育的方式就是通过"精神助产术"式的方法来培养、提升人的德性。

就近代启蒙时期的自然公民道德教育模式来说，它以人的自然本性为前提，以历史辩证思维及其认识论为指导，以对建立未来理想的契约社会为培养目的，致力于培养未来理想契约社会中的理想公民所应该具有的道德，实现教育的方式是（人为）"制造"一个教育环境，使儿童免受外界环境影响，培养理想的公民，然后再由这些理想中的公民来建设一个美好的社会。由此具体实践教育方式陷于自循环的"怪圈"。

马克思创立的社会公民道德教育模式，以马克思的哲学方法论和道德观为基础，以"现实的人"为人学前提，进行三个方面的教育：价值观的培养、自我认同与社会认同的统一、教育与自我教育的结合。在教育的过程中，以人的社会性为核心、以人的全面自由发展作为根本目标，社会公民道德教育模式的实践机制主要包含三个方面：以客观规律性与主观能动性相结合为基础的教育进路，以实践教育与理论教育相结合为重点的教育途径，以科学精神与人文精神相结合为核心的教育宗旨。

马克思社会公民道德教育模式将卢梭思想的生活转变为生活的思想，并将卢梭意义上的人的自由发展提升为人的全面自由发展与社会和谐存在的统一，既推进了个人的自由全面的发展，又实现了社会主导意识形态的灌输，从辩证唯物主义和历史唯物主义的高度重塑了基于社会本位的公民道德教育模式，以此使西方公民道德教育的模式日益完善。

通过西方公民道德教育模式逻辑演进的分析，我们发现其对于我国的思想政治教育在性质、功能内容和方法上具有以下启示：

首先，西方公民道德教育的价值立场对我国思想政治教育的启示：西方公民道德教育模式虽然在不同的历史阶段具有不同的具体特征和外在表现，但是始终都具有特定的价值立场，保持着鲜明的政治属性，并且致力于对公民的多层次和多方面培养。

在西方公民道德教育不断逻辑演进的过程中，公民道德教育的政治性质愈来愈得到凸显，对人的全面发展的追求也愈来愈得到更加深入的论述，对二者的阐述在马克思那里达到了顶峰。马克思的社会公民道德教育模式一方面对西方之前的公民道德教育的抽象性质进行了深入的分析，从而揭示了西方传统的公民道德教育模式在理论层面的空想性；另一方面也对西方以往的公民道德教育的阶级性质进行了深刻的批判，从而揭示了传统的公民道德教育模式在实践层面的狭隘性。在此基础上，马克思产生了以人的社会性为核心、以人的自我解放和全面自由发展为目的的社会公民道德教育模式，从而使个体与共同体之间的利益达到了理论和实践层面的双重统一。

西方公民道德教育模式在价值立场方面的这种逻辑演进能够给我国的思想政治教育带来有益的启发，尤其是在思想政治教育的性质方面。因为价值立场关系到教育本身的根本性质，关系到教育的基本前提和最终目的，决定着教育本身要采取什么样的价值取向和培养什么样的人。这就启示我们，我国的思想政治教育既应当保持鲜明的政治属性，也应当避免自身的狭隘化、单一化、唯政治化。之所以这样提，是因为从现实中来看，我国的思想政治教育往往容易陷入两个截然相反的方向：一方面是过分淡化政治性，使思想政治教育去政治化以致蜕变为一般意义上的个人品德教育；另一方面则是过分强调政治性，使思想政治教育唯政治化甚至以阶级分析和政治教育覆盖一切方面。而通过分析西方公民道德教育的不同模式及其演进逻辑，可以发现这两种方向都是对思想政治教育性质的误读，容易误入歧途。

从实践的层面来看，这提示我们在进行思想政治教育的过程中，既要保持其作为本质特征的政治性，又要避免陷入唯政治化的极端化境地，努力实现从单一的"政治灌输"到人的全面自由发展的教育理念转换。思想政治教育不应当局限于政治内容的灌输，而应当坚持育人为本的理念，使学生在思想、政治、道德、文化等各个方面得到全面的提高。这是对思想政治教育本身性质的正确认识而产生的必然要求，也是中国特色社会主义政治文明建设的应有之义。

其次，西方公民道德教育的功能属性对我国思想政治教育的启示有：西方公民道德教育不同时期的不同模式虽然在功能属性具有一定的差异，但其整个逻辑演进轨迹表现出西方公民道德教育模式逐渐地从对理智功能的集中关注拓展到对情感功能和社会功能的深度挖掘，从而呈现出一种从"思想"到"教育"再到"政治"的演进逻辑。这既是由西方不同历史阶段的生产关系和经济基础所决定的，也是西方公民道德教育模式不断发展和深化的合理结果。这启示我们必须不断根据时代和社会发展的需要，拓展和革新思想政治教育的功能，从而与生产力的提高和时代的发展相适应。结合西方公民道德教育模式的逻辑演进和我国的现状来看，我国的思想政治教育应当至少进一步突出新时代中国特色社会主义的道路自信、理论自信、制度自信和文化自信。从具体实现途径来看，无论是学校的课程教学，还是具体的社会实践，思想政治教育都面临着网络信息的强烈冲击。因此思想政治理论课教师必须适应从"受众"到"公众"的学生角色转换，通过引导学生正确地利用网络空间、网络资源和网络信息来实现思想政治教育在线上与线下的统一。

再次，在教育内容方面，西方公民道德教育模式的逻辑演进对我国思想政治教育的启示是：西方公民道德教育模式在内容边界上存在一个不断收缩、不断凝练的过程，并最终在马克思的社会公民道德教育模式中得到了较为清晰的界分：从人的社会性出发，在尊重教育规律和人的主体性的基础上，以思想教育、政治教育和道德教育作为基本的教育内容来促进人的自由全面发展。我国思想政治教育在内容方面存在内容单一、边界不清的局限性，当然这两种局限从根本上来说都与教育内容未能与时俱进、未能及时革新有关。西方公民道德教育模式则启发我们明确界定和划分思想政治教育的合理边界，充分发挥人的主体性和主观能动性，促进思想政治教育取得实效性。

最后，在教育方法方面，西方公民道德教育模式的逻辑演进对我国思想政治教育的启示是：西方公民道德教育模式的逻辑演进在教育方法层面上总体呈现出一种由外到内、由硬到软的趋势，而这一点尤其体现为教育者的权威地位由显到隐的变化过程。这给我国思想政治教育方法带来的启示是，应当结合权威的隐形化来实现教育方法的人性化和多元化。思想政治教育的方法必须遵循一个基本原则，即做到"人性化"，避免生硬、冰冷与单向灌输。从具体实践层面来看，这启示我们应当避免过分放大教师在思想政治教育过程中的权威地位，尽力采取双向互动、平等对话的教育方法，实现从"讲授"到"对话"的方法转换。

主要参考文献

一、中文文献

1.《马克思恩格斯文集》第 1、2、3、4、5、6、10 卷，人民出版社 2009 年版。

2.《马克思恩格斯全集》第 1 卷，人民出版社 1995 年版。

3.《马克思恩格斯全集》第 3 卷，人民出版社 1960 年版。

4.《马克思恩格斯全集》第 26 卷（第三册），人民出版社 1974 年版。

5.《马克思恩格斯全集》第 40 卷，人民出版社 1982 年版。

6.《马克思恩格斯全集》第 42 卷，人民出版社 1979 年版。

7.《列宁专题文集》（论马克思主义），人民出版社 2009 年版。

8.《十五大以来重要文献选编》（中），人民出版社 2001 年版。

9.《新时代公民道德建设实施纲要》，中国法制出版社 2019 年版。

11.[英] 阿拉斯代尔·麦金太尔：《伦理学简史》，龚群译，商务印书馆 2003 年版。

12.[奥地利] 奥托·纽拉特：《社会科学基础》，杨富斌译，华夏出版社 2000 年版。

13.[奥地利] 奥维德、贺拉斯：《变形记·诗艺》，杨周翰译，上海人民出版社 2016 年版。

14.[古罗马] 爱比克泰德：《爱比克泰德论说集》，王文华译，商务印书馆 2009 年版。

15.[法] 埃德加·莫兰:《迷失的范式:人性研究》,陈一壮译,北京大学出版社 1999 年版。

16.[法] 爱弥尔·涂尔干:《教育思想的演进》,李康译,上海人民出版社 2006 年版。

17.[法] 爱弥尔·涂尔干:《道德教育》,陈光金、沈杰、朱谐汉译,上海人民出版社 2006 年版。

18.[法] 昂利·圣西门:《圣西门选集》第 1 卷,王燕生、徐仲年、徐基恩译,商务印书馆 2011 年版。

19.[法] 昂利·圣西门:《圣西门选集》第 2 卷,董果良译,商务印书馆 2011 年版。

20.[古希腊] 巴门尼德:《巴门尼德著作残篇》,李静滢译,广西师范大学出版社 2011 年版。

21.白志刚:《国际视野下的公民道德建设研究》,知识产权出版社 2015 年版。

22.[英] 鲍桑葵:《关于国家的哲学理论》,汪淑钧译,商务印书馆 1995 年版。

23.北京大学哲学系编:《马克思主义与人》,北京大学出版社 1983 年版。

24.北京大学哲学系外国哲学史教研室编译:《十八世纪法国哲学》,商务印书馆 1963 年版。

25.北京大学哲学系外国哲学史教研室编译:《古希腊罗马哲学》,三联书店 1957 年版。

26.[英] 边沁:《道德与立法原理导论》,时殷弘译,商务印书馆 2000 年版。

27.[古希腊] 柏拉图:《柏拉图全集》第 1 卷,王晓朝译,人民出版社 2003 年版。

28.[古希膜] 柏拉图:《柏拉图全集 1》(增订版),王晓朝译,人民出版社 2015 年版。

29.[古希腊] 柏拉图:《柏拉图全集 3》(增订版),王晓朝译,人民出版社 2015 年版。

30.[古希腊] 柏拉图:《柏拉图全集 4》(增订版),王晓朝译,人民出版社 2017 年版。

31.[古希腊] 柏拉图:《柏拉图全集 5》(增订版),王晓朝译,人民出版社 2017 年版。

32.[古希腊] 柏拉图:《柏拉图全集 6》(增订版),王晓朝译,人民出版社 2017 年版。

33.[古希腊] 柏拉图:《法律篇》,张智仁、何勤华译,商务印书馆 2016 年版。

34.[英] 伯林:《自由论》,胡传胜译,译林出版社 2003 年版。

35.[苏] 勃·姆·别尔纳狄涅尔:《卢梭的社会政治哲学》,焦树安等译,中国社会科学出版社 1981 年版。

36.陈嘉明等:《现代性与后现代性》,人民出版社 2001 年版。

37.陈志良:《思维的建构和反思:重新理解马克思主义认识论》,北京师范大学出版社 2017 年版。

38.崇明:《卢梭社会理论的宗教渊源初探》,北京大学出版社 1999 年版。

39.[奥地利] 茨达齐尔:《教育人类学原理》,李其龙译,上海教育出版社 2001 年版。

40.[意大利] 德拉·沃尔佩:《卢梭和马克思》,赵培杰译,重庆出版社

1993 年版。

41.邓晓芒:《思辨的张力——黑格尔辩证法新探》,商务印书馆 2016
年版。

42.[法] 笛卡尔:《第一哲学沉思集:反驳和答辩》,庞景仁译,商务印书
馆 1986 年版。

43.[古罗马] 第欧根尼·拉尔修:《名哲言行录》,徐开来、溥林译,广
西师范大学出版社 2010 年版。

44.董成龙编译:《大学与博雅教育》,华夏出版社 2015 年版。

45.董雅华:《论思想政治教育的规训性与解放性——一种对思想政治教
育特性的哲学探究》,《东南大学学报》(哲学社会科学版)2014 年第 2 期。

46.杜祖贻:《杜威论教育与民主主义》,陈汉生等译,人民教育出版社
2003 年版。

47.方熹:《道德教育的哲学理路》,中国社会科学出版社 2019 年版。

48.[美]冯·贝塔朗菲:《一般系统论:基础、发展和应用》,林康义等译,
清华大学出版社 1987 年版。

49.冯永刚:《制度道德教育论》,北京师范大学出版社 2011 年版。

50.[美] 佛罗斯特:《西方教育的历史和哲学基础》,吴元训等译,华东
师范大学出版社 2003 年版。

51.[美] 弗朗西斯·麦克唐纳·康福德:《从宗教到哲学——西方思想起
源研究》,曾琼、王涛译,上海三联书店 2014 年版。

52.[法] 傅立叶:《傅立叶选集》第 2 卷,赵俊欣、吴模信、徐知勉、汪
文漪译,商务印书馆 2016 年版。

53.付轶男:《美国现代化进程中的公民教育与道德教育关系》,东北师范
大学出版社 2015 年版。

54.高清海:《人就是"人"》,辽宁人民出版社 2001 年版。

55.龚海泉等:《当代公民道德教育》,中央文献出版社 2000 年版。

56.国家社科基金重大项目课题组:《当代中国公民道德发展》,江苏人民出版社 2015 年版。

57.龚群:《新加坡公民道德教育研究》,首都师范大学出版社 2007 年版。

58.[德] 哈贝马斯:《合法化危机》,曹卫东译,上海人民出版社 2000 年版。

59.[德] 哈贝马斯:《后民族结构》,曹卫东译,上海人民出版社 2002 年版。

60.[德] 哈贝马斯:《现代性的哲学话语》,曹卫东译,译林出版社 2011 年版。

61.[德] 赫尔巴特:《普通教育学》,李其龙译,人民教育出版社 2015 年版。

62.[法] 赫·恩·蒙让:《爱尔维修的哲学》,涂纪亮译,商务印书馆 1962 年版。

63.[古希腊] 荷马:《奥德赛》,王焕生译,人民文学出版社 2003 年版。

64.[德] 黑格尔:《逻辑学》(上、下),杨一之译,商务印书馆 2017 年版。

65.[德] 黑格尔:《小逻辑》,贺麟译,商务印书馆 2019 年版。

66.[德] 黑格尔:《法哲学原理》,范杨、张企泰译,商务印书馆 2019 年版。

67.[德] 黑格尔:《哲学史讲演录》第 1 卷,贺麟、王太庆等译,上海人民出版社 2013 年版。

68.[德] 黑格尔:《精神现象学》下卷,贺麟、王玖兴译,上海人民出版社 2013 年版。

69.黄藿:《理性、德性与幸福——亚里斯多德伦理学研究》,台湾学生书局 1996 年版。

70.[英] 霍布斯:《利维坦》,黎思复等译,商务印书馆 2017 年版。

71.[德] 霍尔巴赫:《自然的体系》上卷,管士滨译,商务印书馆 2017 年版。

72.[英] 基托:《希腊人》,徐卫翔、黄韬译,上海人民出版社 1998 年版。

73.焦金波:《"道德人"生成:"生活理解"道德教育研究》,南京大学出版社 2016 年版。

74.金生鈜:《德性与教化——从苏格拉底到尼采:西方道德教育哲学思想研究》,湖南大学出版社 2003 年版。

75.[德] 卡西尔:《卢梭·康德·歌德》,刘东译,三联书店 2002 年版。

76.[德] 卡西尔:《人论》,甘阳译,上海译文出版社 2004 年版。

77.[德] 卡西勒:《启蒙哲学》,顾伟铭等译,山东人民出版社 1988 年版。

78.[美] 卡尔·贝克尔:《启蒙时代哲学家的天城》,何兆武译,江苏教育出版社 2005 年版。

79.[加拿大] 凯·尼尔森:《马克思主义与道德观念——道德、意识形态与历史唯物主义》,人民出版社 2014 年版。

80.[俄] 康·德·乌申斯基:《人是教育的对象》(上),郑文樾译,人民教育出版社 2007 年版。

81.[俄] 康·德·乌申斯基:《人是教育的对象》(下),张佩珍等译,人民教育出版社 2007 年版。

82.[德] 康德:《康德三大批判合集》(上、下),邓晓芒译,人民出版社 2009 年版。

83.[德] 康德:《道德形而上学的奠基》(注释本),李秋零译,中国人民大学出版社 2013 年版。

84.[意大利] 康帕内拉：《太阳城》，陈大维、黎思复、黎廷弼译，商务印书馆 1980 年版。

85.[伊朗] 拉明·贾汉贝格鲁：《伯林谈话录》，杨祯钦译，译林出版社 2002 年版。

86.[法] 利奥塔：《后现代性与公正游戏——利奥塔访谈、书信录》，谈瀛洲译，上海人民出版社 1997 年版。

87.[英] 理查德·彼得斯：《道德发展与道德教育》，邬冬星译，浙江教育出版社 2000 年版。

88.[美] 理查德·罗蒂：《哲学和自然之镜》，李幼蒸译，商务印书馆 2003 年版。

89.李丁：《英国青少年公民教育研究》，人民出版社 2012 年版。

90.李建国：《教化与超越：中国道德教育价值取向的历史嬗变》，中国社会科学出版社 2014 年版。

91.李奇志：《自然人格：卢梭》，长江文艺出版社 2000 年版。

92.[法] 利科：《解释学与人文科学》，陶远华等译，河北人民出版社 1987 年版。

93.[英] R.W.利文斯通：《保卫古典教育》，朱镜人译，人民教育出版社 2017 年版。

94.[德] 列奥·施特劳斯：《自然权利与历史》，彭刚译，三联书店 2003 年版。

95.[德] 列奥·施特劳斯：《苏格拉底问题与现代性——施特劳斯讲演与论文集》（卷二），彭磊等译，华夏出版社 2008 年版。

96.[德] 列奥·施特劳斯：《什么是政治哲学》，李世祥等译，华夏出版社 2011 年版。

97. 林晶等：《思想政治教育中角色道德问题研究》，人民出版社 2015
年版。

98. 刘丙元：《当代道德教育的价值危机与真实回归》，北京师范大学出版
社 2012 年版。

99. 刘小枫、陈少明编：《古典传统与自由教育》，华夏出版社 2005 年版。

100. 刘小枫、陈少明编：《卢梭的苏格拉底主义》，华夏出版社 2005
年版。

101. 刘增惠：《大学环境道德教育研究——以思想政治教育为视角》，北
京师范大学出版社 2015 年版。

102. 刘志山：《移民社区的思想道德教育：以新兴移民城市深圳特区为
例》，福建教育出版社 2005 年版。

103. [法]卢梭：《论科学与艺术》，何兆武译，上海人民出版社 2007 年版。

104. [法] 卢梭：《社会契约论》，李平沤译，商务印书馆 2011 年版。

105. [法] 卢梭：《新爱洛伊丝》，陈筱卿译，译林出版社 2014 年版。

106. [法] 卢梭：《爱弥尔》，孟繁之译，上海三联书店 2017 年版。

107. [法] 卢梭：《忏悔录》（上册、下册），李平沤译，商务印书馆 2018
年版。

108. [法] 卢梭：《论人类不平等的起源和基础》，黄小彦译，译林出版社
2019 年版。

109. [美] 路易斯·波伊曼、詹姆斯·菲泽：《给善恶一个答案：身边的伦
理学》，王江伟译，中信出版社 2017 年版。

110. 陆有铨：《皮亚杰理论与道德教育》，北京大学出版社 2012 年版。

111. [英] 罗伯特·欧文：《欧文选集》第三卷，马清槐、吴忆萱、黄惟

新译，商务印书馆 2014 年版。

112.罗国杰：《道德教育与"两课"教学》，中国人民大学出版社 2017 年版。

113.[英] 洛克：《政府论》（下篇），叶启芳、翟菊农译，商务印书馆
2018 年版。

114.[英]洛克：《人类理解论》（上册），关文运译，商务印书馆 2019 年版。

115. 罗念生、水建馥编：《古希腊语汉语词典》，商务印书馆 2004 年版。

116.[法] 罗曼·罗兰编选：《卢梭的生平和著作》，王子野译，三联书店
1993 年版。

117. 罗卫东：《情感、秩序、美德——亚当·斯密的伦理学世界》，中国
人民大学出版社 2006 年版。

118.[英]罗素：《西方哲学史》（下卷），马元德译，商务印书馆 2015 年版。

119. 马德普编：《中西政治文化论丛》（第 3 辑），天津人民出版社 2003
年版。

120.[英] 马克·霍尔斯特德、马克·A.派克：《公民身份与道德教育：
行动中的价值观》，杨威译，社会科学文献出版社 2017 年版。

121.[德] 马克斯·韦伯：《社会科学方法论》，韩水法、莫茜译，商务印
书馆 2013 年版。

122.[德] 马克斯·韦伯：《经济与社会》上卷，林荣远译，商务印书馆
1997 年版。

123.[德]马克斯·韦伯：《学术与政治》，冯克利译，三联书店 1998 年版。

124. 蒙冰峰：《主体间性道德人格教育》，人民出版社 2019 年版。

125.[英] 米尔恩：《人的权利与人的多样性》，夏勇、张志铭译，大百科
全书出版社 1995 年版。

126. 苗力田主编：《古希腊哲学》，中国人民大学出版社 1989 年版。

127.[美] 纳坦·塔科夫:《为了自由—洛克的教育思想》,邓文正译,三联书店 2001 年版。

128.欧阳谦:《20 世纪西方人学思想导论》,中国人民大学出版社 2002 年版。

129.彭定光、李桂梅编:《当代中国公民道德建设研究》,湖南师范大学出版社 2013 年版。

130.[瑞士] 皮亚杰:《发生认识论原理》,王宪钿译,商务印书馆 1996 年版。

131.[瑞士] 皮亚杰:《结构主义》,倪连生、王琳译,商务印书馆 1996 年版。

132.[美] 普拉特纳等:《卢梭的自然状态》,尚新建、余灵灵译,华夏出版社 2008 年版。

133.[英] 齐格蒙特·鲍曼:《现代性与大屠杀》,杨渝东、史建华译,译林出版社 2002 年版。

134.戚万学:《现代西方道德教育理论研究》(上下卷),人民教育出版社 2020 版。

135.[美] R.G.佩弗:《马克思主义、道德与社会正义》,高等教育出版社 2010 年版。

136.饶从满:《日本现代化进程中的道德教育》,山东人民出版社 2010 年版。

137.[美] 萨利·肖尔茨:《卢梭》,李中泽、贾安伦译,中华书局 2002 年版。

138.[古希腊] 色诺芬:《回忆苏格拉底》,吴永泉译,商务印书馆 2019 年版。

139.[美] 莎伦·R.克劳斯:《公民的激情:道德情感与民主商议》,译林出版社 2015 年版。

140.檀传宝:《公民教育引论》,人民出版社 2011 年版。

141.沈贵鹏:《心理——道德教育研究》,河海大学出版社 2017 年版。

142.[英] 史蒂文·卢克斯:《个人主义》,阎克文译,江苏人民出版社 2001 年版。

143.石敏敏:《希腊人文主义》,上海人民出版社 2003 年版。

144.舒远招、朱俊林:《系统功利主义的奠基人杰里米·边沁》,河北大学出版社 2005 年版。

145.舒志定:《人的存在与教育——马克思教育思想的当代价值》,学林出版社 2004 年版。

146.孙正聿:《马克思辩证法理论的当代反思》,人民出版社 2002 年版。

147.谭维智:《庄子道德教育减法思想研究》,北京师范大学出版社 2011 年版。

148.唐爱民:《道德教育范畴论》,北京师范大学出版社 2012 年版。

149.唐汉卫:《现代美国道德教育研究》,山东人民出版社 2010 年版。

150.唐鹏:《新加坡的公民道德建设》,民族出版社 2010 年版。

151.[英] 托马斯·莫尔:《乌托邦》,戴镏龄译,商务印书馆 2020 年版。

152.[俄] 陀思妥耶夫斯基:《卡拉马佐夫兄弟》(上),耿济之译,江苏凤凰文艺出版社 2020 年版。

153.单中惠:《西方教育思想史》,中国人民大学出版社 2017 年版。

154.宋强:《世界公民教育思潮研究》,中国社会科学出版社 2018 年版。

155.[美] 梯利:《西方哲学史》(增补修订版),葛力译,商务印书馆 2016 年版。

156.汪晖、陈燕谷主编:《文化与公共性》,三联书店1998年版。

157.王荣德:《教师道德教育论》,科学出版社2005年版。

158.王小飞:《比较公民教育:范型与变革》,广东教育出版社2015年版。

159.王旭杰:《卢梭对古典政治哲学的回归》,北京大学出版社2004年版。

160.汪子嵩、王太庆编:《陈康:论希腊哲学》,商务印书馆2011年版。

161.汪子嵩等:《希腊哲学史》第1、2卷,人民出版社2014年版。

162.汪子嵩等:《希腊哲学史》第4卷(上),人民出版社2014年版。

163.[美] 维尔·杜兰:《世界文明史》,东方出版社1999年版。

164.魏雷东:《和谐社会视阈下的公民道德建设研究》,中国社会科学出版社2017年版。

165.[英] 威廉·葛德文:《政治正义论》第1卷,何慕李译,商务印书馆1980年版。

166.[英] 威廉·葛德文:《政治正义论》第2、3卷,何慕李译,商务印书馆1980年版。

167.[德] 文德尔班:《哲学史教程——特别关于哲学问题和哲学概念的形成和发展》(上卷),罗达仁译,商务印书馆1987年版。

168.吴潜涛等:《当代中国公民道德状况调查》,人民出版社2010年版。

169.夏甄陶:《人是什么》,商务印书馆2000年版。

170.[古希腊]希罗多德:《历史》(上),徐松岩译,中信出版社2013年版。

171.[日] 小原国芳:《小原国芳教育论著选》上卷,由其民等译,人民教育出版社2017年版。

172.熊伟:《自由的真谛——熊伟文选》,中央编译出版社1997年版。

173.[英] 休谟:《人类理解研究》,关文运译,商务印书馆2020年版。

174.[古希腊] 修昔底德:《伯罗奔尼撒战争史》(上册),徐松岩译,上海人民出版社 2011 年版。

175.徐贲:《统治与教育:从国民到公民》,中央编译出版社 2016 年版。

176.[英] 亚当·斯密:《道德情操论》,蒋自强等译,商务印书馆 2015 年版。

177.[英] 亚当·斯密:《国民财富的性质和原因的研究》上卷,郭大力、王亚楠译,商务印书馆 1983 年版。

178.[古希腊] 亚里士多德:《形而上学》,吴寿彭译,商务印书馆 2018 年版。

179.[古希腊]亚里斯多德:《动物志》,吴寿彭译,商务印书馆 2010 年版。

180.[古希腊] 亚里士多德:《亚里士多德全集》,苗力田主编,中国人民大学出版社 2016 年版。

181.[古希腊]亚里士多德:《政治学》,吴寿彭译,商务印书馆 2017 年版。

182.[古希腊] 亚里士多德:《尼各马可伦理学》,廖申白译注,商务印书馆 2003 年版。

183.[法] 雅克·德里达:《论文字学》,汪堂家译,上海译文出版社 2015 年版。

184.[德] 雅斯贝尔斯:《什么是教育》,邹进译,三联书店 1991 年版。

185.燕善敏:《当代中国公民道德建设模式探究》,九州出版社 2017 年版。

186.杨适:《人的解放——重读马克思》,四川人民出版社 1996 年版。

187.叶飞:《治理理念与公民教育:学校公民教育的实践研究》,社会科学文献出版社 2020 年版。

188.[日] 野家启一:《库恩——范式》,毕小辉译,河北教育出版社 2002 年版。

189.[美] 约翰·杜威:《人的问题》,傅统先、邱椿译,上海人民出版社 1965 年版。

190.[美] 约翰·杜威:《我们怎样思维:经验与教育》,姜文闵译,人民教育出版社 1991 年版。

191.[美] 约翰·杜威:《民主主义与教育》,王承绪译,人民教育出版社 2001 年版。

192 [英] 约翰·格雷:《自由主义》,曹海军、刘训练译,吉林人民出版社 2005 年版。

193.[英] 约翰·格雷:《自由主义的两张面孔》,顾爱彬等译,江苏人民出版社 2008 年版。

194.[英] 约翰·洛克:《教育漫话》,徐大建译,商务印书馆 2020 年版。

195.[英] 伊丽莎白·劳伦斯:《现代教育的起源与发展》,纪晓林译,北京语言学院出版社 1992 年版。

196.赵汀阳:《论可能生活》(修订版),中国人民大学出版社 2004 年版。

197.[美] 詹姆斯·C.利文斯顿:《现代基督教思想》(上卷),何光沪、高师宁译,译林出版社 1992 年版。

198.张耀灿、陈万柏:《思想政治教育学原理》,高等教育出版社 2015 年版。

199.周辅成编:《西方伦理学名著选辑》(上卷),商务印书馆 1996 年版。

200.周来祥:《再论美是和谐》,广西师范大学出版社 1996 年版。

201.周围:《积极道德教育:积极心理学视域中的道德教育》,中国文史出版社 2014 年版。

202.朱金瑞等:《新中国成立以来公民道德建设的历史演进》,人民出版社 2015 年版。

203.[美] 艾伦·W.伍德：《马克思与道德》，王颖译，《马克思主义与现实》2018 年第 1 期。

204.[美] 艾伦·W.伍德：《作为意识形态的道德——马克思关于道德的思想》，张娜、林进平译，《国外理论动态》2018 年第 5 期。

205. 曹洪军：《论马克思道德观的辩证批判性特质及其当代价值——基于"利益"与"道德"关系的视角》，《马克思主义研究》2019 年第 12 期。

206. 陈立思：《关于当前开展公民教育的几点思考》，《中国德育》2011 年第 11 期。

207. 陈锐：《马克思主义与 18 世纪的启蒙哲学》，《哲学研究》1999 年第 6 期。

208. 陈越骅、王晓朝：《古希腊罗马伦理思想的现代转化及启示》，《中国社会科学》2018 年第 8 期。

209. 陈卓：《道德教育与思想政治教育之比较——基于权力的视角》，《陕西师范大学学报》（哲学社会科学版）2016 年第 1 期。

210. 储德峰：《高校"大思政"教育模式的特征及理念》，《中国高等教育》2012 年第 20 期。

211. 邓安庆：《再论康德关于伦理与道德的区分及其意义》，《北京大学学报》（哲学社会科学版）2019 年第 5 期。

212. 丁立群：《马克思与亚里士多德：实践理论范式的转换》，《哲学研究》2020 年第 6 期。

213. 樊浩：《当今中国伦理道德发展的精神哲学规律》，《中国社会科学》2015 年第 12 期。

214. 樊浩：《中国社会大众伦理道德发展的文化共识——基于改革开放 40 年持续调查的数据》，《中国社会科学》2019 年第 8 期。

215.方博:《自由、公意与社会契约——关于卢梭和康德的一个政治哲学的比较》,《哲学研究》2017 年第 10 期。

216.菲尔·加斯珀:《马克思主义、道德和人的本质》,赵海洋译,《马克思主义研究》2013 年第 1 期。

217.冯景源:《解开"亚当·斯密问题"和"卡尔·马克思问题"的钥匙》,《东南学术》2018 年第 1 期。

218.冯永刚:《爱国主义:俄罗斯高校公民道德教育的核心内容》,《比较教育研究》2015 年第 1 期。

219.高清海:《重提德国古典哲学的人性理论》,《学术月刊》2002 年第 10 期。

220.宫维明:《罗德尼·佩弗与艾伦·伍德的"马克思主义道德观"之争及其启示》,《马克思主义研究》2012 年第 10 期。

221.郭建新:《论核心价值体系道德认同的依据和路径》,《马克思主义研究》2009 年第 11 期。

222.韩民青:《人的类本质与社会关系本质》,《文史哲》1997 年第 1 期。

223.何怀宏:《现代伦理学:在康德与卢梭之间》,《道德与文明》2005 年第 1 期。

224.贺来:《论人与哲学的内在循环关系》,《学术月刊》1999 年第 7 期。

225.贺来:《辩证法与人的存在——对辩证法理论基础的再思考》,《哲学研究》2002 年第 6 期。

226.胡海波:《"人性"与"哲学":一种可能的阐释》,《文史哲》2000 年第 1 期。

227.胡云乔:《洛克和卢梭的契约政府理论比较》,《北京大学学报》(哲学社会科学版)2001 年第 6 期。

228.黄梦晓、郭峻赫：《亚里士多德的公民权利观念——对弗雷德·米勒的批评性回应》，《道德与文明》2019 年第 3 期。

229.黄显中：《公正作为德性——亚里士多德公正德性探析》，《中国人民大学学报》2006 年第 2 期。

230.黄晓武：《从卢梭到马克思：德拉沃尔佩的一种逻辑演绎》，《马克思主义与现实》2019 年第 6 期。

231.黄裕生：《论意志与法则——卢梭与康德在道德领域的突破》，《哲学研究》2018 年第 8 期。

232.靳玉军：《论思想政治教育的本质及其实践把握》，《西南大学学报》（社会科学版）2014 年第 6 期。

233.李兰芬：《国家认同视域下的公民道德建设》，《中国社会科学》2014 年第 12 期。

234.李荣山：《共同体与道德——论马克思道德学说对德国历史主义传统的超越》，《社会学研究》2018 年第 2 期。

235.李武林等：《评卢梭论科学、艺术进步与道德堕落》，《文史哲》2000 年第 4 期。

236.林壮青：《卢梭的共和构想与宗教》，《哲学研究》2014 年第 10 期。

237.刘丙元：《英国青少年公民道德教育的发展趋势及其启示》，《当代教育科学》2020 年第 3 期。

238.刘森林：《三种"辩证法"概念：从〈启蒙辩证法〉到〈资本论〉》，《哲学研究》2018 年第 3 期。

239.刘小枫：《〈爱弥儿〉如何"论教育"——或卢梭如何论教育"想象的学生"》，《北京大学教育评论》2013 年第 1 期。

240.刘争先：《为了美好生活：道德教育和公民教育的差异与共生》，《道德与文明》2014 年第 4 期。

241. 戚万学：《中国公民社会的成长和公民道德教育的使命》,《教育研究》2015 年第 11 期。

242. 塞耶斯：《作为道德思想家的马克思》, 黄东波译,《马克思主义与现实》2016 年第 4 期。

243. 檀传宝：《努力加强"公民道德的教育"》,《人民教育》2011 年第 24 期。

244. 邵龙宝：《师德的实质与教师的人格建构》,《教育伦理研究》2014 年第 1 期。

245. 佘双好：《从说理教育到心理疏导——思想政治教育方法的发展》,《思想理论教育导刊》2011 年第 7 期。

246. 司岩：《西方远古时期公民道德教育研究》,《天中学刊》2015 年第 6 期。

247. 宋全成：《欧洲启蒙思潮中的两大派别之比较——以自由平等观为例》,《文史哲》2001 年第 2 期。

248. 苏振芳：《论青年马克思对道德功利主义的超越》,《马克思主义研究》2007 年第 10 期。

249. 孙正聿：《辩证法的批判本质》,《中国社会科学》1992 年第 4 期。

250. 谭培文：《马克思、恩格斯对资本主义道德话语权的批判与启示》,《伦理学研究》2016 年第 6 期。

251. 田冠浩：《卢梭的三组范畴对现代文明的重写》,《哲学研究》2018 年第 6 期。

252. 涂艳国：《试论古典自由教育的含义》,《清华大学教育研究》1999 年第 3 期。

253. 万俊人：《论市场经济的道德维度》,《中国社会科学》2000 年第 2 期。

254. 王南湜：《"实践唯物主义"的源起、意义变异与面临的问题》，《马克思主义与现实》2015 年第 4 期。

255. 王南湜：《思想对客观性的三种态度：康德、黑格尔与马克思——关于哲学如何切中现实的一个考察》，《哲学研究》2017 年第 7 期。

256. 汪荣祖：《章太炎对现代性的迎拒与文化多元思想的表述》，《中国文化》2004 年第 1 期。

257. 王兴赛：《从黑格尔的"Handlung"到马克思的"Praxis"——19 世纪上半叶德国实践哲学的两个主题词及其演替》，《哲学研究》2020 年第 2 期。

258. 魏传光：《马克思对"道德基础论"批判的思想逻辑》，《马克思主义研究》2019 年第 2 期。

259. 魏开琼：《论公民教育与公民道德教育》，《河北学刊》2004 年第 3 期。

260. 武东生：《"思想政治教育"与"公民教育"关系辨析》，《思想理论教育导刊》2013 年第 4 期。

261. [英] 肖恩·塞耶斯：《马克思主义与道德》，贺来、刘富胜译，《哲学研究》2007 年第 9 期。

262. 晏扩明：《马克思的道德观念及其追求——基于马克思的道德社会功能批判与道德性评价》，《道德与文明》2020 年第 4 期。

263. 叶方兴：《作为道德实践的公民教育——古希腊公民教育的德性维度及其当代启示》，《南昌大学学报》（人文社会科学版）2015 年第 5 期。

264. 应克复：《国家权利与公民权利——自由主义的基本原则》，《学海》2004 年第 3 期。

265. 余京华：《历史唯物主义与道德、正义——兼评马克思主义的"道德论"与"反道德论"》，《马克思主义与现实》2013 年第 5 期。

266. 俞吾金：《论马克思对西方哲学传统的扬弃——兼论马克思的实践、

自由概念与康德的关系》，《中国社会科学》2001 年第 3 期。

267. 俞吾金：《从"道德评价优先"到"历史评价优先"——马克思异化理论发展中的视角转换》，《中国社会科学》2003 年第 2 期。

268. 张盾：《"道德政治"谱系中的卢梭、康德、马克思》，《中国社会科学》2011 年第 3 期。

269. 张盾：《"道德政治"的奠基与古典自然法》，《中国人民大学学报》2013 年第 4 期。

270. 张汝伦：《康德二百年祭》，《读书》2004 年第 8 期。

271. 张曦：《马克思、意识形态与现代道德世界》，《马克思主义与现实》2015 年第 4 期。

272. 张曦：《马克思会接受亚里士多德式的道德实在论吗?》，《马克思主义与现实》2016 年第 4 期。

273. 张霄：《从法哲学到社会伦理学：马克思世界观变革中的道德图景》，《马克思主义与现实》2020 年第 1 期。

274. 张笑涛：《为"道德教育、公民教育与公民道德教育"正名》，《现代教育管理》2012 年第 9 期。

275. 张之沧：《论马克思的道德实践》，《道德与文明》2007 年第 3 期。

276. 张志丹：《弱化与强化：马克思资本道德批判的两个层面与当代思考》，《马克思主义研究》2013 年第 5 期。

277. 张志伟：《主体概念的历史演变》，《教学与研究》1996 年第 5 期。

278. 赵丽欣、李冰：《公共利益是判断利益是否具有合理性的标准——论爱尔维修利益观中的个人利益与公共利益》，《学术界》2013 年第 11 期。

279. 赵明辉、杨秀莲：《法国义务教育新道德与公民教育课程：内容、特点及启示》，《外国中小学教育》2018 年第 4 期。

280. 郑富兴:《公民教育的审美之维》,《教育学报》2019 年第 1 期。

281. 郑永廷:《论思想政治教育的内涵、外延与规范》,《教学与研究》2014 年第 11 期。

282. 朱新梅:《教育与教育学的立法者、阐释者与实践者》,《清华大学教育研究》2001 年第 3 期。

283. 邹广文:《论文化自觉与人的全面发展》,《哲学研究》1995 年第 1 期。

284. 祖嘉合:《思想政治教育方法理论研究回眸与展望》,《思想教育研究》2008 年第 12 期。

二、英文文献

1. Amy Gutmann, *Democratic Education*, Princeton: Princeton University Press, 1999.

2. Anne Deneys-Tunney etc, *Rousseau Between Nature and Culture*, Boston: De Gruyter, 2016.

3. Anne Michaels Edwards, *Educational Theory as Political Theory*, Burlington: Ashgate Publishing Company, 1996.

4. Callan Eamonn, *Creating Citizens:Political Education and Liberal Democracy*, Oxford : Clarendon Press, 1997.

5. ChadWoolard,*EngagingCivic Engagement:Framing the Civic Education Movement in Higher Education*, Lanham, MD: Lexington Books, 2017.

6. Charles L Griswold, *Jean-Jacques Rousseau and Adam Smith: A Philosophical Encounter*, New York: Routledge, 2018.

7. CliffordOrwin, *The Legacy of Rousseau*, Chicago: University of Chicago

Press, 1997.

8. Dana Richard Villa, *Teachers of the People: Political Education in Rousseau, Hegel, Tocqueville, and Mill*, Chicago: The University of Chicago Press, 2017.

9. Daniel E. Cullen, *Freedom in Rousseau's Political Philosophy*, DeKalb: Northern Illinois University Press, 1993.

10. Denis Lawton and Peter Gordon, *A History of Western Educational Ideas*, London: Woburn Press, 2002.

11. DeniseSchaeffer,*Rousseau on Education,Freedom, and Judgment*,University Park: Pennsylvania State University Press, 2014.

12. Ernst Cassirer, *The Question of Jean-Jacque Rousseau*, Bloomington: Indiana University Press, 1963.

13. Etienne Gilson, *Being and Some Philosophers*, Toronto:Pontifical Institute of Mediaeval Studies, 1952.

14. Eva Johansson and Johanna Einarsdottir, *Values In Early Childhood Education*, London: Taylor & Francis Group, 2018.

15. Gary Michael Atkinson, *Our Search with Socrates for Moral Truth*, WashingtonD.C: Catholic University of America Press, 2016.

16. Gavin N. Kitching, *Karl Marx and the Philosophy of Praxis*, New York: Routledge, 2015.

17. HalsteadJ.Mark, *Citizenship and Moral Education: Values In Action*, London: Routledge, 2006.

18. Henry George Liddell and Robert S, *Liddell and Scott's Greek-English Lexicon*, London: Simon Wallenberg Press,2007.

19. James Bowen, *A History of Western Education*, New York: Routledge,

2003.

20. James Delaney, *Rousseauandthe Ethics of Virtue*, London: Continuum, 2006.

21. Jason Neidleman, *Rousseau's Ethics of Truth*, New York: Routledge, 2017.

22. JeanAnyon, *Marx and Education*, New York: Routledge, 2011.

23. Jeffrey S. Dill, *The Longings and Limits of Global Citizenship Education: TheMoralPedagogy of Schooling in a Cosmopolitan Age*, New York: Routledge, 2013.

24. John Plamenatz, *Machiavelli, Hobbes, and Rousseau*, New York: Oxford University Press, 2012.

Joseph Jonathan, *Marxism and Social Theory*,NewYork:Palgrave Macmillan, 2006.

25. Joseph Karbowski, *Aristotle's Method in Ethics:Philosophy in Practice*, Inglaterra: Cambridge University Press, 2019.

26. Kennedy F. Roche,*Rousseau: Stoic and Romantic*,London:Methuen& Co. Ltd, 1974.

27. KennethWain, *On Rousseau: An Introduction to His Radical Thinking on Education and Politics*, Rotterdam:Sense Publishers ,2011.

28. Kristján Kristjánsson, *Virtuous Emotion*, Oxford:Oxford University Press, 2018.

29. Michael Hand, *A Theory of Moral Education*, New York: Routledge, 2018.

30. Nel Noddings, *Caring: A Feminine Approach to Ethics and Moral Education*, Berkeley:University of California Press, 2003.

31. Roger D.Masters, *The Political Philosophy of Rousseau*, Princeton: Princ-

eton University Press, 2015.

32. Paul Guyer, *Kant on the Rationality of Morality*, Cambridge: Cambridge University Press, 2019.

33. Paul H. Hirst, *Educational Theory and Its Foundation Disciplines*, New York: Routledge, 2012.

34. Stephen Macedo, *Diversity and Distrust: Civic Education in a Multicultural Democracy*, Cambridge, Mass. : Harvard University Press, 2000.

35. Werner Jaeger, *Paideia: The Ideals of Greek Culture(*Vol.1*)*, New York: Oxford University Press, 1965.

36. Amman Madan, "Emile Durkheim on Moral Education" ,*Contemporary Education Dialogue*,Vol. 7, No.2 (July 2010).

37. Amy Gutmann, "Civic Education and Social Diversity", *Ethics* ,Vol. 105, No.3 (April 1995).

38. Arik Segev, "Rationale for Moral Education: A Reading in Plato's Republic" , *Interchange* ,Vol. 50, No.1 (January 2019).

39. Atli Harðarson, "Aristotle's Conception of Practical Wisdom and What It Means for Moral Education in Schools" , *Educational Philosophy and Theory*, Vol. 51, No.14 (March 2019).

40. Bjorn Gomes, "Emile the Citizen? A Reassessment of the Relationship Between Private Education and Citizenship in Rousseau's Political Thought" , *European Journal of Political Theory*, Vol.17, No.2 (June 2015).

41. Jelle Versieren, "The Moral Foundations of Adam Smith's Transitional Society: Reappraising Foucault's Representations of Wealth and Marx's Reconstruction of Value Theory" , *Capital &Class*, Vol. 40, No.3 (July 2016).

42. Joshua M. Hall, "Positure in Plato's Laws: An Introduction to Figuration on Civic Education", *Journal of Social Science Education*, Vol.15, No.4 (November 2016).

43. Kimmo Kontio, "The Idea of AntarchyIn Rousseau's National Education: Recovering theNaturalHarmony?", *Scandinavian Journal of Educational Research*, Vol.47, No.1 (February 2003).

44. Michael Baker and Michael A. Peters, "Dialogue on Modernity and Modern Education in Dispute", *Policy Futures in Education*, Vol.10, No.1 (January 2012).

45. Nel Noddings, "Moral Education and Caring", *Theory and Research in Education*, Vol.8, No.2 (August 2010).

46. Robert K.Fullinwider, "Philosophy, Casuistry, and Moral Development", *Theory and Research in Education*, Vol.8, No.2 (August 5, 2010).

47. Susanne Wiborg, "Political and Cultural Nationalism In Education: The ideas of Rousseau and Herder Concerning National Education", *Comparative Education*, Vol.36, No.2 (June 2000).

后　记

当校对完稿子，我的心情久久难以平静。此时此刻，闪现在我脑海中的一本书是黑格尔的《小逻辑》。可以说，我的学术启蒙是从读《小逻辑》这部书开始的，那是 1997 年的秋天，我刚到山东大学读研究生。在读这部书的过程中，当时虽然不能完全理解黑格尔每一段话的意思，但在读的过程中，整体上却有两点体会深入骨髓：一是概念是事物活生生的精神，对问题的认识和把握必须上升到概念范畴的层次；二是著作是一个有机整体，是环环相扣的逻辑展开过程。这是读黑格尔著作的奇妙之处，不是每一句话都能读懂，但每读一遍却有一遍的新收获和新体会。

基于对黑格尔《小逻辑》的阅读体会，我对何为著作有了一个基本的认识和理解。在我看来，所谓著作，是针对一个论题，在概念范畴层面展开系统性的论证。可以说一个专业的研究人员和非专业人员的区别就是能否对自己的观点给予充分的论证。

这本书在某种程度上体现了我的这一理解。本书立足于一个新的思路，从政治与教育之间关系的角度切入西方公民道德教育思想，运用马克思主义的历史与逻辑相统一和系统论相结合的方法论，对西方的公民道德教育思想的逻辑演进给予了一种新的阐释，概括出了西方公民道德教育的三种模式：理性公民道德教育模式、自然公民道德教育模式、社会公民道德教育模式，并论述了三种教育模式的理论内涵以及内涵演进背后的社会背景、时代条件、哲学基础和人学前提的转换和变迁。在阐释过程中，界划了西方公民教育与我国思想政治教育之间的异同，并简要概括了西方公民道德教育对我国思想政治教育的几点启示。

在该书即将出版之际，我首先感谢清华大学的赵甲明教授，赵老师是我的博士生导师，他为人谦和热忱，学识渊博，思维敏锐，读书期间，他为我提供了全方位、力所能及的指导和帮助，尤其是他要求我对马克思恩格斯原著学习的原则，以及论文要有明确的问题意识和方法论意识，要回应时代问题的教导，始终铭记在心且自觉践行。他的这些思想，在本书中有明显的体现，能碰到赵老师这样的导师，实乃人生幸事。同时我也由衷感谢山东大学文学院的马龙潜教授，马老师是我的硕士生导师，他对我最大的帮助，是他指导我读《小逻辑》，并指导我按黑格尔的方法去撰写论文，要求我在论文写作中"始终把握住自己"，明确强调论文"不应成为各种含混、猎奇之随想的嬉戏地，而应成为严肃、科学之研究的工作场"。这些指导使我学会了如何从概论与逻辑层面去把握和论证问题。

感谢我的硕士同窗好友崔唯航教授，我们硕士毕业后，先后来到北京，一直互相支持、互相帮助，结下了深厚的兄弟情谊。感谢我读博期间的同宿舍好友周方银教授，一起在清华读书的四年，每天晚上"卧谈会"的慷慨陈词，激扬文字，留下了我们的青春记忆。

我入职北航以来，得到了学校历任主管校领导的精心指导和鼎力帮助，他们是校党委原常务副书记谭振亚教授、张维维教授、副书记程基伟教授、李军锋教授、赵罡教授，副校长魏志敏教授，张广教授，现任分管马克思主义学院的校党委副书记程波教授，正是这些领导引领我实现了从教师角色到行政管理角色的转换，教会了我如何从学校整体格局出发去推动学院工作，这一视野转变提升了我的认识水平和思想觉悟。在此向他们表示衷心的感谢。我所在的马克思主义学院，同事之间互帮互助，氛围融洽，在一起工作的过程中，我与学院班子成员高宁教授、王娜副教授、陈萌副教授以及万林艳教授等广大同事结下了深厚的情谊。感谢学院多年来对我的培养和对我工作的鼎力支持。

感谢我的家人对我的理解和支持，和谐温馨的家庭环境给予了我做好工作的无穷力量。感谢我的父母，含辛茹苦把我抚养成人，尤其是我的父亲赵连新，正是他最早向我灌输的"读书明理"的观念，我才在懵懂中通过读书走出农村，来到北京安家和工作。他为了供我和妹妹读书，饱尝生活的艰辛，艰难地支撑起了整个家，但天不假年，他因病不治而过早地驾鹤西去，使我失去了孝敬他的机会，"子欲养而亲不待"，痛何如之，我现在能做的，也只是苍白的把这本书敬献给他的在天之灵，以表达我的感激之情。

本书的出版得到了北京航空航天大学"双一流"建设经费的支持。人民出版社的王怡石编辑对工作认真负责、精益求精，为本书的编辑出版付出了辛勤的劳动，可以说，没有她坚持不懈的努力，就没有这本书的顺利出版。在此一并表示衷心的感谢。

2018 年 12 月初稿 2021 年 3 月改定

责任编辑：王怡石

图书在版编目（CIP）数据

西方公民道德教育模式研究／赵义良　著 . — 北京：人民出版社，2021.7
ISBN 978－7－01－023224－9

I. ①西…　II. ①赵…　III. ①公民教育－社会公德教育－教育模式－研究－
　西方国家　　IV. ① D750.4

中国版本图书馆 CIP 数据核字（2021）第 039407 号

西方公民道德教育模式研究

XIFANG GONGMIN DAODE JIAOYU MOSHI YANJIU

赵义良　著

人民出版社 出版发行

（100706　北京市东城区隆福寺街 99 号）

北京盛通印刷股份有限公司印刷　新华书店经销

2021 年 7 月第 1 版　2021 年 7 月北京第 1 次印刷
开本：710 毫米 × 1000 毫米 1/16　印张：17.5
字数：210 千字

ISBN 978－7－01－023224－9　定价：79.00 元

邮购地址 100706　北京市东城区隆福寺街 99 号
人民东方图书销售中心　电话：（010）65250042　65289539